A CRITICAL CONCORDANCE
TO THE
LETTER OF PAUL TO THE EPHESIANS

A CRITICAL CONCORDANCE
TO THE
LETTER OF PAUL TO THE EPHESIANS

THE COMPUTER BIBLE
Volume XXII

by

A. Q. Morton

S. Michaelson

J. David Thompson

BIBLICAL RESEARCH ASSOCIATES INC.

J. Arthur Baird

David Noel Freedman

Editors

Copyright: BIBLICAL RESEARCH ASSOCIATES
1980   ISBN-0-935106-17-0

CONTENTS

INTRODUCTION

The Computer Bible is a long range project consisting of a series of critical concordances of all portions of the Bible. These are being produced by a varied group of scholars in different parts of the world, and will be published as they are completed.

There are three levels at which concordances are being produced. The first is the standard key-word-in-context concordance, which is primarily a reference tool. In this situation, the concordance is secondary to the biblical text which is the primary source of study. A second level concordance, on the other hand, is not only a reference aid, but represents a new kind of research tool where the concordance itself becomes a source of primary data along with the original text. It is in the study of the concordance itself that patterns appear revealing new types of information about the original text. The second level concordance is set up to deal with critical problems of what has been called "Lower Criticism," matters of language, text, morphology, grammar and syntax. Then there is a third level at which one can produce concordances, and we shall call this the level of "Content Analysis." Such a concordance deals with problems of form, source, audience, editor and the like, and with the literary content of the material. As the concordance reveals various patterns of correlation, so does it function as primary data for research parallel to the original text or its translation. The Critical Concordance to the Synoptic Gospels, Vol. I of this series, is such a concordance. At each succeeding level, new types of data appear, revealing what is often totally new information about the Bible.

This present volume is a second-level concordance. The computer program which produced it is a sophisticated one. Its conception and development started with Mr. P. Bratley of the English Language and Computer Science Departments of the University of Edinburgh whose program produced concordances for the Dictionary of the Older Scottish Tongue following the initiative of its editor, Mr. A. J. Aitken. Around this program and its ideas was written the COCOA concordance program by Dr. J. Howlett of the Science Research Council Atlas Computer Laboratory at Chilton. Dr. D. B. Russell produced the first version of the program and the concordance of the Homeric Poems, and Mrs. E. M. Gill did the first work on the New Testament. The project was then transferred to Edinburgh Regional Computing Center and adapted further by W. Aitken and by Neil Hamilton-Smith on whom the major responsibility has fallen. Always associated with the work have been Professor Sidney Michaelson and Rev. A. Q. Morton of the Department of Computer Science of the University of Edinburgh. The Greek text of the concordance is based upon the Greek New Testament edited by Aland, Black, Metzger and Wikgren, London and New York, 1908. From its early stages, the British team has worked in close cooperation with the American Biblical Research Associates and it is through this association that the present volume has now reached publication.

USING THE CONCORDANCE

A Concordance such as this is a sophisticated research tool, and needs some explanation in order to be used effectively. The thing to remember is that this is most creatively employed as primary data alongside the original text. It is not just a reference tool. The arrangement of the material is such as to open the possibility that the concordance itself will reveal new types of information. This introduction will try to suggest possible types of new data; but experience has shown that the most creative discoveries are usually inadvertent, and take the researcher quite by surprise. The best way to use such a concordance, therefore, is with a completely open mind. The present volume is divided into six parts, each arranging material in different ways for different kinds of study.

PART ONE is a REVERSE INDEX AND WORD COUNT. All the words in the gospel are arranged alphabetically according to the last letters in the word, working from right to left. Beside each word is then listed the number of occurrences of that word. This reverse indexing brings together person, gender, number, case, tense and mood endings for many types of morphological study. For example, one might detect here some tense peculiarities that would point to the Greek or Hebrew origins of the basic material, the author or possible redactors.

PART TWO is a FORWARD INDEX AND WORD COUNT of all the words in the gospel, alphabetically arranged and giving the number of occurrences of each word. This facilitates the location of the frequency of any word, and also brings various word roots together for comparison. It gives us a more detailed picture of the verbal habits of the author or authors and a quick summary of the language character of the book. This is especially useful for comparison with other sections of the Bible.

PART THREE is a WORD FREQUENCY LIST arranged according to descending numerical occurrence. This enables us to know how often each word occurs in each of its forms. For example, we see that *kai* occurs 137 times. By combining this data with the figures in the frequency profiles, one can see that *kai* comprises 5.7% of the total word count of Ephesians, another possible indication of authorship. This kind of data can be obtained from Moulton and Geden, but the present concordance will speed up such research enormously.

PART FOUR is a FREQUENCY PROFILE, containing no words, but rather six columns of figures. The first column gives the number of occurrences of the group of words in the text, starting with the once occurring words, of which there are 608, then the words which occur twice, of which there are 106, and so on until it records that the word *kai* occurs 137 times. The second column records how many words are in the class defined by column one: thus there are 608 words which occur only once, 14 which occur five times, four which occur 16 times and so on. Columns three and four contain a running continuous count of the number or words listed so far, so that there are 714 words listed once or twice on 820 separate occasions (column four). Columns five and six give a running and cumulative percentage frequency total. For example, in line one, if you divide the number of different words occurring only once (608) by the total number of different words in Ephesians (863)), the percentage figure is 70.45% (column five). If one divides the total number of once-only words (608) by the total number of all words every time used in Ephesians (2411), the percentage figure is 25.22% (column six). Remember that in line two and succeeding lines, the figures, and so the percentages, are cumulative.

PART FIVE is a FOREWARD KEY WORD IN CONTEXT CONCORDANCE. Its unique feature is that it is "context sorted." Most concordances list key words and provide context for them in the order they would be met in reading the text. In the present concordance, all occurrences of a key word appear together, and are additionally sorted by their context. Thus, the occurrences of each word appear in the dictionary order of the context following the word. This type of sorting brings out all similar structures grammatical and linguistic, which are not readily apparent in the more usual concordance. The main feature of what the computer has done here is the way the key word, and the words and phrases of the context are arranged immediately and symmetrically under each other. This increases enormously the facility and speed of locating patterns of word usage, style, syntax, etc. that should say something about subject matter, author, redactor, or the particular age and milieu out of which the material emerged. These patterns stand out brilliantly, and immediately call attention to themselves.

PART SIX is a REVERSE KEY WORD IN CONTEXT CONCORDANCE. Here the key words are alphabetized from right to left, and the order for each key word is the context to its left, sorted first by the last letter of the preceding word, then the second from last and so on. The chief function of such an arrangement is to reveal in depth and detail the morphological habits of the author. The patterns visible in this way could also point to editorial emphasis or even theological stress for example in the use of the imperative as compared to the indicative or subjective moods. Since these are new tools, one can only conjecture the kinds of conclusions that will be drawn from their use. One thing is probable: they will be drawn from new evidence seen here for the first time.

One limitation needs to be mentioned. The Greek text on computer tape used to generate this concordance does not provide rough breathing marks. There is, therefore, no way to distinguish words that are otherwise identical. This is normally no problem, but in the frequency profile, some of the statistics need to be modified for rough breathing words.

Now what use can be made of this data? To begin with, these figures form the necessary control base for any percentage ratios one may wish to derive from Ephesians. For example, if one wanted to know what percentage of words in Ephesians are *hapax legomenoi* (once only), one needs to know not only the total number of such words (608), but also the total number of different words in Ephesians (863). With such a numerical base, one could then go on to calculate the percentage of times any word or phrase occurred in Ephesians, and then compare this with such a percentage in another book. Or one might wish to determine the relative weight a certain syntactical situation had in Ephesians in comparison to some other text. In this case, one would need the complete word total (2411) as the base for his percentage. This then enables the researcher to make observations about the character of this book which are exact rather than impressionistic, and to compare Ephesians with other works in an objective, empirical fashion, along with whatever other ways one might wish to make comparisons. These frequency profiles are also very useful for determining authorship patterns, and so can be most useful for Source and Redaction criticism.

TECHNICAL DATA

This Greek volume was made possible by the development of a set of computer programs which convert the encoded forms of the Latin characters as they exist on magnetic tape into matrices of dots which, when sent to a dot matrix plotter, result in the Greek lines reproduced here. The use of the dot matrix plotter (a Versatec D900A) allows a great deal of flexibility in altering the character font, adjusting the line format and the size and density of the characters, which conventional computer printers do not. Its use is also inexpensive compared to the costs of having a character font designed and cast in the kind of type used by most computer printing machines. Its primary drawback, and a relatively small one, is that a greater amount of computer processing is required to generate the plot matrix than to drive a conventional computer printer. It is also slower than an average computer printer.

The plot matrices were generated on a Honeywell 6080 computer with Extended Instruction Set (EIS) from the tapes written by the concordance programs. The matrices for the characters were coded into the program and each assigned a width based on the size of the character it contained, thereby preventing consecutive narrow characters from being surrounded by a large amount of space while wider characters are more closely spaced. These character matrices were then merged together in the same order as the Latin characters on the concordance tape and written to a plot driver tape.

This plot driver tape was fed into a Texas Instruments 980B mini-computer to which the Versatec plotter is connected. The merged matrices plotted on the Versatec generated what you see reproduced in this volume. The plot driver tape generation program is reasonably flexible and can be adjusted to print lines in many formats and character sets.

J. David Thompson

PART I
WORD COUNT
REVERSE INDEX

WORD COUNT: REVERSE INDEX.

α	1	μεγα	1	ελπιδα	1
ρυτιδα	1	ημεθα	1	αιτουμεθα	1
αγια	1	μωρολογια	1	ευλογια	1
πανουργια	1	δις	20	καρδια	1
κυβεια	1	ασελγεια	1	παιδεια	1
αληθεια	3	βασιλεια	1	πορνεια	1
κακια	1	επαγγελια	1	ευτραπελια	1
μια	2	βλασφημια	1	οικονομια	1
δεξια	1	πλεονεξια	2	διανοια	1
πικρια	1	πατρις	1	ετοιμασια	1
νουθεσια	1	εκκλησια	3	παρρησια	1
ακαθαρσια	1	αφθαρσια	1	ευχαριστια	1
ακροβυστια	1	ασωτια	1	σοφια	2
προσωπολημψια	1	θωρακα	1	γυναικα	3
πνευματικα	1	σαρκα	4	αλλα	10
ποιημα	1	θελημα	2	ρημα	1
αιμα	1	τιμα	1	συνκληρονομα	1
βαττισμα	1	πνευμα	3	πληρωμα	2
σωμα	3	συσσωμα	1	ενα	2
γινομενα	1	ελεγχομενα	1	πεπυρωμενα	1
ινα	23	τεκνα	5	αιωνα	1
δοξα	2	αγαπα	1	αρα	1
παρα	1	ανδρι	2	ημερα	1
πατερα	4	μητερα	2	αμφοτερα	1
κατωτερα	1	πονηρα	1	πασα	4
τα	25	κατα	19	θεληματα	1
δοματα	1	σωματα	1	γονατα	1
μετα	6	αγαπητα	1	ενοτητα	2
παντα	12	απαντα	1	κτισθεντι	1
αρχοντα	1	αναστα	1	αυτι	1
ταυτα	1	συμμετοχα	1	προεγραψα	1
επεμψα	1	γε	2	δε	19
μηδε	2	δυνασθε	1	δεξασθε	1
ενδυσασθε	1	οργιζεσθε	1	μεθυσκεσθε	1
γινεσθε	4	δυνησεσθε	1	συνοικοδομεισθε	1
ενδυναμουσθε	1	πληρουσθε	1	με	1
εμε	1	εγειρε	1	τε	1
αγαπατε	1	περιεπατησατε	1	ηκουσατε	2
αναλαβετε	1	παροργιζετε	1	εμαθετε	1
συνιετε	1	αμαρτανετε	1	βλεπετε	1
μνημονευετε	1	υπακουετε	2	εκτρεφετε	1
ελεγχετε	1	ητε	2	ειδητε	1
εκληθητε	2	εγενηθητε	1	δυνηθητε	1
εσφραγισθητε	2	εδιδαχθητε	1	πληρωθητε	1
εξισχυσητε	1	στητε	1	ειτε	2
ποιειτε	1	λαλειτε	1	συγκοινωνειτε	1
λυπειτε	1	περιπατειτε	3	διδοτε	1
ποτε	6	παντοτε	1	εστε	4
ιστε	1	γνωτε	1	η	21
ανεβη	1	κατεβη	1	οργη	2
κραυγη	1	δοθη	1	εδοθη	2
γνωρισθη	1	εγνωρισθη	2	απεκαλυφθη	1
πνευματικη	1	παλη	1	κεφαλη	3
βελη	1	μελη	2	εντολη	1
μη	16	οικοδομη	1	συναρμολογουμενη	1
ειρηνη	3	εθνη	3	γυνη	1
δικαιοσυνη	2	αγαθωσυνη	1	αποκαταλλαξη	1
αγαπη	7	αγιαση	1	παση	5
εση	1	παρακαλεση	1	ποιηση	1
παραστησῃ	1	κτιση	1	πληρωσῃ	1

τη	11	αυτη	1	πρωτη	1
κρυφη	1	εχη	1	δωη	1
καθ	2	αι	3	δυνασθαι	1
ευαγγελισασθαι	1	ενδυσασθαι	1	νακεφαλαιωσασθαι	1
καταλαβεσθαι	1	αποθεσθαι	1	ανανεουσθαι	1
και	137	μαρτυρομαι	1	παυομαι	1
αιτουμαι	1	παρρησιασωμαι	1	ειδεναι	1
κραταιωθηναι	1	στηναι	2	αντιστηναι	1
ειναι	3	μεταδιδοναι	1	γνωναι	1
ημεραι	1	πονηραι	1	σβεσαι	1
ποιησαι	1	κατοικησαι	1	λαλησαι	1
νοησαι	1	περιπατησαι	1	γνωρισαι	1
φωτισαι	1	ονομαζεται	1	προσκολληθησεται	1
κομισεται	1	υποτασσεται	1	ερχεται	1
φοβηται	1	μιμηται	1	γενηται	1
ενδειξηται	1	καυχησηται	1	ποιειται	1
συμπολιται	1	εσονται	1	φανερουται	1
δι	1	ελπιδι	1	ει	4
λεγει	2	δει	1	ελεει	1
δυναμει	1	ανοιξει	1	αυξει	1
πρεπει	1	θαλπει	1	δεησει	1
πεποιθησει	1	φρονησει	1	προσκαρτερησει	1
γνωρισει	1	επιφαυσει	1	αλυσει	1
φυσει	1	επιγνωσει	1	περιπατει	1
κρατει	1	εκτρεφει	1	εχει	1
καταλειψει	1	σαρκι	3	ενι	3
νυνι	1	αιωνι	1	οι	12
αθεοι	1	οικειοι	1	νηπιοι	1
κυριοι	1	παροικοι	1	ανθρωπαρεσκοι	1
δουλοι	2	μοι	4	εμοι	1
κατεργασαμενοι	1	υποδησαμενοι	1	ενδυσαμενοι	1
περιζωσαμενοι	1	αποθεμενοι	1	λεγομενοι	1
εξαγοραζομενοι	1	κλυδωνιζομενοι	1	χαριζομενοι	1
περιφερομενοι	1	υποτασσομενοι	1	ανεχομενοι	1
προσευχομενοι	1	σεσωσμενοι	2	ερριζωμενοι	1
τεθεμελιωμενοι	1	απηλλοτριωμενοι	2	εσκοτωμενοι	1
ξενοι	2	ευσπλαγχνοι	1	λοιποι	1
αμφοτεροι	1	σοι	2	χρηστοι	1
σοφοι	1	ασοφοι	1	συμμετοχοι	1
επι	10	περι	2	πατρι	1
μεχρι	1	τι	8	ρηματι	1
αιματι	1	ονοματι	1	πνευματι	7
σωματι	1	μηκετι	3	ουκετι	1
ματαιοτητι	1	οσιοτητι	1	απλοτητι	1
χρηστοτητι	1	χαριτι	2	αντι	1
παντι	3	κτισαντι	1	μελλοντι	1
εχοντι	1	οτι	12	εκ	4
ουκ	8	ισραηλ	1	αλλ	3
εαν	1	δωρεαν	1	περικεφαλαιαν	1
μεθοδιαν	1	ενεργειαν	3	αληθειαν	1
μνειαν	1	χρειαν	1	ευδοκιαν	2
πανοπλιαν	2	οφθαλμοδουλιαν	1	μιαν	1
οικονομιαν	2	κληρονομιαν	1	αγνοιαν	1
εργασιαν	1	υιοθεσιαν	1	εκκλησιαν	4
παρρησιαν	1	θυσιαν	1	αιχμαλωσιαν	1
παρεδωκαν	1	παν	3	αγαπαν	1
ημεραν	1	προτεραν	1	εχθραν	2
μαχαιραν	1	μακραν	2	προσφοραν	1
ουσαν	1	υπερβαλλουσαν	1	εχουσαν	1
εν	124	ανηκεν	1	εδωκεν	3
παρεδωκεν	2	μεν	1	εκληρωθημεν	1
ανεστραφημεν	1	εχομεν	3	εσμεν	3
νοουμεν	1	ωμεν	1	αυξησωμεν	1
περιπατησωμεν	1	καταντησωμεν	1	υπεταξεν	1
συνηγειρεν	1	προητοιμασεν	1	ενηργησεν	1
εποιησεν	1	συνεζωοποιησεν	1	ηγαπησεν	3
εμισησεν	1	συνεκαθισεν	1	επερισσευσεν	1
ηχμαλωτευσεν	1	εχαριτωσεν	1	ην	4
προσαγωγην	2	εγενηθην	1	κεφαλην	1
απειλην	1	πολλην	1	πλην	1
βουλην	1	αμην	1	οικοδομην	3

οσμην	1	ενεργουμενην	1	ειρηνην	3
αγαπην	3	την	45	αυτην	2
αναστροφην	1	λεγειν	1	εγκακειν	1
τηρειν	1	περιπατειν	1	δυναμιν	1
ημιν	3	υμιν	7	χαριν	3
δογμασιν	1	παραπτωμασιν	2	πασιν	4
ανδρασιν	2	προθεσιν	2	εθνεσιν	1
συνεσιν	1	αφεσιν	1	θλιψεσιν	1
αυξησιν	1	εισιν	1	χερσιν	1
γονευσιν	1	ουσιν	1	οφειλουσιν	1
ακουουσιν	1	αιωσιν	1	απολυτρωσιν	2
πωρωσιν	1	εστιν	22	πιστιν	1
αποκαλυψιν	1	ον	1	ναον	1
λογον	1	εργον	1	θεον	1
θυρεον	1	αγαθον	2	δικαιον	1
παλαιον	1	αγιον	2	τελειον	1
ευαγγελιον	1	κατενωπιον	1	κατοικητηριον	1
μυστηριον	4	κυριον	1	πλησιον	1
σπιλον	1	υπερβαλλον	2	μαλλον	3
νομον	1	καταρτισμον	1	συμβιβαζομενον	1
φθειρομενον	1	υναρμολογουμενον	1	φανερουμενον	1
καινον	2	επαινον	3	μονον	1
ενδοξον	1	τοπον	1	ανθρωπον	4
καιρον	1	μετρον	2	αισχρον	1
δωρον	1	τον	21	ανεξιχνιαστον	1
ευαρεστον	1	χριστον	4	αυτον	5
εαυτον	4	μεσοτοιχον	1	νυν	4
ουν	7	ιησουν	1	συν	2
οσφυν	1	ων	2	αρραβων	1
εργων	1	καθευδων	1	ελθων	1
αγιων	4	διανοιων	1	ποιων	1
διαθηκων	1	αλληλων	2	εντολων	1
αποστολων	1	ημων	12	υμων	20
ουρανων	1	εθνων	1	αιωνων	3
αγαπων	1	ανθρωπων	2	καιρων	1
νεκρων	2	των	20	παραπτωματων	1
προφητων	1	παντων	8	αγαπωντων	1
κλεπτων	1	ευχαριστων	1	αυτων	5
εαυτων	2	τοιουτων	1	προσευχων	1
εξ	4	ο	30	διο	5
απο	3	υπο	3	προ	
το	29	εξελεξατο	1	ευηγγελισατο	1
εχαρισατο	1	προεθετο	1	αυτο	2
τουτο	10	δυο	2	υπ	1
γαρ	11	παρ	1	υπερ	10
ανηρ	1	πατηρ	3	σωτηρ	1
αναβας	2	καταβας	1	ποδας	2
γενεας	1	δωρεας	1	επιχορηγιας	1
καρδιας	4	ευωδιας	1	μεθοδειας	1
αληθειας	2	απειθειας	2	χρειας	1
πολιτειας	1	ηλικιας	1	διδασκαλιας	1
επαγγελιας	3	κληρονομιας	2	επιθυμιας	1
μακροθυμιας	1	διακονιας	1	ευνοιας	1
πονηριας	1	σωτηριας	1	εκκλησιας	2
ακαθαρσιας	1	εξουσιας	3	σοφιας	1
γυναικας	2	ημας	12	υμας	10
ποιμενας	1	αποκτεινας	1	πας	2
εγειρας	1	κοσμοκρατορας	1	πασας	1
ευλογησας	1	καταργησας	1	ποιησας	1
καθισας	1	καθαρισας	1	προορισας	1
γνωρισας	1	λυσας	1	ακουσας	1
τας	9	προφητας	1	παντας	1
οντας	2	πιστευοντας	1	προηλπικοτας	1
ευαγγελιστας	1	αρχας	1	γυναικες	2
οιτινες	1	αφρονες	1	ανδρες	2
πατερες	1	παντες	2	πιστευσαντες	1
ακουσαντες	1	εποικοδομηθεντες	1	προορισθεντες	1
κτισθεντες	1	ανιεντες	1	οντες	2
αναλαβοντες	1	αδοντες	1	σπουδαζοντες	1
δοκιμαζοντες	1	γινωσκοντες	1	αναγινωσκοντες	1
ψαλλοντες	1	αληθευοντες	1	δουλευοντες	1

εχοντες	1	ποιουντες	2	λαλουντες	1
αγρυπνουντες	1	ευχαριστουντες	1	ειδοτες	2
απηλγηκοτες	1	ης	3	γης	4
οργης	1	καταβολης	1	περιτομης	1
πλανης	1	λεγομενης	1	ειρηνης	2
δικαιοσυνης	1	ταπεινοφροσυνης	1	δοξης	6
ειδωλολατρης	1	πασης	5	δοθεισης	2
της	60	απατης	1	πλεονεκτης	1
αισχροτης	1	αυτης	1	αφης	1
αρχης	1	προσευχης	1	ψυχης	1
ζωης	1	αις	1	ωδαις	1
γενεαις	1	ιδιαις	1	καρδιαις	1
επιθυμιαις	1	εξουσιαις	1	αμαρτιαις	1
πνευματικαις	1	ετεραις	1	ταις	7
προφηταις	1	αρχαις	1	εις	39
μηδεις	1	ουδεις	1	ημεις	1
υμεις	7	οις	2	λογοις	1
εργοις	2	αγαθοις	1	αγιοις	5
ιδιοις	1	επουρανιοις	5	κυριοις	1
υιοις	2	αλληλοις	1	αποστολοις	1
ψαλμοις	1	ουρανοις	3	κενοις	1
επερχομενοις	1	υμνοις	1	ακαρποις	1
ανθρωποις	2	τοις	29	πιστοις	1
αυτοις	2	εαυτοις	2	αδελφοις	1
ελπις	1	χαρις	4	χωρις	1
τις	5	ητις	3	πιστις	1
ος	2	λογος	2	ψευδος	1
θεος	6	βαθος	1	αγαθος	1
μεγεθος	1	ηλιος	1	δεσμιος	2
μακροχρονιος	1	κυριος	2	πλουσιος	1
μηκος	1	γυναικος	1	τυχικος	1
σαρκος	2	πολυποικιλος	1	αποστολος	1
παυλος	2	δουλος	1	θυμος	1
αμωμος	1	ενος	1	εργαζομενος	1
ποιουμενος	1	διακονος	2	πορνος	1
αιωνος	1	νοος	2	καρπος	1
ανθρωπος	1	αερος	1	ελευθερος	1
προς	16	σαπρος	1	πατρος	2
υδατος	1	πλατος	1	θεληματος	4
αιματος	1	ονοματος	1	στοματος	2
πνευματος	4	πληρωματος	2	σωματος	4
ευλογητος	1	αγαπητος	1	κυριοτητος	1
πραυτητος	1	χαριτος	5	παντος	1
οντος	1	ενεργουντος	2	σκοτος	1
ακαθαρτος	1	εκαστος	3	πιστος	1
χριστος	6	αυτος	5	πλουτος	5
φωτος	3	ισχυος	2	αδελφος	1
υψος	2	εγγυς	2	αγιους	2
υιους	1	διδασκαλους	1	αλληλους	1
αποστολους	1	οφθαλμους	1	αμωμους	1
πεφωτισμενους	1	μερους	1	αμφοτερους	1
νεκρους	2	τους	14	κρατους	1
σκοτους	2	αυτους	1	εαυτους	1
ως	16	ακριβως	1	δυναμεως	3
δεησεως	1	περιποιησεως	1	κλησεως	3
γνωσεως	1	επιγνωσεως	1	απολυτρωσεως	1
πιστεως	6	αποκαλυψεως	1	καθως	10
αξιως	1	πως	1	ουτως	4
φως	2	κατ	3	μετ	1
ευ	1	ου	6	φοβου	1
θεου	20	ακρογωνιαιου	1	ευαγγελιου	3
μυστηριου	1	σωτηριου	1	κυριου	8
υιου	1	διαβολου	1	μου	5
φραγμου	1	εμου	1	τρομου	1
κοσμου	2	αποκεκρυμμενου	1	ονομαζομενου	1
πληρουμενου	1	λοιπου	1	πονηρου	1
σταυρου	1	σου	1	ιησου	18
υπερεκπερισσου	1	του	71	χειροποιητου	1
εκαστου	1	χριστου	20	αυτου	33
εαυτου	4	τουτου	5	αφ	1
εφ	1	ουχ	1	ω	10

4

φοβω	1	καγω	1	εγω	3
λεγω	2	ολιγω	1	δω	2
θεω	4	ονομαζεσθω	1	εκπορευεσθω	1
αγιω	1	θεμελιω	1	μυστηριω	1
κυριω	13	παρακαλω	1	διαβολω	1
ανεμω	1	συνδεσμω	1	παροργισμω	1
κοσμω	1	υπερανω	2	δυναμενω	1
ηγαπημενω	1	εκεινω	1	οινω	1
ελαχιστοτερω	1	καιρω	2	μετρω	1
λουτρω	1	εσω	1	πρασσω	1
τω	37	κοπιατω	1	αγαπατω	1
απαταω	1	κλεπτετω	1	επιδυετω	1
αρθητω	1	καμπτω	1	εκαστω	1
χριστω	16	αυτω	9	εαυτω	1
τουτω	1	πρεσβευω	1		

PART II
WORD COUNT
FORWARD INDEX

WORD COUNT: FORWARD INDEX.

1	α	1	αγαθοις	2	αγαθον
1	αγαθος	1	αγαθωσυνη	1	αγαπα
1	αγαπαν	1	αγαπατε	1	αγαπατω
7	αγαπη	3	αγαπην	1	αγαπητα
1	αγαπητος	1	αγαπων	1	αγαπωντων
1	αγια	1	αγιαση	5	αγιοις
2	αγιον	2	αγιους	1	αγιω
4	αγιων	1	αγνοιαν	1	αγρυπνουντες
1	αδελφοις	1	αδελφος	1	αδοντες
1	αερος	1	αθεοι	3	αι
1	αιμα	1	αιματι	1	αιματος
1	αισχρον	1	αισχροτης	1	αις
1	αιτουμαι	1	αιτουμεθα	1	αιχμαλωσιαν
1	αιωνα	1	αιωνι	1	αιωνος
3	αιωνων	1	αιωσιν	1	ακαθαρσια
1	ακαθαρσιας	1	ακαθαρτος	1	ακαρποις
1	ακουουσιν	1	ακουσαντες	1	ακουσας
1	ακριβως	1	ακροβυστια	1	ακρογωνιαιου
3	αληθεια	1	αληθειαν	2	αληθειας
1	αληθευοντες	3	αλλ	10	αλλα
1	αλληλοις	1	αλληλους	2	αλληλων
1	αλυσει	1	αμαρτανετε	1	αμαρτιαις
1	αμην	1	αμφοτερα	1	αμφοτεροι
1	αμφοτερους	1	αμωμος	1	αμωμους
2	αναβας	1	αναγινωσκοντες	1	ανακεφαλαιωσασθα
1	αναλαβετε	1	αναλαβοντες	1	ανανεουσθαι
1	αναστα	1	αναστροφην	2	ανδρα
2	ανδρασιν	2	ανδρες	1	ανεβη
1	ανεμω	1	ανεξιχνιαστον	1	ανεστραφημεν
1	ανεχομενοι	1	ανηκεν	1	ανηρ
1	ανθρωπαρεσκοι	2	ανθρωποις	4	ανθρωπον
1	ανθρωπος	2	ανθρωπων	1	ανιεντες
1	ανοιξει	1	αντι	1	αντιστηναι
1	αξιως	1	απαντα	1	απατατω
1	απατης	2	απειθειας	1	απειλην
1	απεκαλυφθη	1	απηλγηκοτες	2	απηλλοτριωμενοι
1	απλοτητι	3	απο	1	αποθεμενοι
1	αποθεσθαι	1	αποκαλυψεως	1	αποκαλυψιν
1	αποκαταλλαξη	1	αποκεκρυμμενου	1	αποκτεινας
1	απολυτρωσεως	2	απολυτρωσιν	1	αποστολοις
1	αποστολος	1	αποστολους	1	αποστολων
1	αρα	1	αρθητω	1	αρραβων
1	αρχαις	1	αρχας	1	αρχης
1	αρχοντα	1	ασελγεια	1	ασοφοι
1	ασωτια	1	αυξει	1	αυξησιν
1	αυξησωμεν	2	αυτα	1	αυτη
2	αυτην	1	αυτης	2	αυτο
2	αυτοις	5	αυτον	5	αυτος
33	αυτου	1	αυτους	9	αυτω
5	αυτων	1	αφ	1	αφεσιν
1	αφης	1	αφθαρσια	1	αφρονες
1	βαθος	1	βαπτισμα	1	βασιλεια
1	βελη	1	βλασφημια	1	βλεπετε
1	βουλην	11	γαρ	2	γε
1	γενεαις	1	γενεας	1	γενηται
4	γης	4	γινεσθε	1	γινομενα
1	γινωσκοντες	1	γνωναι	1	γνωρισαι
1	γνωρισας	1	γνωρισει	1	γνωρισθη
1	γνωσεως	1	γνωτε	1	γονατα
1	γονευσιν	3	γυναικα	2	γυναικας

2	γυναικες	1	γυναικος	1	γυνη
19	δε	1	δεησει	1	δεησεως
1	δει	1	δεξασθε	1	δεξια
2	δεσμιος	1	δι	20	δια
1	διαβολου	1	διαβολω	1	διαθηκων
1	διακονιας	2	διακονος	1	διανοια
1	διανοιων	1	διδασκαλιας	1	διδασκαλους
1	διδοτε	1	δικαιον	2	δικαιοσυνη
1	δικαιοσυνης	5	διο	1	δογμασιν
2	δοθεισης	1	δοθη	1	δοκιμαζοντες
1	δοματα	2	δοξα	6	δοξης
1	δουλευοντες	2	δουλοι	1	δουλος
1	δυναμει	1	δυναμενω	3	δυναμεως
1	δυναμιν	1	δυνασθαι	1	δυνασθε
1	δυνηθητε	1	δυνησεσθε	2	δυο
2	δω	1	δων	1	δωρεαν
1	δωρεας	1	δωρον	1	εαν
2	εαυτοις	4	εαυτον	4	εαυτου
1	εαυτους	1	εαυτω	2	εαυτων
2	εγγυς	1	εγειρας	1	εγειρε
1	εγενηθην	1	εγενηθητε	1	εγκακειν
2	εγνωρισθη	3	εγω	1	εδιδαχθητε
2	εδοθη	3	εδωκεν	1	εθνεσιν
3	εθνη	1	εθνων	4	ει
1	ειδεναι	1	ειδητε	2	ειδοτες
1	ειδωλολατρης	3	ειναι	3	ειρηνη
3	ειρηνην	2	ειρηνης	1	εισιν
39	εις	2	ειτε	4	εκ
3	εκαστος	1	εκαστου	1	εκαστω
1	εκεινω	3	εκκλησια	4	εκκλησιαν
2	εκκλησιας	2	εκληθητε	1	εκληρωθημεν
1	εκπορευεσθω	1	εκτρεφει	1	εκτρεφετε
1	ελαχιστοτερω	1	ελεγχετε	1	ελεγχομενα
1	ελεει	1	ελευθερος	1	ελθων
1	ελπιδα	1	ελπιδι	1	ελπις
1	εμαθετε	1	εμε	1	εμισησεν
1	εμοι	1	εμου	124	εν
2	ενα	1	ενδειξηται	1	ενδοξον
1	ενδυναμουσθε	1	ενδυσαμενοι	1	ενδυσασθαι
1	ενδυσασθε	3	ενεργειαν	1	ενεργουμενην
2	ενεργουντος	1	ενηργησεν	3	ενι
1	ενος	2	ενοτητα	1	εντολη
1	εντολων	4	εξ	1	εξαγοραζομενοι
1	εξελεξατο	1	εξισχυσητε	1	εξουσιαις
3	εξουσιας	1	επαγγελια	3	επαγγελιας
3	επαινον	1	επεμψα	1	επερισσευσεν
1	επερχομενοις	10	επι	1	επιγνωσει
1	επιγνωσεως	1	επιδυετω	1	επιθυμιαις
1	επιθυμιας	1	επιφαυσει	1	επιχορηγιας
1	εποιησεν	1	εποικοδομηθεντες	5	επουρανιοις
1	εργαζομενος	1	εργασιαν	2	εργοις
1	εργον	1	εργων	1	ερριζωμενοι
1	ερχεται	1	εση	1	εσκοτωμενοι
3	εσμεν	1	εσονται	4	εστε
22	εστιν	2	εσφραγισθητε	1	εσω
1	ετεραις	1	ετοιμασια	1	ευ
1	ευαγγελιον	3	ευαγγελιου	1	ευαγγελισασθαι
1	ευαγγελιστας	1	ευαρεστον	2	ευδοκιαν
1	ευηγγελισατο	1	ευλογησας	1	ευλογητος
1	ευλογια	1	ευνοιας	1	ευσπλαγχνοι
1	ευτραπελια	1	ευχαριστια	1	ευχαριστουντες
1	ευχαριστων	1	ευωδιας	1	εφ
1	εχαρισατο	1	εχαριτωσεν	1	εχει
1	εχη	2	εχθραν	3	εχομεν
1	εχοντες	1	εχοντι	1	εχουσαν
1	ζωης	21	η	1	ηγαπημενω
3	ηγαπησεν	2	ηκουσατε	1	ηλικιας
1	ηλιος	12	ημας	1	ημεθα
1	ημεραν	1	ημερς	1	ημεραι
1	ημεις	3	ημιν	12	ημων
4	ην	3	ης	2	ητε

3	ητις	1	ηχμαλωτευσεν	1	θαλπει
2	θελημα	1	θεληματα	4	θεληματος
1	θεμελιω	1	θεον	6	θεος
20	θεου	4	θεω	1	θλιψεσιν
1	θυμος	1	θυρεον	1	θυσιαν
1	θωρακα	1	ιδιαις	1	ιδιοις
18	ιησου	1	ιησουν	23	ινα
1	ισραηλ	1	ιστε	2	ισχυος
1	καγω	2	καθ	1	καθαρισας
1	καθευδων	1	καθισας	10	καθως
137	και	2	καινον	1	καιρον
2	καιρω	1	καιρων	1	κακια
1	καμπτω	1	καρδια	1	καρδιαις
4	καρδιας	1	καρπος	3	κατ
19	κατα	1	καταβας	1	καταβολης
1	καταλαβεσθαι	1	καταλειψει	1	καταντησωμεν
1	καταργησας	1	καταρτισμον	1	κατεβη
1	κατενωπιον	1	κατεργασαμενοι	1	κατοικησαι
1	κατοικητηριον	1	κατωτερα	1	καυχησωνται
1	κενοις	3	κεφαλη	1	κεφαλην
1	κλεπτετω	1	κλεπτων	1	κληρονομιαν
2	κληρονομιας	3	κλησεως	1	κλυδωνιζομενοι
1	κομισεται	1	κοπιατω	1	κοσμοκρατορας
2	κοσμου	1	κοσμω	1	κραταιωθηναι
1	κρατει	1	κρατους	1	κραυγη
1	κρυφη	1	κτισαντι	1	κτιση
1	κτισθεντα	1	κτισθεντες	1	κυβεια
1	κυριοι	1	κυριοις	1	κυριον
2	κυριος	1	κυριοτητος	8	κυριου
13	κυριω	1	λαλειτε	1	λαλησαι
1	λαλουντες	2	λεγει	1	λεγειν
1	λεγομενης	1	λεγομενοι	2	λεγω
1	λογοις	1	λογον	2	λογος
1	λοιποι	1	λοιτου	1	λουτρω
1	λυπειτε	1	λυσας	2	μακραν
1	μακροθυμιας	1	μακροχρονιος	3	μαλλον
1	μαρτυρομαι	1	ματαιοτητι	1	μαχαιραν
1	με	1	μεγα	1	μεγεθος
1	μεθοδειας	1	μεθοδιαν	1	μεθυσκεσθε
2	μελη	1	μελλοντι	1	μεν
1	μερους	1	μεσοτοιχον	1	μετ
6	μετα	1	μεταδιδοναι	2	μετρον
1	μετρω	1	μεχρι	16	μη
2	μηδε	1	μηδεις	3	μηκετι
1	μηκος	2	μητερα	2	μια
1	μιαν	1	μιμηται	1	μνειαν
1	μνημονευετε	4	μοι	1	μονον
5	μου	4	μυστηριον	1	μυστηριου
1	μυστηριω	1	μωρολογια	1	ναον
2	νεκρους	2	νεκρων	1	νηπιοι
1	νοησαι	1	νομον	2	νοος
1	νοουμεν	1	νουθεσια	4	νυν
1	νυνι	2	ξενοι	30	ο
12	οι	1	οικειοι	1	οικοδομη
3	οικοδομην	1	οικονομια	2	οικονομιαν
1	οινω	2	οις	1	οιτινες
1	ολιγω	1	ον	1	ονομαζεσθω
1	ονομαζεται	1	ονομαζομενου	1	ονοματι
1	ονοματος	2	οντας	2	οντες
1	οντος	2	οργη	1	οργης
1	οργιζεσθε	1	οσιοτητι	1	οσμην
1	οσφυν	1	ος	12	οτι
6	ου	1	ουδεις	8	ουκ
1	ουκετι	7	ουν	3	ουρανοις
1	ουρανων	1	ουσαν	1	ουσιν
4	ουτως	1	ουχ	1	οφειλουσιν
1	οφθαλμοδουλιαν	1	οφθαλμους	1	παιδεια
1	παλαιον	1	παλη	3	παν
2	πανοπλιαν	1	πανουργια	12	παντα
1	παντας	2	παντες	3	παντι
1	παντος	1	παντοτε	8	παντων

1	παρ	1'	παρα	1	παρακαλεση
1	παρακαλω	2	παραπτωμασιν	1	παραπτωματων
1	παραστηση	1	παρεδωκαν	2	παρεδωκεν
1	παροικοι	1	παροργιζετε	1	παροργισμω
1	παρρησια	1	παρρησιαν	1	παρρησιασωμαι
4	πασα	1	πασας	5	παση
5	πασης	4	πασιν	2	πας
4	πατερα	1	πατερες	3	πατηρ
1	πατρι	1	πατρια	2	πατρος
2	παυλος	1	παυομαι	1	πεποιθησει
1	πεπυρωμενα	2	περι	1	περιεπατησατε
1	περιζωσαμενοι	1	περικεφαλαιαν	1	περιπατει
1	περιπατειν	3	περιπατειτε	1	περιπατησαι
1	περιπατησωμεν	1	περιποιησεως	1	περιτομης
1	περιφερομενοι	1	πεφωτισμενους	1	πικρια
1	πιστευοντας	1	πιστευσαντες	6	πιστεως
1	πιστιν	1	πιστις	1	πιστοις
1	πιστος	1	πλανης	1	πλατος
1	πλεονεκτης	2	πλεονεξια	1	πλην
1	πληρουμενου	1	πληρουσθε	1	πληρωθητε
2	πληρωμα	2	πληρωματος	1	πληρωση
1	πλησιον	1	πλουσιος	5	πλουτος
3	πνευμα	7	πνευματι	1	πνευματικα
1	πνευματικαις	1	πνευματικη	4	πνευματος
2	ποδας	1	ποιειται	1	ποιειτε
1	ποιημα	1	ποιησαι	1	ποιησας
1	ποιηση	1	ποιμενας	1	ποιουμενος
2	ποιουντες	1	ποιων	1	πολιτειας
1	πολλην	1	πολυποικιλος	1	πονηρα
1	πονηραι	1	πονηριας	1	πονηρου
1	πορνεια	1	πορνος	6	ποτε
1	πρασσω	1	πραυτητος	1	πρεπει
1	πρεσβευω	1	προ	1	προεγραψα
1	προεθετο	1	προηλικοτας	1	προητοιμασεν
2	προθεσιν	1	προορισας	1	προορισθεντες
2	προσαγωγην	1	προσευχης	1	προσευχομενοι
1	προσευχων	1	προσκαρτερησει	1	προσκολληθησεται
1	προσφοραν	1	προσωπολημψια	16	προς
1	προτεραν	1	προφηταις	1	προφητας
1	προφητων	1	πρωτη	1	πωρωσιν
1	πως	1	ρημα	1	ρηματι
1	ρυτιδα	1	υαπρος	4	σαρκα
3	σαρκι	2	σαρκος	1	σβεσαι
2	σεσωσμενοι	1	σκοτος	2	σκοτους
2	σοι	1	σου	2	σοφια
1	σοφιας	1	σοφοι	1	σπιλον
1	σπουδαζοντες	1	σταυρου	2	στηναι
1	στητε	2	στοματος	1	συγκοινωνειτε
1	συμβιβαζομενον	1	συμμετοχα	1	συμμετοχοι
1	συμπολιται	2	συν	1	συναρμολογουμενη
1	συναρμολογουμενο	1	συνδεσμω	1	συνεζωοποιησεν
1	συνεκαθισεν	1	συνεσιν	1	συνηγειρεν
1	συνιετε	1	συνκληρονομα	1	συνοικοδομεισθε
1	συσσωμα	3	σωμα	1	σωματα
1	σωματι	4	σωματος	1	σωτηρ
1	σωτηριας	1	σωτηριου	25	τα
7	ταις	1	ταπεινοφροσυνης	8	τας
1	ταυτα	1	τε	1	τεθεμελιωμενοι
5	τεκνα	1	τελειον	11	τη
45	την	1	τηρειν	60	της
8	τι	1	τιμα	5	τις
29	το	1	τοιουτων	29	τοις
21	τον	1	τοπον	71	του
14	τους	10	τουτο	5	τουτου
1	τουτω	1	τρομου	1	τυχικος
37	τω	20	των	1	υδατος
1	υιοθεσιαν	2	υιοις	1	υιου
1	υιους	10	υμας	7	υμεις
7	υμιν	1	υμνοις	20	υμων
1	υπ	2	υπακουετε	10	υπερ
2	υπερανω	2	υπερβαλλον	1	υπερβαλλουσαν

9

1	υπερεκπερισσου	1	υπεταξεν	3	υπο
1	υποδησαμενοι	1	υποτασσεται	1	υποτασσομενοι
2	υψος	1	φανερουμενον	1	φανερουται
1	φθειρομενον	1	φοβηται	1	φοβου
1	φοβω	1	φραγμου	1	φρονησει
1	φυσει	2	φως	1	φωτισαι
3	φωτος	1	χαριζομενοι	3	χαριν
4	χαρις	2	χαριτι	5	χαριτος
1	χειροποιητου	1	χερσιν	1	χρειαν
1	χρειας	1	χρηστοι	1	χρηστοτητι
4	χριστου	6	χριστος	20	χριστου
16	χριστω	1	χωρις	1	ψαλλοντες
1	ψαλμοις	1	ψευδος	1	ψυχης
10	ω	1	ωδαις	1	ωμεν
2	ων	16	ως		

PART III

WORD COUNT
WORDS CLASSIFIED BY
FREQUENCY BEFORE FORWARD INDEXING

WORD COUNT: WORDS CLASSIFIED BY FREQUENCY BEFORE FORWARD INDEXING.

137	και	124	εν	71	του
60	της	45	την	39	εις
37	τω	33	αυτου	30	ο
29	το	29	τοις	25	τα
23	ινα	22	εστιν	21	η
21	τον	20	δια	20	θεου
20	των	20	υμων	20	χριστου
19	δε	19	κατα	18	ιησου
16	μη	16	προς	16	χριστω
16	ως	14	τους	13	κυριω
12	ημας	12	ημων	12	οι
12	οτι	12	παντα	11	γαρ
11	τη	10	αλλα	10	επι
10	καθως	10	τουτο	10	υμας
10	υπερ	10	ω	9	αυτω
8	κυριου	8	ουκ	8	παντων
8	τας	8	τι	7	αγαπη
7	ουν	7	πνευματι	7	ταις
7	υμεις	7	υμιν	6	δοξης
6	θεος	6	μετα	6	ου
6	πιστεως	6	ποτε	6	χριστος
5	αγιοις	5	αυτον	5	αυτος
5	αυτων	5	διο	5	επουρανιοις
5	μου	5	παση	5	πασης
5	πλουτος	5	τεκνα	5	τις
5	τουτου	5	χαριτος	4	αγιων
4	ανθρωπον	4	γης	4	γινεσθε
4	εαυτον	4	εαυτου	4	ει
4	εκ	4	εκκλησιαν	4	εξ
4	εστε	4	ην	4	θεληματος
4	θεω	4	καρδιας	4	μοι
4	μυστηριον	4	νυν	4	ουτως
4	πασα	4	πασιν	4	πατερα
4	πνευματος	4	σαρκα	4	σωματος
4	χαρις	4	χριστον	3	αγαπην
3	αι	3	αιωνων	3	αληθεια
3	αλλ	3	απο	3	γυναικα
3	δυναμεως	3	εγω	3	εδωκεν
3	εθνη	3	ειναι	3	ειρηνη
3	ειρηνην	3	εκαστος	3	εκκλησια
3	ενεργειαν	3	ενι	3	εξουσιας
3	επαγγελιας	3	επαινον	3	εσμεν
3	ευαγγελιου	3	εχομεν	3	ηγαπησεν
3	ημιν	3	ης	3	ητις
3	κατ	3	κεφαλη	3	κλησεως
3	μαλλον	3	μηκετι	3	οικοδομην
3	ουρανοις	3	παν	3	παντι
3	πατηρ	3	περιπατειτε	3	πνευμα
3	σαρκι	3	σωμα	3	υπο
3	φωτος	3	χαριν	2	αγαθον
2	αγιον	2	αγιους	2	αληθειας
2	αλληλων	2	αναβας	2	ανδρα
2	ανδρασιν	2	ανδρες	2	ανθρωποις
2	ανθρωπων	2	απειθειας	2	απηλλοτριωμενοι
2	απολυτρωσιν	2	αυτα	2	αυτην
2	αυτο	2	αυτοις	2	γε
2	γυναικας	2	γυναικες	2	δεσμιος
2	διακονος	2	δικαιοσυνη	2	δοθεισης
2	δοξα	2	δουλοι	2	δυο
2	δω	2	εαυτοις	2	εαυτων

2	εγγυς	2	εγνωρισθη	2	εδοθη
2	ειδοτες	2	ειρηνης	2	ειτε
2	εκκλησιας	2	εκληθητε	2	ενα
2	ενεργουντος	2	ενοτητα	2	εργοις
2	εσφραγισθητε	2	ευδοκιαν	2	εχθραν
2	ηκουσατε	2	ητε	2	θελημα
2	ισχυος	2	καθ	2	καινον
2	καιρω	2	κληρονομιας	2	κοσμου
2	κυριος	2	λεγει	2	λεγω
2	λογος	2	μακραν	2	μελη
2	μετρον	2	μηδε	2	μητερα
2	μια	2	νεκρους	2	νεκρων
2	νοος	2	ξενοι	2	οικονομιαν
2	οις	2	οντας	2	οντες
2	οργη	2	ος	2	πανοπλιαν
2	παντες	2	παραπτωμασιν	2	παρεδωκεν
2	πας	2	πατρος	2	παυλος
2	περι	2	πλεονεξια	2	πληρωμα
2	πληρωματος	2	ποδας	2	ποιουντες
2	προθεσιν	2	προσαγωγην	2	σαρκος
2	σεσωσμενοι	2	σκοτους	2	σοι
2	σοφια	2	στηναι	2	στοματος
2	συν	2	υιοις	2	υπακουετε
2	υπερανω	2	υπερβαλλον	2	υψος
2	φως	2	χαριτι	2	ων
1	α	1	αγαθοις	1	αγαθος
1	αγαθωσυνη	1	αγαπα	1	αγαπαν
1	αγαπατε	1	αγαπατω	1	αγαπητα
1	αγαπητος	1	αγαπων	1	αγαπωντων
1	αγια	1	αγιαση	1	αγιω
1	αγνοιαν	1	αγρυπνουντες	1	αδελφοις
1	αδελφος	1	αδοντες	1	αερος
1	αθεοι	1	αιμα	1	αιματι
1	αιματος	1	αισχρον	1	αισχροτης
1	αις	1	αιτουμαι	1	αιτουμεθα
1	αιχμαλωσιαν	1	αιωνα	1	αιωνι
1	αιωνος	1	αιωσιν	1	ακαθαρσια
1	ακαθαρσιας	1	ακαθαρτος	1	ακαρποις
1	ακουουσιν	1	ακουσαντες	1	ακουσας
1	ακριβως	1	ακροβυστια	1	ακρογωνιαιου
1	αληθειαν	1	αληθευοντες	1	αλληλοις
1	αλληλους	1	αλυσει	1	αμαρτανετε
1	αμαρτιαις	1	αμην	1	αμφοτερα
1	αμφοτεροι	1	αμφοτερους	1	αμωμος
1	αμωμους	1	αναγινωσκοντες	1	ανακεφαλαιωσασθα
1	αναλαβετε	1	αναλαβοντες	1	ανανεουσθαι
1	αναστα	1	αναστροφην	1	ανεβη
1	ανεμω	1	ανεξιχνιαστον	1	ανεστραφημεν
1	ανεχομενοι	1	ανηκεν	1	ανηρ
1	ανθρωπαρεσκοι	1	ανθρωπος	1	ανιεντες
1	ανοιξει	1	αντι	1	αντιστηναι
1	αξιως	1	απαντα	1	απατατω
1	απατης	1	απειλην	1	απεκαλυφθη
1	απηλγηκοτες	1	απλοτητι	1	αποθεμενοι
1	αποθεσθαι	1	αποκαλυψεως	1	αποκαλυψιν
1	αποκαταλλαξη	1	αποκεκρυμμενου	1	αποκτεινας
1	απολυτρωσεως	1	αποστολοις	1	αποστολος
1	αποστολους	1	αποστολων	1	αρα
1	αρθητω	1	αρραβων	1	αρχαις
1	αρχας	1	αρχης	1	αρχοντα
1	ασελγεια	1	ασοφοι	1	ασωτια
1	αυξει	1	αυξησιν	1	αυξησωμεν
1	αυτη	1	αυτης	1	αυτους
1	αφ	1	αφεσιν	1	αφης
1	αφθαρσια	1	αφρονες	1	βαθος
1	βαπτισμα	1	βασιλεια	1	βελη
1	βλασφημια	1	βλεπετε	1	βουλην
1	γενεαις	1	γενεας	1	γενηται
1	γινομενα	1	γινωσκοντες	1	γνωναι
1	γνωρισαι	1	γνωρισας	1	γνωρισει
1	γνωρισθη	1	γνωσεως	1	γνωτε

1	γονατα	1	γονευσιν	1	γυναικος
1	γυνη	1	δεησει	1	δεησεως
1	δει	1	δεξασθε	1	δεξια
1	δι	1	διαβολου	1	διαβολω
1	διαθηκων	1	διακονιας	1	διανοια
1	διανοιων	1	διδασκαλιας	1	διδασκαλους
1	διδοτε	1	δικαιον	1	δικαιοσυνης
1	δογμασιν	1	δοθη	1	δοκιμαζοντες
1	δοματα	1	δουλευοντες	1	δουλος
1	δυναμει	1	δυναμενω	1	δυναμιν
1	δυνασθαι	1	δυνασθε	1	δυνηθητε
1	δυνησεσθε	1	δωη	1	δωρεαν
1	δωρεας	1	δωρον	1	εαν
1	εαυτους	1	εαυτω	1	εγειρας
1	εγειρε	1	εγενηθην	1	εγενηθητε
1	εγκακειν	1	εδιδαχθητε	1	εθνεσιν
1	εθνων	1	ειδεναι	1	ειδητε
1	ειδωλολατρης	1	εισιν	1	εκαστου
1	εκαστω	1	εκεινω	1	εκληρωθημεν
1	εκπορευεσθω	1	εκτρεφει	1	εκτρεφετε
1	ελαχιστοτερω	1	ελεγχετε	1	ελεγχομενα
1	ελεει	1	ελευθερος	1	ελθων
1	ελπιδα	1	ελπιδι	1	ελπις
1	εμαθετε	1	εμε	1	εμισησεν
1	εμοι	1	εμου	1	ενδειξηται
1	ενδοξον	1	ενδυναμουσθε	1	ενδυσαμενοι
1	ενδυσασθαι	1	ενδυσασθε	1	ενεργουμενην
1	ενηργησεν	1	ενος	1	εντολη
1	εντολων	1	εξαγοραζομενοι	1	εξελεξατο
1	εξισχυσητε	1	εξουσιαις	1	επαγγελια
1	επεμψα	1	επερισσευσεν	1	επερχομενοις
1	επιγνωσει	1	επιγνωσεως	1	επιδυετω
1	επιθυμιαις	1	επιθυμιας	1	επιφαυσει
1	επιχορηγιας	1	εποιησεν	1	εποικοδομηθεντες
1	εργαζομενος	1	εργασιαν	1	εργον
1	εργων	1	ερριζωμενοι	1	ερχεται
1	εση	1	εσκοτωμενοι	1	εσονται
1	εσω	1	ετεραις	1	ετοιμασια
1	ευ	1	ευαγγελιον	1	ευαγγελισασθαι
1	ευαγγελιστης	1	ευαρεστον	1	ευηγγελισατο
1	ευλογησας	1	ευλογητος	1	ευλογια
1	ευνοιας	1	ευσπλαγχνοι	1	ευτραπελια
1	ευχαριστια	1	ευχαριστουντες	1	ευχαριστων
1	ευωδιας	1	εφ	1	εχαρισατο
1	εχαριτωσεν	1	εχει	1	εχη
1	εχοντες	1	εχοντι	1	εχουσαν
1	ζωης	1	ηγαπημενω	1	ηλικιας
1	ηλιος	1	ημεθα	1	ημεις
1	ημερα	1	ημεραι	1	ημεραν
1	ηχμαλωτευσεν	1	θαλπει	1	θεληματα
1	θεμελιω	1	θεον	1	θλιψεσιν
1	θυμος	1	θυρεον	1	θυσιαν
1	θωρακα	1	ιδιαις	1	ιδιοις
1	ιησουν	1	ισραηλ	1	ιστε
1	καγω	1	καθαρισας	1	καθευδων
1	καθισας	1	καιρον	1	καιρων
1	κακια	1	καμπτω	1	καρδια
1	καρδιαις	1	καρπος	1	καταβας
1	καταβολης	1	καταλαβεσθαι	1	καταλειψει
1	καταντησωμεν	1	καταργησας	1	καταρτισμον
1	κατεβη	1	κατενωπιον	1	κατεργασαμενοι
1	κατοικησει	1	κατοικητηριον	1	κατωτερα
1	καυχησηται	1	κενοις	1	κεφαλην
1	κλεπτετω	1	κλεπτων	1	κληρονομιαν
1	κλυδωνιζομενοι	1	κομισεται	1	κοπιατω
1	κοσμοκρατορας	1	κοσμω	1	κραταιωθηναι
1	κρατει	1	κρατους	1	κραυγη
1	κρυφη	1	κτισαντι	1	κτιση
1	κτισθεντα	1	κτισθεντες	1	κυβεια
1	κυριοι	1	κυριοις	1	κυριον
1	κυριοτητος	1	λαλειτε	1	λαλησαι

1	λαλουντες	1	λεγειν	1	λεγομενης
1	λεγομενοι	1	λογοις	1	λογον
1	λοιποι	1	λοιπου	1	λουτρω
1	λυπειτε	1	λυσας	1	μακροθυμιας
1	μακροχρονιος	1	μαρτυρομαι	1	ματαιοτητι
1	μαχαιραν	1	με	1	μεγα
1	μεγεθος	1	μεθοδειας	1	μεθοδιαν
1	μεθυσκεσθε	1	μελλοντι	1	μεν
1	μερους	1	μεσοτοιχον	1	μετ
1	μεταδιδοναι	1	μετρω	1	μεχρι
1	μηδεις	1	μηκος	1	μιαν
1	μιμηται	1	μνειαν	1	μνημονευετε
1	μονον	1	μυστηριου	1	μυστηριω
1	μωρολογια	1	ναον	1	νηπιοι
1	νοησαι	1	νομον	1	νοουμεν
1	νουθεσια	1	νυνι	1	οικειοι
1	οικοδομη	1	οικονομια	1	οινω
1	οιτινες	1	ολιγα	1	ον
1	ονομαζεσθω	1	ονομαζεται	1	ονομαζομενου
1	ονοματι	1	ονοματος	1	οντος
1	οργης	1	οργιζεσθε	1	οσιοτητι
1	οσμην	1	οσφυν	1	ουδεις
1	ουκετι	1	ουρανων	1	ουσαν
1	ουσιν	1	ουχ	1	οφειλουσιν
1	οφθαλμοδουλιαν	1	οφθαλμους	1	παιδεια
1	παλαιον	1	παλη	1	πανουργια
1	παντας	1	παντος	1	παντοτε
1	παρ	1	παρα	1	παρακαλεση
1	παρακαλω	1	παραπτωματων	1	παραστηση
1	παρεδωκεν	1	παροικοι	1	παροργιζετε
1	παροργισμω	1	παρρησια	1	παρρησιαν
1	παρρησιασωμαι	1	πασας	1	πατερες
1	πατρι	1	πατρια	1	παυομαι
1	πεποιθησει	1	πεπυρωμενα	1	περιεπατησατε
1	περιζωσαμενοι	1	περικεφαλαιαν	1	περιπατει
1	περιπατειν	1	περιπατησαι	1	περιπατησωμεν
1	περιποιησεως	1	περιτομης	1	περιφερομενοι
1	πεφωτισμενους	1	πικρια	1	πιστευοντας
1	πιστευσαντες	1	πιστιν	1	πιστις
1	πιστοις	1	πιστος	1	πλανης
1	πλατος	1	πλεονεκτης	1	πλην
1	πληρουμενου	1	πληρουσθε	1	πληρωθητε
1	πληρωση	1	πλησιον	1	πλουσιος
1	πνευματικα	1	πνευματικαις	1	πνευματικη
1	ποιειται	1	ποιειτε	1	ποιημα
1	ποιησαι	1	ποιησας	1	ποιηση
1	ποιμενας	1	ποιουμενος	1	ποιων
1	πολιτειας	1	πολλην	1	πολυποικιλος
1	πονηρα	1	πονηραι	1	πονηριας
1	πονηρου	1	πορνεια	1	πορνος
1	πρασσω	1	πραυτητος	1	πρεπει
1	πρεσβευω	1	προ	1	προεγραψα
1	προεθετο	1	προηλπικοτας	1	προητοιμασεν
1	προορισας	1	προορισθεντες	1	προσευχης
1	προσευχομενοι	1	προσευχων	1	προσκαρτερησει
1	προσκολληθησεται	1	προσφοραν	1	προσωπολημψια
1	προτεραν	1	προφηταις	1	προφητας
1	προφητων	1	πρωτη	1	πωρωσιν
1	πως	1	ρημα	1	ρηματι
1	ρυτιδα	1	σαπρος	1	σβεσαι
1	σκοτος	1	σου	1	σοφιας
1	σοφοι	1	σπιλον	1	σπουδαζοντες
1	σταυρου	1	στητε	1	συγκοινωνειτε
1	συμβιβαζομενον	1	συμμετοχα	1	συμμετοχοι
1	συμπολιται	1	συναρμολογουμενη	1	συναρμολογουμενο
1	συνδεσμω	1	συνεζωοποιησεν	1	συνεκαθισεν
1	συνεσιν	1	συνηγειρεν	1	συνιετε
1	συνκληρονομα	1	συνοικοδομεισθε	1	συσσωμα
1	σωματα	1	σωματι	1	σωτηρ
1	σωτηριας	1	σωτηριου	1	ταπεινοφροσυνης
1	ταυτα	1	τε	1	τεθεμελιωμενοι

14

1	τελειον	1	τηρειν	1	τιμα
1	τοιουτων	1	τοπον	1	τουτω
1	τρομου	1	τυχικος	1	υδατος
1	υιοθεσιαν	1	υιου	1	υιους
1	υμνοις	1	υπ	1	υπερβαλλουσαν
1	υπερεκπερισσου	1	υπεταξεν	1	υποδησαμενοι
1	υποτασσεται	1	υποτασσομενοι	1	φανερουμενον
1	φανερουται	1	φθειρομενον	1	φοβηται
1	φοβου	1	φοβω	1	φραγμου
1	φρονησει	1	φυσει	1	φωτισαι
1	χαριζομενοι	1	χειροποιητου	1	χερσιν
1	χρειαν	1	χρειας	1	χρηστοι
1	χρηστοτητι	1	χωρις	1	ψαλλοντες
1	ψαλμοις	1	ψευδος	1	ψυχης
1	ωδαις	1	ωμεν		

PART IV
FREQUENCY PROFILE

FREQUENCY PROFILE.

WORD FREQ	NUMBER SUCH	VOCAB TOTAL	WORD TOTAL	% OF VOCAB	% OF WORDS
1	608	608	608	70.45	25.22
2	106	714	820	82.73	34.01
3	45	759	955	87.95	39.61
4	27	786	1063	91.08	44.09
5	14	800	1133	92.70	46.99
6	7	807	1175	93.51	48.73
7	6	813	1217	94.21	50.48
8	5	818	1257	94.79	52.14
9	1	819	1266	94.90	52.51
10	7	826	1336	95.71	55.41
11	2	828	1358	95.94	56.33
12	5	833	1418	96.52	58.81
13	1	834	1431	96.64	59.35
14	1	835	1445	96.76	59.93
16	4	839	1509	97.22	62.59
18	1	840	1527	97.33	63.33
19	2	842	1565	97.57	64.91
20	5	847	1665	98.15	69.06
21	2	849	1707	98.38	70.80
22	1	850	1729	98.49	71.71
23	1	851	1752	98.61	72.67
25	1	852	1777	98.73	73.70
29	2	854	1835	98.96	76.11
30	1	855	1865	99.07	77.35
33	1	856	1898	99.19	78.72
37	1	857	1935	99.30	80.26
39	1	858	1974	99.42	81.87
45	1	859	2019	99.54	83.74
60	1	860	2079	99.65	86.23
71	1	861	2150	99.77	89.17
124	1	862	2274	99.88	94.32
137	1	863	2411	100.00	100.00

PART V
FORWARD CONCORDANCE

		1	α
5:4	αισχροτης και μωρολογια η ευτραπελια,	α	ουκ ανηκεν, αλλα μαλλον ευχαριστια. ΤΟΥΤΟ

		1	αγαθοις
2:10	κτισθεντες εν χριστω ιησου επι εργοις	αγαθοις	οις προητοιμασεν ο θεος ινα εν αυτοις

		2	αγαθον
4:28	εργαζομενος ταις ιδιαις χερσιν το	αγαθον,	ινα εχη μεταδιδοναι τω χρειαν εχοντι.
6:8	ειδοτες οτι εκαστος, εαν τι ποιηση	αγαθον,	τουτο κομισεται παρα κυριου, ειτε

		1	αγαθος
4:29	υμων μη εκπορευεσθω, αλλα ει τις	αγαθος	προς οικοδομην της χρειας, ινα δω χαριν

		1	αγαθωσυνη
5:9	- ο γαρ καρπος του φωτος εν παση	αγαθωσυνη	και δικαιοσυνη και αληθεια -

		1	αγαπα
5:28	ο αγαπων την εαυτου γυναικα εαυτον	αγαπα.	ουδεις γαρ ποτε την εαυτου σαρκα

		1	αγαπαν
5:28	ουτως οφειλουσιν και οι ανδρες	αγαπαν	τας εαυτων γυναικας ως τα εαυτων σωματα.

		1	αγαπατε
5:25	τοις ανδρασιν εν παντι. οι ανδρες,	αγαπατε	τας γυναικας, καθως και ο χριστος

		1	αγαπατω
5:33	ενα εκαστος την εαυτου γυναικα ουτως	αγαπατω	ως εαυτον, η δε γυνη ινα φοβηται τον

		7	αγαπη
4:15	της πλανης, αληθευοντες δε εν	αγαπη	αυξησωμεν εις αυτον τα παντα, ος εστιν η
3:17	της πιστεως εν ταις καρδιαις υμων, εἰ	αγαπη	ερριζωμενοι και τεθεμελιωμενοι, ινα
6:23	υμων. ειρηνη τοις αδελφοις και	αγαπη	μετα πιστεως απο θεου πατρος και κυριου
4:16	ποιειται εις οικοδομην εαυτου εν	αγαπη.	τουτο ουν λεγω και μαρτυρομαι εν κυριω,
1:4	αγιους και αμωμους κατενωπιον αυτου εν	αγαπη.	προορισας ημας εις υιοθεσιαν δια ιησου
4:2	μακροθυμιας, ανεχομενοι αλληλων εν	αγαπη,	σπουδαζοντες τηρειν την ενοτητα του
5:2	ως τεκνα αγαπητα, και περιπατειτε εν	αγαπη,	καθως και ο χριστος ηγαπησεν ημας και

		3	αγαπην
2:4	πλουσιος ων εν ελεει, δια την πολλην	αγαπην	αυτου ην ηγαπησεν ημας, και οντας ημας
1:15	υμας πιστιν εν τω κυριω ιησου και την	αγαπην	την εις παντας τους αγιους, ου παυομαι
3:19	τε την υπερβαλλουσαν της γνωσεως	αγαπην	του χριστου, ινα πληρωθητε εις παν το

		1	αγαπητα
5:1	γινεσθε ουν μιμηται του θεου, ως τεκνα	αγαπητα,	και περιπατειτε εν αγαπη, καθως και ο

		1	αγαπητος
6:21	πρασσω, παντα γνωρισει υμιν τυχικος ο	αγαπητος	αδελφος και πιστος διακονος εν κυριω,

		1	αγαπων
5:28	εαυτων γυναικας ως τα εαυτων σωματα. ο	αγαπων	την εαυτου γυναικα εαυτον αγαπα. ουδεις

		1	αγαπωντων
6:24	χριστου. η χαρις μετα παντων των	αγαπωντων	τον κυριον ημων ιησουν χριστον εν

		1	αγια
5:27	η ρυτιδα η τι των τοιουτων, αλλ ινα η	αγια	και αμωμος. ουτως οφειλουσιν και οι

		1	αγιαση
5:26	παρεδωκεν υπερ αυτης, ινα αυτην	αγιαση	καθαρισας τω λουτρω του υδατος εν

		5	αγιοις
3:5	των ανθρωπων ως νυν απεκαλυφθη τοις	αγιοις	αποστολοις αυτου και προφηταις εν
3:18	εξισχυσητε καταλαβεσθαι συν πασιν τοις	αγιοις	τι το πλατος και μηκος και υψος και
1:1	χριστου ιησου δια θεληματος θεου τοις	αγιοις	τοις ουσιν (εν εφεσω) και πιστοις εν
5:3	μηδε ονομαζεσθω εν υμιν, καθως πρεπει	αγιοις.	και αισχροτης και μωρολογια η
1:18	δοξης της κληρονομιας αυτου εν τοις	αγιοις.	και τι το υπερβαλλον μεγεθος της

		2	αγιον
2:21	συναρμολογουμενη αυξει εις ναον	αγιον	εν κυριω, εν ω και υμεις συνοικοδομεισθε
4:30	και μη λυπειτε το πνευμα το	αγιον	του θεου, εν ω εσφραγισθητε εις ημεραν

2 αγιους

1:4   αυτω προ καταβολης κοσμου, ειναι ημας αγιους και αμωμους κατενωπιον αυτου εν αγαπη,
1:15   και την αγαπην την εις παντας τους αγιους, ου παυομαι ευχαριστων υπερ υμων μνειαν

1 αγιω

1:13   τω πνευματι της επαγγελιας τω αγιω, ος εστιν αρραβων της κληρονομιας ημων

4 αγιων

3:8   αυτου. εμοι τω ελαχιστοτερω παντων αγιων εδοθη η χαρις αυτη, τοις εθνεσιν
4:12   διδασκαλους. προς τον καταρτισμον των αγιων εις εργον διακονιας, εις οικοδομην του
2:19   και παροικοι, αλλα εστε συμπολιται των αγιων και οικειοι του θεου, εποικοδομηθεντες
6:18   και δεησει περι παντων των αγιων, και υπερ εμου, ινα μοι δοθη λογος εν

1 αγνοιαν

4:18   της ζωης του θεου, δια την αγνοιαν την ουσαν εν αυτοις, δια την πωρωσιν

1 αγρυπνουντες

6:18   παντι καιρω εν πνευματι, και εις αυτο αγρυπνουντες εν παση προσκαρτερησει και δεησει

1 αδελφοις

6:23   τας καρδιας υμων. ειρηνη τοις αδελφοις και αγαπη μετα πιστεως απο θεου πατρος

1 αδελφος

6:21   παντα γνωρισει υμιν τυχικος ο αγαπητος αδελφος και πιστος διακονος εν κυριω, ον

1 αδοντες

5:19   και υμνοις και ωδαις πνευματικαις, αδοντες και ψαλλοντες τη καρδια υμων τω κυριω.

1 αερος

2:2   κατα τον αρχοντα της εξουσιας του αερος, του πνευματος του νυν ενεργουντος εν

1 αθεοι

2:12   της επαγγελιας, ελπιδα μη εχοντες και αθεοι εν τω κοσμω. νυνι δε εν χριστω ιησου

1 αιμα

6:12   οτι ουκ εστιν ημιν η παλη προς αιμα και σαρκα, αλλα προς τας αρχας, προς τας

1 αιματι

2:13   οντες μακραν εγενηθητε εγγυς εν τω αιματι του χριστου. αυτος γαρ εστιν η ειρηνη

1 αιματος

1:7   εν ω εχομεν την απολυτρωσιν δια του αιματος αυτου, την αφεσιν των παραπτωματων.

1 αισχρον

5:12   τα γαρ κρυφη γινομενα υπ αυτων αισχρον εστιν και λεγειν. τα δε παντα

1 αισχροτης

5:4   εν υμιν, καθως πρεπει αγιοις, και αισχροτης και μωρολογια η ευτραπελια, α ουκ

1 αις

2:2   και ταις αμαρτιαις υμων, εν αις ποτε περιεπατησατε κατα τον αιωνα του

1 αιτουμαι

3:13   πεποιθησει δια της πιστεως αυτου. διο αιτουμαι μη εγκακειν εν ταις θλιψεσιν μου υπερ

1 αιτουμεθα

3:20   υπερ παντα ποιησαι υπερεκπερισσου ων αιτουμεθα η νοουμεν κατα την δυναμιν την

1 αιχμαλωσιαν

4:8   λεγει, αναβας εις υψος ηχμαλωτευσεν αιχμαλωσιαν, εδωκεν δοματα τοις ανθρωποις. το

1 αιωνα

2:2   εν αις ποτε περιεπατησατε κατα τον αιωνα του κοσμου τουτου, κατα τον αρχοντα της

1 αιωνι

1:21   ονοματος ονομαζομενου ου μονον εν τω αιωνι τουτω αλλα και εν τω μελλοντι. και παντα

1 αιωνος

3:21   χριστω ιησου εις πασας τας γενεας του αιωνος των αιωνων. αμην. παρακαλω ουν υμας

	3 αιωνων
3:9	μυστηριου του αποκεκρυμμενου απο των αιωνων εν τω θεω τω τα παντα κτισαντι. ινα
3:11	σοφια του θεου. κατα προθεσιν των αιωνων ην εποιησεν εν τω χριστω ιησου τω κυριω
3:21	εις πασας τας γενεας του αιωνος των αιωνων. αμην. παρακαλω ουν υμας εγω ο δεσμιος

	1 αιωσιν
2:7	χριστω ιησου. ινα ενδειξηται εν τοις αιωσιν τοις επερχομενοις το υπερβαλλον πλουτος

	1 ακαθαρσια
5:3	θεω εις οσμην ευωδιας. πορνεια δε και ακαθαρσια πασα η πλεονεξια μηδε ονομαζεσθω εν

	1 ακαθαρσιας
4:19	παρεδωκαν τη ασελγεια εις εργασιαν ακαθαρσιας πασης εν πλεονεξια. υμεις δε ουχ

	1 ακαθαρτος
5:5	γαρ ιστε γινωσκοντες οτι πας πορνος η ακαθαρτος η πλεονεκτης. ο εστιν ειδωλολατρης.

	1 ακαρποις
5:11	και μη συγκοινωνειτε τοις εργοις τοις ακαρποις του σκοτους. μαλλον δε και ελεγχετε.

	1 ακουουσιν
4:29	της χρειας. ινα δω χαριν τοις ακουουσιν. και μη λυπειτε το πνευμα το αγιον

	1 ακουσαντες
1:13	εν τω χριστω. εν ω και υμεις ακουσαντες τον λογον της αληθειας. το

	1 ακουσας
1:15	της δοξης αυτου. δια τουτο καγω. ακουσας την καθ υμας πιστιν εν τω κυριω ιησου

	1 ακριβως
5:15	επιφαυσει σοι ο χριστος. βλεπετε ουν ακριβως πως περιπατειτε. μη ως ασοφοι αλλ ως

	1 ακροβυστια
2:11	υμεις τα εθνη εν σαρκι. οι λεγομενοι ακροβυστια υπο της λεγομενης περιτομης εν σαρκι

	1 ακρογωνιαιου
2:20	των αποστολων και προφητων. οντος ακρογωνιαιου αυτου χριστου ιησου. εν ω πασα

	3 αληθεια
4:21	και εν αυτω εδιδαχθητε καθως εστιν αληθεια εν τω ιησου. αποθεσθαι υμας κατα την
5:9	εν παση αγαθωσυνη και δικαιοσυνη και αληθεια = δοκιμαζοντες τι εστιν ευαρεστον τω
6:14	ουν περιζωσαμενοι την οσφυν υμων εν αληθεια. και ενδυσαμενοι τον θωρακα της

	1 αληθειαν
4:25	διο αποθεμενοι το ψευδος λαλειτε αληθειαν εκαστος μετα του πλησιον αυτου. οτι

	2 αληθειας
4:24	εν δικαιοσυνη και οσιοτητι της αληθειας. διο αποθεμενοι το ψευδος λαλειτε
1:13	ω και υμεις ακουσαντες τον λογον της αληθειας. το ευαγγελιον της σωτηριας υμων. εν ω

	1 αληθευοντες
4:15	προς την μεθοδιαν της πλανης. αληθευοντες δε εν αγαπη αυξησωμεν εις αυτον τα

	3 αλλ
5:27	σπιλον η ρυτιδα η τι των τοιουτων. αλλ ινα η αγια και αμωμος. ουτως οφειλουσιν
6:6	μη κατ οφθαλμοδουλιαν ως ανθρωπαρεσκοι αλλ ως δουλοι χριστου ποιουντες το θελημα του
5:15	ακριβως πως περιπατειτε. μη ως ασοφοι αλλ ως σοφοι. εξαγοραζομενοι τον καιρον. οτι

	10 αλλα
4:29	εκ του στοματος υμων μη εκπορευεσθω. αλλα ει τις αγαθος προς οικοδομην της χρειας.
5:29	γαρ ποτε την εαυτου σαρκα εμισησεν. αλλα εκτρεφει και θαλπει αυτην. καθως και ο
6:4	πατερες. μη παροργιζετε τα τεκνα υμων. αλλα εκτρεφετε αυτα εν παιδεια και νουθεσια
2:19	ουν ουκετι εστε ξενοι και παροικοι. αλλα εστε συμπολιται των αγιων και οικειοι του
1:21	ου μονον εν τω αιωνι τουτο αλλα και εν τω μελλοντι. και παντα υπεταξεν
5:4	μωρολογια η ευτραπελια. α ουκ ανηκεν. αλλα μαλλον ευχαριστια. τουτο γαρ ιστε
5:18	μη μεθυσκεσθε οινω. εν ω εστιν ασωτια. αλλα πληρουσθε εν πνευματι. λαλουντες εαυτοις
6:12	εστιν ημιν η παλη προς αιμα και σαρκα. αλλα προς τας αρχας. προς τας εξουσιας. προς
5:17	εισιν. δια τουτο μη γινεσθε αφρονες. αλλα συνιετε τι το θελημα του κυριου. και μη
5:24	εκκλησιας. αυτος σωτηρ του σωματος. αλλα ως η εκκλησια υποτασσεται τω χριστω. ουτως

		1 αλληλοις
5:21	τω θεω και πατρι. υποτασσομενοι	αλληλοις εν φοβω χριστου. αι γυναικες τοις

		1 αλληλους
4:32	αφ υμων συν παση κακια. γινεσθε εις	αλληλους χρηστοι, ευσπλαγχνοι, χαριζομενοι

		2 αλληλων
4:2	μετα μακροθυμιας, ανεχομενοι	αλληλων εν αγαπη, σπουδαζοντες τηρειν την
4:25	μετα του πλησιον αυτου. οτι εσμεν	αλληλων μελη. οργιζεσθε και μη αμαρτανετε. ο

		1 αλυσει
6:20	του ευαγγελιου υπερ ου πρεσβευω εν	αλυσει, ινα εν αυτω παρρησιασωμαι ως δει με

		1 αμαρτανετε
4:26	εσμεν αλληλων μελη. οργιζεσθε και μη	αμαρτανετε. ο ηλιος μη επιδυετω επι (τω)

		1 αμαρτιαις
2:1	νεκρους τοις παραπτωμασιν και ταις	αμαρτιαις υμων. εν αις ποτε περιεπατησατε κατα

		1 αμην
3:21	τας γενεας του αιωνος των αιωνων.	αμην. παρακαλω ουν υμας εγω ο δεσμιος εν

		1 αμφοτερα
2:14	γαρ εστιν η ειρηνη ημων, ο ποιησας τα	αμφοτερα εν και το μεσοτοιχον του φραγμου

		1 αμφοτεροι
2:18	οτι δι αυτου εχομεν την προσαγωγην οι	αμφοτεροι εν ενι πνευματι προς τον πατερα. αρα

		1 αμφοτερους
2:16	ποιων ειρηνην. και αποκαταλλαξη τους	αμφοτερους εν ενι σωματι τω θεω δια του

		1 αμωμος
5:27	η τι των τοιουτων, αλλ ινα η αγια και	αμωμος. ουτως οφειλουσιν και οι ανδρες αγαπαν

		1 αμωμους
1:4	κοσμου. ειναι ημας αγιους και	αμωμους κατενωπιον αυτου εν αγαπη, προορισας

		2 αναβας
4:8	της δωρεας του χριστου. διο λεγει,	αναβας εις υψος ηχμαλωτευσεν αιχμαλωσιαν.
4:10	της γης; ο καταβας αυτος εστιν και ο	αναβας υπερανω παντων των ουρανων, ινα πληρωση

		1 αναγινωσκοντες
3:4	προεγραψα εν ολιγω, προς ο δυνασθε	αναγινωσκοντες νοησαι την συνεσιν μου εν τω

		1 ανακεφαλαιωσασθ
1:10	οικονομιαν του πληρωματος των καιρων,	ανακεφαλαιωσασθαι τα παντα εν τω χριστω, τα επι

		1 αναλαβετε
6:13	εν τοις επουρανιοις. δια τουτο	αναλαβετε την πανοπλιαν του θεου, ινα δυνηθητε

		1 αναλαβοντες
6:16	του ευαγγελιου της ειρηνης, εν πασιν	αναλαβοντες τον θυρεον της πιστεως, εν ω

		1 ανανεουσθαι
4:23	κατα τας επιθυμιας της απατης,	ανανεουσθαι δε τω πνευματι του νοος υμων, και

		1 αναστα
5:14	διο λεγει, εγειρε, ο καθευδων, και	αναστα εκ των νεκρων, και επιφαυσει σοι ο

		1 αναστροφην
4:22	αποθεσθαι υμας κατα την προτεραν	αναστροφην τον παλαιον ανθρωπον τον φθειρομενον

		2 ανδρα
4:13	της επιγνωσεως του υιου του θεου. εις	ανδρα τελειον, εις μετρον ηλικιας του
5:33	ως εαυτον, η δε γυνη ινα φοβηται τον	ανδρα. τα τεκνα, υπακουετε τοις γονευσιν υμων

		2 ανδρασιν
5:24	τω χριστω, ουτως και αι γυναικες τοις	ανδρασιν εν παντι. οι ανδρες, αγαπατε τας
5:22	φοβω χριστου. αι γυναικες τοις ιδιοις	ανδρασιν ως τω κυριω. οτι ανηρ εστιν κεφαλη

		2 ανδρες	
5:28	και αμωμος. ουτως οφειλουσιν και οι	ανδρες	αγαπαν τας εαυτων γυναικας ως τα εαυτων
5:25	γυναικες τοις ανδρασιν εν παντι. οι	ανδρες.	αγαπατε τας γυναικας. καθως και ο

		1 ανεβη	
4:9	εδωκεν δοματα τοις ανθρωποις. το δε	ανεβη	τι εστιν ει μη οτι και κατεβη εις τα

		1 ανεμω	
4:14	κλυδωνιζομενοι και περιφερομενοι παντι	ανεμω	της διδασκαλιας εν τη κυβεια των ανθρωπων

		1 ανεξιχνιαστον	
3:8	αυτη, τοις εθνεσιν ευαγγελισασθαι το	ανεξιχνιαστον	πλουτος του χριστου. και φωτισαι

		1 ανεστραφημεν	
2:3	απειθειας. εν οις και ημεις παντες	ανεστραφημεν	ποτε εν ταις επιθυμιαις της σαρκος

		1 ανεχομενοι	
4:2	και πραυτητος. μετα μακροθυμιας,	ανεχομενοι	αλληλων εν αγαπη. σπουδαζοντες

		1 ανηκεν	
5:4	και μωρολογια η ευτραπελια. α ουκ	ανηκεν,	αλλα μαλλον ευχαριστια. τουτο γαρ ιστε

		1 ανηρ	
5:23	τοις ιδιοις ανδρασιν ως τω κυριω. οτι	ανηρ	εστιν κεφαλη της γυναικος ως και ο χριστος

		1 ανθρωπαρεσκοι	
6:6	τω χριστω. μη κατ οφθαλμοδουλιαν ως	ανθρωπαρεσκοι	αλλ ως δουλοι χριστου ποιουντες

		2 ανθρωποις	
4:8	αιχμαλωσιαν. εδωκεν δοματα τοις	ανθρωποις.	το δε ανεβη τι εστιν ει μη οτι και
6:7	δουλευοντες. ως τω κυριω και ουκ	ανθρωποις,	ειδοτες οτι εκαστος. εαν τι ποιηση

		4 ανθρωπον	
2:15	τους δυο κτιση εν αυτω εις ενα καινον	ανθρωπον	ποιων ειρηνην. και αποκαταλλαξη τους
4:24	νοος υμων, και ενδυσασθαι τον καινον	ανθρωπον	τον κατα θεον κτισθεντα εν δικαιοσυνη
4:22	την προτεραν αναστροφην τον παλαιον	ανθρωπον	τον φθειρομενον κατα τας επιθυμιας της
3:16	δια του πνευματος αυτου εις τον εσω	ανθρωπον.	κατοικησαι τον χριστον δια της

		1 ανθρωπος	
5:31	σωματος αυτου. αντι τουτου καταλειψει	ανθρωπος	τον πατερα και την μητερα και

		2 ανθρωπων	
4:14	ανεμω της διδασκαλιας εν τη κυβεια των	ανθρωπων	εν πανουργια προς την μεθοδιαν της
3:5	γενεαις ουκ εγνωρισθη τοις υιοις των	ανθρωπων	ως νυν απεκαλυφθη τοις αγιοις

		1 ανιεντες	
6:9	κυριοι. τα αυτα ποιειτε προς αυτους,	ανιεντες	την απειλην, ειδοτες οτι και αυτων και

		1 ανοιξει	
6:19	και υπερ εμου. ινα μοι δοθη λογος εν	ανοιξει	του στοματος μου. εν παρρησια γνωρισαι

		1 αντι	
5:31	οτι μελη εσμεν του σωματος αυτου.	αντι	τουτου καταλειψει ανθρωπος τον πατερα και

		1 αντιστηναι	
6:13	την πανοπλιαν του θεου. ινα δυνηθητε	αντιστηναι	εν τη ημερα τη πονηρα και απαντα

		1 αξιως	
4:1	ουν υμας εγω ο δεσμιος εν κυριω	αξιως	περιπατησαι της κλησεως ης εκληθητε.

		1 απαντα	
6:13	αντιστηναι εν τη ημερα τη πονηρα και	απαντα	κατεργασαμενοι στηναι. στητε ουν

		1 απατατω	
5:6	του χριστου και θεου. μηδεις υμας	απατατω	κενοις λογοις, δια ταυτα γαρ ερχεται η

		1 απατης	
4:22	τον φθειρομενον κατα τας επιθυμιας της	απατης.	ανανεουσθαι δε τω πνευματι του νοος

		2 απειθειας	
2:2	του νυν ενεργουντος εν τοις υιοις της	απειθειας.	εν οις και ημεις παντες
5:6	η οργη του θεου επι τους υιους της	απειθειας.	μη ουν γινεσθε συμμετοχοι αυτων.

	1 απειλην	
6:9	αυτα ποιειτε προς αυτους. ανιεντες την	απειλην. ειδοτες οτι και αυτων και υμων ο
	1 απεκαλυφθη	
3:5	τοις υιοις των ανθρωπων ως νυν	απεκαλυφθη τοις αγιοις αποστολοις αυτου και
	1 απηλγηκοτες	
4:19	πωρωσιν της καρδιας αυτων. οιτινες	απηλγηκοτες εαυτους παρεδωκαν τη ασελγεια εις
	2 απηλλοτριωμενοι	
4:18	αυτων. εσκοτωμενοι τη διανοια οντες,	απηλλοτριωμενοι της ζωης του θεου. δια την
2:12	οτι ητε τω καιρω εκεινω χωρις χριστου.	απηλλοτριωμενοι της πολιτειας του ισραηλ και
	1 απλοτητι	
6:5	σαρκα κυριοις μετα φοβου και τρομου εν	απλοτητι της καρδιας υμων ως τω χριστω, μη κατ
	3 απο	
1:2	χριστω ιησου. χαρις υμιν και ειρηνη	απο θεου πατρος ημων και κυριου ιησου χριστου.
6:23	τοις αδελφοις και αγαπη μετα πιστεως	απο θεου πατρος και κυριου ιησου χριστου. η
3:9	του μυστηριου του αποκεκρυμμενου	απο των αιωνων εν τω θεω τω τα παντα κτισαντι.
	1 αποθεμενοι	
4:25	και οσιοτητι της αληθειας. διο	αποθεμενοι το ψευδος λαλειτε αληθειαν εκαστος
	1 αποθεσθαι	
4:22	καθως εστιν αληθεια εν τω ιησου.	αποθεσθαι υμας κατα την προτεραν αναστροφην τον
	1 αποκαλυψεως	
1:17	της δοξης. δωη υμιν πνευμα σοφιας και	αποκαλυψεως εν επιγνωσει αυτου. πεφωτισμενους
	1 αποκαλυψιν	
3:3	της δοθεισης μοι εις υμας. (οτι) κατα	αποκαλυψιν εγνωρισθη μοι το μυστηριον, καθως
	1 αποκαταλλαξη	
2:16	καινον ανθρωπον ποιων ειρηνην, και	αποκαταλλαξη τους αμφοτερους εν ενι σωματι τω
	1 αποκεκρυμμενου	
3:9	τις η οικονομια του μυστηριου του	αποκεκρυμμενου απο των αιωνων εν τω θεω τω τα
	1 αποκτεινας	
2:16	εν ενι σωματι τω θεω δια του σταυρου.	αποκτεινας την εχθραν εν αυτω. και ελθων
	1 απολυτρωσεως	
4:30	του θεου. εν ω εσφραγισθητε εις ημεραν	απολυτρωσεως. πασα πικρια και θυμος και οργη
	2 απολυτρωσιν	
1:7	ημας εν τω ηγαπημενω, εν ω εχομεν την	απολυτρωσιν δια του αιματος αυτου, την αφεσιν
1:14	εστιν αρραβων της κληρονομιας ημων εις	απολυτρωσιν της περιποιησεως. εις επαινον της
	1 αποστολοις	
3:5	ανθρωπων ως νυν απεκαλυφθη τοις αγιοις	αποστολοις αυτου και προφηταις εν πνευματι.
	1 αποστολος	
1:1		παυλος αποστολος χριστου ιησου δια θεληματος θεου τοις
	1 αποστολους	
4:11	τα παντα. και αυτος εδωκεν τους μεν	αποστολους, τους δε προφητας, τους δε
	1 αποστολων	
2:20	εποικοδομηθεντες επι τω θεμελιω των	αποστολων και προφητων, οντος ακρογωνιαιου
	1 αρα	
2:19	εν ενι πνευματι προς τον πατερα. αρα	αρα ουν ουκετι εστε ξενοι και παροικοι, αλλα
	1 αρθητω	
4:31	και οργη και κραυγη και βλασφημια	αρθητω αφ υμων συν παση κακια. γινεσθε εις
	1 αρραβων	
1:14	της επαγγελιας τω αγιω, ος εστιν	αρραβων της κληρονομιας ημων εις απολυτρωσιν

		1 αρχαις
3:10	παντα κτισαντι.	ινα γνωρισθη νυν ταις αρχαις και ταις εξουσιαις εν τοις επουρανιοις

		1 αρχας
6:12	προς αιμα και σαρκα, αλλα προς τας	αρχας, προς τας εξουσιας, προς τους

		1 αρχης
1:21	εν τοις επουρανιοις υπερανω πασης	αρχης και εξουσιας και δυναμεως και κυριοτητος

		1 αρχοντα
2:2	τον αιωνα του κοσμου τουτου, κατα τον	αρχοντα της εξουσιας του αερος, του πνευματος

		1 ασελγεια
4:19	απηλγηκοτες εαυτους παρεδωκαν τη	ασελγεια εις εργασιαν ακαθαρσιας πασης εν

		1 ασοφοι
5:15	ουν ακριβως πως περιπατειτε, μη ως	ασοφοι αλλ ως σοφοι, εξαγοραζομενοι τον

		1 ασωτια
5:18	και μη μεθυσκεσθε οινω, εν ω εστιν	ασωτια, αλλα πληρουσθε εν πνευματι, λαλουντες

		1 αυξει
2:21	εν ω πασα οικοδομη συναρμολογουμενη	αυξει εις ναον αγιον εν κυριω, εν ω και υμεις

		1 αυξησιν
4:16	εν μετρω ενος εκαστου μερους την	αυξησιν του σωματος ποιειται εις οικοδομην

		1 αυξησωμεν
4:15	της πλανης, αληθευοντες δε εν αγαπη	αυξησωμεν εις αυτον τα παντα, ος εστιν η

		2 αυτα
6:4	τα τεκνα υμων, αλλα εκτρεφετε	αυτα εν παιδεια και νουθεσια κυριου. οι
6:9	ειτε ελευθερος. και οι κυριοι, τα	αυτα ποιειτε προς αυτους, ανιεντες την απειλην.

		1 αυτη
3:8	παντων αγιων εδοθη η χαρις	αυτη, τοις εθνεσιν ευαγγελισασθαι το

		2 αυτην
5:26	και εαυτον παρεδωκεν υπερ αυτης, ινα	αυτην αγιαση καθαρισας τω λουτρω του υδατος εν
5:29	εμισησεν, αλλα εκτρεφει και θαλπει	αυτην, καθως και ο χριστος την εκκλησιαν, οτι

		1 αυτης
5:25	εκκλησιαν και εαυτον παρεδωκεν υπερ	αυτης, ινα αυτην αγιαση καθαρισας τω λουτρω

		2 αυτο
6:18	εν παντι καιρω εν πνευματι, και εις	αυτο αγρυπνουντες εν παση προσκαρτερησει και
6:22	εν κυριω, ον επεμψα προς υμας εις	αυτο τουτο ινα γνωτε τα περι ημων και

		2 αυτοις
2:10	αγαθοις οις προητοιμασεν ο θεος ινα εν	αυτοις περιπατησωμεν, διο μνημονευετε οτι ποτε
4:18	του θεου, δια την αγνοιαν την ουσαν εν	αυτοις, δια την πωρωσιν της καρδιας αυτων,

		5 αυτον
1:22	υπεταξεν υπο τους ποδας αυτου. και	αυτον εδωκεν κεφαλην υπερ παντα τη εκκλησια,
1:20	ην ενηργησεν εν τω χριστω εγειρας	αυτον εκ νεκρων, και καθισας εν δεξια αυτου εν
4:21	ουχ ουτως εμαθετε τον χριστον. ει γε	αυτον ηκουσατε και εν αυτω εδιδαχθητε καθως
4:15	αληθευοντες δε εν αγαπη αυξησωμεν εις	αυτον τα παντα, ος εστιν η κεφαλη, χριστος, εξ
1:5	εις υιοθεσιαν δια ιησου χριστου εις	αυτον, κατα την ευδοκιαν του θεληματος αυτου.

		5 αυτος
2:14	εγγυς εν τω αιματι του χριστου.	αυτος γαρ εστιν η ειρηνη ημων, ο ποιησας τα
5:27	του υδατος εν ρηματι. ινα παραστηση	αυτος εαυτω ενδοξον την εκκλησιαν, μη εχουσαν
4:11	ουρανων, ινα πληρωση τα παντα. και	αυτος εδωκεν τους μεν αποστολους, τους δε
4:10	τα κατωτερα (μερη) της γης; ο καταβας	αυτος εστιν και ο αναβας υπερανω παντων των
5:23	ως και ο χριστος κεφαλη της εκκλησιας,	αυτος σωτηρ του σωματος. αλλα ως η εκκλησια

		33 αυτου
1:19	την ενεργειαν του κρατους της ισχυος	αυτου ην ενηργησεν εν τω χριστω εγειρας αυτον
2:10	ουκ εξ εργων, ινα μη τις καυχησηται.	αυτου γαρ εσμεν ποιημα, κτισθεντες εν χριστω
3:16	ινα δω υμιν κατα το πλουτος της δοξης	αυτου δυναμει κραταιωθηναι δια του πνευματος
1:19	τι το υπερβαλλον μεγεθος της δυναμεως	αυτου εις ημας τους πιστευοντας κατα την
3:16	δυναμει κραταιωθηναι δια του πνευματος	αυτου εις τον εσω ανθρωπον, κατοικησαι τον

1:4	ημας αγιους και αμωμους κατενωπιον αυτου	εν αγαπη. προορισας ημας εις υιοθεσιαν
1:18	ο πλουτος της δοξης της κληρονομιας αυτου	εν τοις αγιοις. και τι το υπερβαλλον
1:20	αυτον εκ νεκρων. και καθισας εν δεξια αυτου	εν τοις επουρανιοις υπερανω πασης αρχης
2:7	το υπερβαλλον πλουτος της χαριτος αυτου	εν χρηστοτητι εφ ημας εν χριστω ιησου.
2:18	μακραν και ειρηνην τοις εγγυς. οτι δι αυτου	εχομεν την προσαγωγην οι αμφοτεροι εν ενι
2:4	ων εν ελεει. δια την πολλην αγαπην αυτου	ην ηγαπησεν ημας. και οντας ημας νεκρους
1:9	του θεληματος αυτου. κατα την ευδοκιαν αυτου	ην προεθετο εν αυτω εις οικονομιαν του
1:6	αυτου. εις επαινον δοξης της χαριτος αυτου	ης εχαριτωσεν ημας εν τω ηγαπημενω. εν ω
3:5	νυν απεκαλυφθη τοις αγιοις αποστολοις αυτου	και προφηταις εν πνευματι. ειναι τα εθνη
1:12	εις το ειναι ημας εις επαινον δοξης αυτου	τους προηλπικοτας εν τω χριστω. εν ω και
2:20	και προφητων. οντος ακρογωνιαιου αυτου	χριστου ιησου. εν ω πασα οικοδομη
5:30	εκκλησιαν. οτι μελη εσμεν του σωματος αυτου.	αντι τουτου καταλειψει ανθρωπος τον
1:14	περιτοιησεως. εις επαινον της δοξης αυτου.	δια τουτο καγω. ακουσας την καθ υμας
3:12	εν πεποιθησει δια της πιστεως αυτου.	διο αιτουμαι μη εγκακειν εν ταις
3:7	μοι κατα την ενεργειαν της δυναμεως αυτου.	εμοι τω ελαχιστοτερω παντων αγιων εδοθη
6:10	εν κυριω και εν τω κρατει της ισχυος αυτου.	ενδυσασθε την πανοπλιαν του θεου προς
1:5	αυτον. κατα την ευδοκιαν του θελημστος αυτου.	εις επαινον δοξης της χαριτος αυτου ης
1:11	κατα την βουλην του θεληματος αυτου.	εις το ειναι ημας εις επαινον δοξης
1:7	κατα το πλουτος της χαριτος αυτου.	ης επερισσευσεν εις ημας εν παση σοφια
1:17	σοφιας και αποκαλυψεως εν επιγνωσει αυτου.	πεφωτισμενους τους οφθαλμους της
2:14	φραγμου λυσας. την εχθραν. εν τη σαρκι αυτου.	τον νομον των εντολων εν δογμασιν
1:22	και παντα υπεταξεν υπο τους ποδας αυτου.	και αυτον εδωκεν κεφαλην υπερ παντα τη
5:31	και προσκολληθησεται προς την γυναικα αυτου.	και εσονται οι δυο εις σαρκα μιαν. το
1:9	ημιν το μυστηριον του θεληματος αυτου.	κατα την ευδοκιαν αυτου ην προεθετο εν
4:25	αληθειαν εκαστος μετα του πλησιον αυτου.	οτι εσμεν αλληλων μελη. οργιζεσθε και
1:7	εχομεν την απολυτρωσιν δια του αιματος αυτου.	την αφεσιν των παραπτωματων. κατα το
1:18	υμας τις εστιν η ελπις της κλησεως αυτου.	τις ο πλουτος της δοξης της κληρονομιας
1:23	παντα τη εκκλησια. ητις εστιν το σωμα αυτου.	το πληρωμα του τα παντα εν πασιν

1 αυτους

6:9	και οι κυριοι, τα αυτα ποιειτε προς αυτους. ανιεντες την απειλην. ειδοτες οτι και

9 αυτω

1:9	κατα την ευδοκιαν αυτου ην προεθετο εν αυτω	εις οικονομιαν του πληρωματος των καιρων.
4:21	χριστον. ει γε αυτον ηκουσατε και εν αυτω	εδιδαχθητε καθως εστιν αληθεια εν τω
2:15	καταργησας. ινα τους δυο κτιση εν αυτω	εις ενα καινον ανθρωπον ποιων ειρηνην.
3:21	την δυναμιν την ενεργουμενην εν ημιν. αυτω	η δοξα εν τη εκκλησια και εν χριστω ιησου
6:20	υπερ ου πρεσβευω εν αλυσει. ινα εν αυτω	παρρησιασωμαι ως δει με λαλησαι. ινα δε
1:4	εν χριστω. καθως εξελεξατο ημας εν αυτω	προ καταβολης κοσμου. ειναι ημας αγιους
2:16	του σταυρου. αποκτεινας την εχθραν εν αυτω.	και ελθων ευηγγελισατο ειρηνην υμιν τοις
6:9	και προσωπολημψια ουκ εστιν παρ αυτω.	του λοιπου ενδυναμουσθε εν κυριω και εν
1:10	τοις ουρανοις και τα επι της γης. εν αυτω.	εν ω και εκληρωθημεν προορισθεντες κατα

5 αυτων

5:12	ελεγχετε. τα γαρ κρυφη γινομενα υπ αυτων	αισχρον εστιν και λεγειν. τα δε παντα
6:9	ανιεντες την απειλην. ειδοτες οτι και αυτων	και υμων ο κυριος εστιν εν ουρανοις. και
5:7	απειθειας. μη ουν γινεσθε συμμετοχοι αυτων.	ητε γαρ ποτε σκοτος νυν δε φως εν
4:17	εθνη περιπατει εν ματαιοτητι του νοος αυτων.	εσκοτωμενοι τη διανοια οντες.
4:18	εν αυτοις. δια την πωρωσιν της καρδιας αυτων.	οιτινες απηλγηκοτες εαυτους παρεδωκαν

1 αφ

4:31	οργη και κραυγη και βλασφημια αρθητω αφ υμων συν παση κακια. γινεσθε εις αλληλους

1 αφεσιν

1:7	απολυτρωσιν δια του αιματος αυτου. την αφεσιν των παραπτωματων. κατα το πλουτος της

1 αφης

4:16	και συμβιβαζομενον δια πασης αφης της επιχορηγιας κατ ενεργειαν εν μετρω

1 αφθαρσια

6:24	τον κυριον ημων ιησουν χριστον εν αφθαρσια.

1 αφρονες

5:17	πονηραι εισιν. δια τουτο μη γινεσθε αφρονες. αλλα συνιετε τι το θελημα του κυριου.

1 βαθος

3:18	τι το πλατος και μηκος και υψος και βαθος. γνωναι τε την υπερβαλλουσαν της γνωσεως

1 βαπτισμα

4:5	υμων. εις κυριος, μια πιστις, εν βαπτισμα. εις θεος και πατηρ παντων. ο επι

		1	βασιλεια
5:5	ουκ εχει κληρονομιαν εν τη	βασιλεια	του χριστου και θεου. μηδεις υμας

		1	βελη
6:16	της πιστεως. εν ω δυνησεσθε παντα τα	βελη	του πονηρου (τα) πεπυρωμενα σβεσαι. και

		1	βλασφημια
4:31	και θυμος και οργη και κραυγη και	βλασφημια	αρθητω αφ υμων συν παση κακια.

		1	βλεπετε
5:15	νεκρων. και επιφαυσει σοι ο χριστος.	βλεπετε	ουν ακριβως πως περιπατειτε. μη ως

		1	βουλην
1:11	του τα παντα ενεργουντος κατα την	βουλην	του θεληματος αυτου. εις το ειναι ημας

		11	γαρ
5:6	υμας απατατω κενοις λογοις, δια ταυτα	γαρ	ερχεται η οργη του θεου επι τους υιους της
2:10	εργων, ινα μη τις καυχησηται. αυτου	γαρ	εσμεν ποιημα. κτισθεντες εν χριστω ιησου
6:1	τοις γονευσιν υμων εν κυριω. τουτο	γαρ	εστιν δικαιον. τιμα τον πατερα σου και την
2:14	εγγυς εν τω αιματι του χριστου. αυτος	γαρ	εστιν η ειρηνη ημων. ο ποιησας τα αμφοτερα
5:5	ανηκεν, αλλα μαλλον ευχαριστια. τουτο	γαρ	ιστε γινωσκοντες οτι πας πορνος η ακαθαρτος
5:9	κυριω. ως τεκνα φωτος περιπατειτε - ο	γαρ	καρπος του φωτος εν παση αγαθωσυνη και
5:12	σκοτους, μαλλον δε και ελεγχετε. τα	γαρ	κρυφη γινομενα υπ αυτων αισχρον εστιν και
5:8	μη ουν γινεσθε συμμετοχοι αυτων. ητε	γαρ	ποτε σκοτος νυν δε φως εν κυριω. ως τεκνα
5:29	εαυτου γυναικα εαυτου αγαπα. ουδεις	γαρ	ποτε την εαυτου σαρκα εμισησεν, αλλα
5:14	υπο του φωτος φανερουται. παν	γαρ	το φανερουμενον φως εστιν. διο λεγει.
2:8	εφ ημας εν χριστω ιησου. τη	γαρ	χαριτι εστε σεσωσμενοι δια πιστεως. και

		2	γε
4:21	δε ουχ ουτως εμαθετε τον χριστον. ει	γε	αυτον ηκουσατε και εν αυτω εδιδαχθητε καθως
3:2	(ιησου) υπερ υμων των εθνων- ει	γε	ηκουσατε την οικονομιαν της χαριτος του θεου

		1	γενεαις
3:5	εν τω μυστηριω του χριστου. ο ετεραις	γενεαις	ουκ εγνωρισθη τοις υιοις των ανθρωπων

		1	γενεας
3:21	και εν χριστω ιησου εις πασας τας	γενεας	του αιωνος των αιωνων. αμην. παρακαλω

		1	γενηται
6:3	εντολη πρωτη εν επαγγελια. ινα ευ σοι	γενηται	και εση μακροχρονιος επι της γης. και

		4	γης
3:15	εξ ου πασα πατρια εν ουρανοις και επι	γης	ονομαζεται. ινα δω υμιν κατα το πλουτος
6:3	γενηται και εση μακροχρονιος επι της	γης.	και οι πατερες, μη παροργιζετε τα τεκνα
1:10	τα επι τοις ουρανοις και τα επι της	γης.	εν αυτω, εν ω και εκληρωθημεν
4:9	και κατεβη εις τα κατωτερα (μερη) της	γης;	ο καταβας αυτος εστιν και ο αναβας

		4	γινεσθε
5:17	αι ημεραι πονηραι εισιν. δια τουτο μη	γινεσθε	αφρονες. αλλα συνιετε τι το θελημα του
4:32	αρθητω αφ υμων συν παση κακια.	γινεσθε	εις αλληλους χρηστοι, ευσπλαγχνοι,
5:1	και ο θεος εν χριστω εχαρισατο υμιν.	γινεσθε	ουν μιμηται του θεου, ως τεκνα αγαπητα.
5:7	επι τους υιους της απειθειας. μη ουν	γινεσθε	συμμετοχοι αυτων. ητε γαρ τοτε σκοτος

		1	γινομενα
5:12	μαλλον δε και ελεγχετε. τα γαρ κρυφη	γινομενα	υπ αυτων αισχρον εστιν και λεγειν. τα

		1	γινωσκοντες
5:5	μαλλον ευχαριστια. τουτο γαρ ιστε	γινωσκοντες	οτι πας πορνος η ακαθαρτος η

		1	γνωναι
3:19	πλατος και μηκος και υψος και βαθος,	γνωναι	τε την υπερβαλλουσαν της γνωσεως αγαπην

		1	γνωρισαι
6:19	ανοιξει του στοματος μου. εν παρρησια	γνωρισαι	το μυστηριον του ευαγγελιου υπερ ου

		1	γνωρισας
1:9	εις ημας εν παση σοφια και φρονησει	γνωρισας	ημιν το μυστηριον του θεληματος αυτου.

		1	γνωρισει
6:21	ειδητε τα κατ εμε, τι πρασσω. παντα	γνωρισει	υμιν τυχικος ο αγαπητος αδελφος και

3:10 εν τω θεω τω τα. παντα κτισαντι. ινα γνωρισθη νυν ταις αρχαις και ταις εξουσιαις εν

                  1 γνωσεως

3:19 γνωναι τε την υπερβαλλουσαν της γνωσεως αγαπην του χριστου. ινα πληρωθητε εις

                  1 γνωτε

6:22 ον επεμψα προς υμας εις αυτο τουτο ινα γνωτε τα περι ημων και παρακαλεση τας καρδιας

                  1 γονατα

3:14 δοξα υμων. τουτου χαριν καμπτω τα γονατα μου προς τον πατερα, εξ ου πασα πατρια

                  1 γονευσιν

6:1 τον ανδρα. τα τεκνα, υπακουετε τοις γονευσιν υμων εν κυριω, τουτο γαρ εστιν

                  3 γυναικα

5:31 μητερα και προσκολληθησεται προς την γυναικα αυτου. και εσονται οι δυο εις σαρκα

5:28 τα εαυτων σωματα. ο αγαπων την εαυτου γυναικα εαυτον αγαπα. ουδεις γαρ ποτε την

5:33 υμεις οι καθ ενα εκαστος την εαυτου γυναικα ουτως αγαπατω ως εαυτον, η δε γυνη ινα

                  2 γυναικας

5:28 και οι ανδρες αγαπαν τας εαυτων γυναικας ως τα εαυτων σωματα. ο αγαπων την

5:25 εν παντι. οι ανδρες, αγαπατε τας γυναικας, καθως και ο χριστος ηγαπησεν την

                  2 γυναικες

5:24 υποτασσεται τω χριστω. ουτως και αι γυναικες τοις ανδρασιν εν παντι. οι ανδρες,

5:22 αλληλοις εν φοβω χριστου. αι γυναικες τοις ιδιοις ανδρασιν ως τω κυριω, οτι

                  1 γυναικος

5:23 τω κυριω, οτι ανηρ εστιν κεφαλη της γυναικος ως και ο χριστος κεφαλη της εκκλησιας.

                  1 γυνη

5:33 γυναικα ουτως αγαπατω ως εαυτον, η δε γυνη ινα φοβηται τον ανδρα. τα τεκνα,

                  19 δε

4:9 εδωκεν δοματα τοις ανθρωποις. το δε ανεβη τι εστιν ει μη οτι και κατεβη εις τα

5:33 γυναικα ουτως αγαπατω ως εαυτον. η δε γυνη ινα φοβηται τον ανδρα. τα τεκνα,

3:20 εις παν το πληρωμα του θεου. τω δε δυναμενω υπερ παντα ποιησαι υπερεκπερισσου

4:7 και δια παντων και εν πασιν. ενι δε εκαστω ημων εδοθη η χαρις κατα το μετρον της

4:15 την μεθοδιαν της πλανης, αληθευοντες δε εν αγαπη αυξησωμεν εις αυτον τα παντα, ος

2:13 εχοντες και αθεοι εν τω κοσμω. νυνι δε εν χριστω ιησου υμεις οι ποτε οντες μακραν

4:11 μεν αποστολους, τους δε προφητας, τους δε ευαγγελιστας. τους δε ποιμενας και

2:4 τεκνα φυσει οργης ως και οι λοιποι. ο δε θεος πλουσιος ων εν ελεει, δια την πολλην

5:3 τω θεω εις οσμην ευωδιας. πορνεια δε και ακαθαρσια πασα η πλεονεξια μηδε

5:11 τοις ακαρποις του σκοτους, μαλλον δε και ελεγχετε. τα γαρ κρυφη γινομενα υπ

6:21 παρρησιασωμαι ως δει με λαλησαι. ινα δε και υμεις ειδητε τα κατ εμε, τι πρασσω.

4:28 ο κλεπτων μηκετι κλεπτετω, μαλλον δε κοπιατω εργαζομενος ταις ιδιαις χερσιν το

5:32 το μυστηριον τουτο μεγα εστιν. εγω δε λεγω εις χριστον και εις την εκκλησιαν.

4:20 ακαθαρσιας πασης εν πλεονεξια. υμεις δε ουχ ουτως εμαθετε τον χριστον, ει γε αυτον

5:13 υπ αυτων αισχρον εστιν και λεγειν. τα δε παντα ελεγχομενα υπο του φωτος φανερουται,

4:11 προφητας, τους δε ευαγγελιστας, τους δε ποιμενας και διδασκαλους, προς τον

4:11 αυτος εδωκεν τους μεν αποστολους, τους δε προφητας, τους δε ευαγγελιστας, τους δε

4:23 τας επιθυμιας της απατης, ανανεουσθαι δε τω πνευματι του νοος υμων, και ενδυσασθαι

5:8 αυτων. ητε γαρ ποτε σκοτος νυν δε φως εν κυριω. ως τεκνα φωτος περιπατειτε —

                  1 δεησει

6:18 εν παση προσκαρτερησει και δεησει περι παντων των αγιων, και υπερ εμου,

                  1 δεησεως

6:18 ρημα θεου. δια πασης προσευχης και δεησεως. προσευχομενοι εν παντι καιρω εν

                  1 δει

6:20 αλυσει, ινα εν αυτω παρρησιασωμαι ως δει με λαλησαι. ινα δε και υμεις ειδητε τα κατ

                  1 δεξασθε

6:17 και την περικεφαλαιαν του σωτηριου δεξασθε. και την μαχαιραν του πνευματος, ο

                  1 δεξια

1:20 αυτον εκ νεκρων, και καθισας εν δεξια αυτου εν τοις επουρανιοις υπερανω πασης

```
                                         2 δεσμιος
4:1        αμην.    παρακαλω ουν υμας εγω ο δεσμιος εν κυριω αξιως περιπατησαι της κλησεως
3:1    πνευματι.   τουτου χαριν εγω παυλος ο δεσμιος του χριστου (ιησου) υπερ υμων των

                                         1 δι
2:18       μακραν και ειρηνην τοις εγγυς.   οτι δι αυτου εχομεν την προσαγωγην οι αμφοτεροι εν

                                         20 δια
1:1        παυλος αποστολος χριστου ιησου δια θεληματος θεου τοις αγιοις τοις ουσιν (εν
1:5        αγαπη.   προορισας ημας εις υιοθεσιαν δια ιησου χριστου εις αυτον. κατα την ευδοκιαν
4:6        και πατηρ παντων, ο επι παντων και δια παντων και εν πασιν.   ενι δε εκαστω ημων
4:16       συναρμολογουμενον και συμβιβαζομενον δια πασης αφης της επιχορηγιας κατ ενεργειαν εν
6:18       του πνευματος, ο εστιν ρημα θεου.  δια πασης προσευχης και δεησεως. προσευχομενοι
2:8        ιησου. τη γαρ χαριτι εστε σεσωσμενοι δια πιστεως. και τουτο ουκ εξ υμων. θεου το
5:6        μηδεις υμας απατατω κενοις λογοις. δια ταυτα γαρ ερχεται η οργη του θεου επι τους
4:18       απηλλοτριωμενοι της ζωης του θεου. δια την αγνοιαν την ουσαν εν αυτοις. δια την
2:4        ο δε θεος πλουσιος ων εν ελεει. δια την πολλην αγαπην αυτου ην ηγαπησεν ημας.
4:18       δια την αγνοιαν την ουσαν εν αυτοις. δια την πωρωσιν της καρδιας αυτων.  οιτινες
3:10       και ταις εξουσιαις εν τοις επουρανιοις δια της εκκλησιας η πολυποικιλος σοφια του
3:12       παρρησιαν και προσαγωγην εν πεποιθησει δια της πιστεως αυτου.   διο αιτουμαι μη
3:17       εσω ανθρωπον.   κατοικησαι τον χριστον δια της πιστεως εν ταις καρδιαις υμων, εν αγαπη
1:7        εν ω εχομεν την απολυτρωσιν δια του αιματος αυτου. την αφεσιν των
3:6        της επαγγελιας εν χριστω ιησου δια του ευαγγελιου.   ου εγενηθην διακονος κατα
3:16       της δοξης αυτου δυναμει κραταιωθηναι δια του πνευματος αυτου εις τον εσω ανθρωπον.
2:16       τους αμφοτερους εν ενι σωματι τω θεω δια του σταυρου. αποκτεινας την εχθραν εν αυτω.
6:13       της πονηριας εν τοις επουρανιοις. δια τουτο αναλαβετε την πανοπλιαν του θεου. ινα
1:15       εις επαινον της δοξης αυτου. δια τουτο καγω. ακουσας την καθ υμας πιστιν εν
5:17       καιρον, οτι αι ημεραι πονηραι εισιν. δια τουτο μη γινεσθε αφρονες. αλλα συνιετε τι

                                         1 διαβολου
6:11       υμας στηναι προς τας μεθοδειας του διαβολου.   οτι ουκ εστιν ημιν η παλη προς αιμα

                                         1 διαβολω
4:27   παροργισμω υμων.   μηδε διδοτε τοπον τω διαβολω.   ο κλεπτων μηκετι κλεπτετω. μαλλον δε

                                         1 διαθηκων
2:12   της πολιτειας του ισραηλ και ξενοι των διαθηκων της επαγγελιας. ελπιδα μη εχοντες και

                                         1 διακονιας
4:12       τον καταρτισμον των αγιων εις εργον διακονιας. εις οικοδομην του σωματος του

                                         2 διακονος
6:21   τυχικος ο αγαπητος αδελφος και πιστος διακονος εν κυριω.   ον επεμψα προς υμας εις
3:7    ιησου δια του ευαγγελιου.  ου εγενηθην διακονος κατα την δωρεαν της χαριτος του θεου

                                         1 διανοια
4:18       του νοος αυτων.   εσκοτωμενοι τη διανοια οντες. απηλλοτριωμενοι της ζωης του

                                         1 διανοιων
2:3        τα θεληματα της σαρκος και των διανοιων. και ημεθα τεκνα φυσει οργης ως και οι

                                         1 διδασκαλιας
4:14       και περιφερομενοι παντι ανεμω της διδασκαλιας εν τη κυβεια των ανθρωπων εν

                                         1 διδασκαλους
4:11       δε ευαγγελιστας. τους δε ποιμενας και διδασκαλους.   προς τον καταρτισμον των αγιων

                                         1 διδοτε
4:27       ετι (τω) παροργισμω υμων.   μηδε διδοτε τοπον τω διαβολω.   ο κλεπτων μηκετι

                                         1 δικαιον
6:1        υμων εν κυριω. τουτο γαρ εστιν δικαιον.   τιμα τον πατερα σου και την μητερα.

                                         2 δικαιοσυνη
5:9    καρπος του φωτος εν παση αγαθωσυνη και δικαιοσυνη και αληθεια - δοκιμαζοντες τι εστιν
4:24       ανθρωπον τον κατα θεον κτισθεντα εν δικαιοσυνη και οσιοτητι της αληθειας.   διο

                                         1 δικαιοσυνης
6:14       και ενδυσαμενοι τον θωρακα της δικαιοσυνης,   και υποδησαμενοι τους ποδας εν
```

		5 διο
3:13	εν πεποιθησει δια της πιστεως αυτου.	διο αιτουμαι μη εγκακειν εν ταις θλιψεσιν μου
4:25	δικαιοσυνη και οσιοτητι της αληθειας.	διο αποθεμενοι το ψευδος λαλειτε αληθειαν
4:8	το μετρον της δωρεας του χριστου.	διο λεγει. αναβας εις υψος ηχμαλωτευσεν
5:14	παν γαρ το φανερουμενον φως εστιν.	διο λεγει. εγειρε. ο καθευδων. και αναστα εκ
2:11	ο θεος ινα εν αυτοις περιπατησωμεν.	διο μνημονευετε οτι ποτε υμεις τα εθνη εν

		1 δογμασιν
2:15	σαρκι αυτου. τον νομον των εντολων εν	δογμασιν καταργησας. ινα τους δυο κτιση εν αυτω

		2 δοθεισης
3:2	οικονομιαν της χαριτος του θεου της	δοθεισης μοι εις υμας, (οτι) κατα αποκαλυψιν
3:7	την δωρεαν της χαριτος του θεου της	δοθεισης μοι κατα την ενεργειαν της δυναμεως

		1 δοθη
6:19	των αγιων, και υπερ εμου, ινα μοι	δοθη λογος εν ανοιξει του στοματος μου, εν

		1 δοκιμαζοντες
5:10	και δικαιοσυνη και αληθεια -	δοκιμαζοντες τι εστιν ευαρεστον τω κυριω. και

		1 δοματα
4:8	υψος ηχμαλωτευσεν αιχμαλωσιαν, εδωκεν	δοματα τοις ανθρωποις. το δε ανεβη τι εστιν ει

		2 δοξα
3:21	την ενεργουμενην εν ημιν, αυτω η	δοξα εν τη εκκλησια και εν χριστω ιησου εις
3:13	θλιψεσιν μου υπερ υμων, ητις εστιν	δοξα υμων. τουτου χαριν καμπτω τα γονατα μου

		6 δοξης
3:16	ινα δω υμιν κατα το πλουτος της	δοξης αυτου δυναμει κραταιωθηναι δια του
1:12	αυτου. εις το ειναι ημας εις επαινον	δοξης αυτου τους προηλπικοτας εν τω χριστω. εν
1:14	της περιποιησεως, εις επαινον της	δοξης αυτου. δια τουτο καγω, ακουσας την καθ
1:18	της κλησεως αυτου, τις ο πλουτος της	δοξης της κληρονομιας αυτου εν τοις αγιοις,
1:6	του θεληματος αυτου. εις επαινον	δοξης της χαριτος αυτου ης εχαριτωσεν ημας εν
1:17	κυριου ημων ιησου χριστου. ο πατηρ της	δοξης. δων υμιν πνευμα σοφιας και αποκαλυψεως

		1 δουλευοντες
6:7	θελημα του θεου εκ ψυχης, μετ ευνοιας	δουλευοντες. ως τω κυριω και ουκ ανθρωποις.

		2 δουλοι
6:6	οφθαλμοδουλιαν ως ανθρωπαρεσκοι αλλ ως	δουλοι χριστου ποιουντες το θελημα του θεου εκ
6:5	εν παιδεια και νουθεσια κυριου. οι	δουλοι, υπακουετε τοις κατα σαρκα κυριοις μετα

		1 δουλος
6:8	τουτο κομισεται παρα κυριου. ειτε	δουλος ειτε ελευθερος. και οι κυριοι, τα αυτα

		1 δυναμει
3:16	υμιν κατα το πλουτος της δοξης αυτου	δυναμει κραταιωθηναι δια του πνευματος αυτου

		1 δυναμενω
3:20	εις παν το πληρωμα του θεου. τω δε	δυναμενω υπερ παντα ποιησαι υπερεκπερισσου ων

		3 δυναμεως
1:19	και τι το υπερβαλλον μεγεθος της	δυναμεως αυτου εις ημας τους πιστευοντας κατα
3:7	δοθεισης μοι κατα την ενεργειαν της	δυναμεως αυτου. εμοι τω ελαχιστοτερω παντων
1:21	υπερανω πασης αρχης και εξουσιας και	δυναμεως και κυριοτητος και παντος ονοματος

		1 δυναμιν
3:20	ων αιτουμεθα η νοουμεν κατα την	δυναμιν την ενεργουμενην εν ημιν, αυτω η δοξα

		1 δυνασθαι
6:11	την πανοπλιαν του θεου προς το	δυνασθαι υμας στηναι προς τας μεθοδειας του

		1 δυνασθε
3:4	καθως προεγραψα εν ολιγω, προς ο	δυνασθε αναγινωσκοντες νοησαι την συνεσιν μου

		1 δυνηθητε
6:13	αναλαβετε την πανοπλιαν του θεου. ινα	δυνηθητε αντιστηναι εν -τη ημερα τη πονηρα και

		1 δυνησεσθε
6:16	τον θυρεον της πιστεως, εν ω	δυνησεσθε παντα τα βελη του πονηρου (τα)

		2 δυο
5:31	προς την γυναικα αυτου. και εσονται οι	δυο εις σαρκα μιαν. το μυστηριον τουτο μεγα
2:15	εν δογμασιν καταργησας, ινα τους	δυο κτιση εν αυτω εις ενα καινον ανθρωπον ποιων

		2 δω
3:16	ουρανοις και επι γης ονομαζεται. ινα	δω υμιν κατα το πλουτος της δοξης αυτου δυναμει
4:29	αγαθος προς οικοδομην της χρειας. ινα	δω χαριν τοις ακουουσιν. και μη λυπειτε το

		1 δωη
1:17	ημων ιησου χριστου. ο πατηρ της δοξης.	δωη υμιν πνευμα σοφιας και αποκαλυψεως εν

		1 δωρεαν
3:7	ου εγενηθην διακονος κατα την	δωρεαν της χαριτος του θεου της δοθεισης μοι

		1 δωρεας
4:7	ημων εδοθη η χαρις κατα το μετρον της	δωρεας του χριστου. διο λεγει, αναβας εις υψος

		1 δωρον
2:8	και τουτο ουκ εξ υμων, θεου το	δωρον ουκ εξ εργων, ινα μη τις καυχησηται.

		1 εαν
6:8	ουκ ανθρωποις, ειδοτες οτι εκαστος.	εαν τι ποιηση αγαθον, τουτο κομισεται παρα

		2 εαυτοις
4:32	χρηστοι, ευσπλαγχνοι, χαριζομενοι	εαυτοις καθως και ο θεος εν χριστω εχαρισατο
5:19	αλλα πληρουσθε εν πνευματι. λαλουντες	εαυτοις (εν) ψαλμοις και υμνοις και ωδαις

		4 εαυτον
5:28	σωματα. ο αγαπων την εαυτου γυναικα	εαυτον αγαπα. ουδεις γαρ ποτε την εαυτου σαρκα
5:25	ο χριστος ηγαπησεν την εκκλησιαν και	εαυτον παρεδωκεν υπερ αυτης. ινα αυτην αγιαση
5:2	ο χριστος ηγαπησεν ημας και παρεδωκεν	εαυτον υπερ ημων προσφοραν και θυσιαν τω θεω
5:33	την εαυτου γυναικα ουτως αγαπατω ως	εαυτον, η δε γυνη ινα φοβηται τον ανδρα. τα

		4 εαυτου
5:28	ως τα εαυτων σωματα. ο αγαπων την	εαυτου γυναικα εαυτον αγαπα. ουδεις γαρ ποτε
5:33	πλην και υμεις οι καθ ενα εκαστος την	εαυτου γυναικα ουτως αγαπατω ως εαυτον, η δε
4:16	του σωματος ποιειται εις οικοδομην	εαυτου εν αγαπη. τουτο ουν λεγω και μαρτυρομαι
5:29	εαυτον αγαπα, ουδεις γαρ ποτε την	εαυτου σαρκα εμισησεν. αλλα εκτρεφει και θαλπει

		1 εαυτους
4:19	καρδιας αυτων οιτινες απηλγηκοτες	εαυτους παρεδωκαν τη ασελγεια εις εργασιαν

		1 εαυτω
5:27	υδατος εν ρηματι. ινα παραστηση αυτος	εαυτω ενδοξον την εκκλησιαν, μη εχουσαν σπιλον

		2 εαυτων
5:28	οφειλουσιν και οι ανδρες αγαπαν τας	εαυτων γυναικας ως τα εαυτων σωματα. ο αγαπων
5:28	αγαπαν τας εαυτων γυναικας ως τα	εαυτων σωματα. ο αγαπων την εαυτου γυναικα

		2 εγγυς
2:13	υμεις οι τοτε οντες μακραν εγενηθητε	εγγυς εν τω αιματι του χριστου. αυτος γαρ
2:17	υμιν τοις μακραν και ειρηνην τοις	εγγυς. οτι δι αυτου εχομεν την προσαγωγην οι

		1 εγειρας
1:20	αυτου ην ενηργησεν εν τω χριστω	εγειρας αυτον εκ νεκρων. και καθισας εν δεξια

		1 εγειρε
5:14	το φανερουμενον φως εστιν. διο λεγει,	εγειρε, ο καθευδων, και αναστα εκ των νεκρων,

		1 εγενηθην
3:7	χριστω ιησου δια του ευαγγελιου. ου	εγενηθην διακονος κατα την δωρεαν της χαριτος

		1 εγενηθητε
2:13	ιησου υμεις οι ποτε οντες μακραν	εγενηθητε εγγυς εν τω αιματι του χριστου.

		1 εγκακειν
3:13	της πιστεως αυτου. διο αιτουμαι μη	εγκακειν εν ταις θλιψεσιν μου υπερ υμων, ητις

		2 εγνωρισθη
3:3	μοι εις υμας. (οτι) κατα αποκαλυψιν	εγνωρισθη μοι το μυστηριον, καθως προεγραψα εν
3:5	του χριστου, ο ετεραις γενεαις ουκ	εγνωρισθη τοις υιοις των ανθρωπων ως νυν

		3 εγω
5:32	μιαν. το μυστηριον τουτο μεγα εστιν.	εγω δε λεγω εις χριστον και εις την εκκλησιαν.
4:1	των αιωνων. αμην. παρακαλω ουν υμας	εγω ο δεσμιος εν κυριω αξιως περιπατησαι της
3:1	του θεου εν πνευματι. τουτου χαριν	εγω παυλος ο δεσμιος του χριστου (ιησου) υπερ

		1 εδιδαχθητε
4:21	ει γε αυτον ηκουσατε και εν αυτω	εδιδαχθητε καθως εστιν αληθεια εν τω ιησου.

		2 εδοθη
3:8	εμοι τω ελαχιστοτερω παντων αγιων	εδοθη η χαρις αυτη. τοις εθνεσιν ευαγγελισασθαι
4:7	και εν πασιν. ενι δε εκαστω ημων	εδοθη η χαρις κατα το μετρον της δωρεας του

		3 εδωκεν
4:8	εις υψος ηχμαλωτευσεν αιχμαλωσιαν.	εδωκεν δοματα τοις ανθρωποις. το δε ανεβη τι
1:22	υπο τους ποδας αυτου. και αυτον	εδωκεν κεφαλην υπερ παντα τη εκκλησια. ητις
4:11	ινα πληρωση τα παντα. και αυτος	εδωκεν τους μεν αποστολους, τους δε προφητας,

		1 εθνεσιν
3:8	παντων αγιων εδοθη η χαρις αυτη. τοις	εθνεσιν ευαγγελισασθαι το ανεξιχνιαστον πλουτος

		3 εθνη
2:11	διο μνημονευετε οτι ποτε υμεις τα	εθνη εν σαρκι, οι λεγομενοι ακροβυστια υπο της
4:17	μηκετι υμας περιπατειν καθως και τα	εθνη περιπατει εν ματαιοτητι του νοος αυτων,
3:6	και προφηταις εν πνευματι. ειναι τα	εθνη συνκληρονομα και συσσωμα και συμμετοχα της

		1 εθνων
3:1	του χριστου (ιησου) υπερ υμων των	εθνων· ει γε ηκουσατε την οικονομιαν της

		4 ει
4:21	δε ουχ ουτως εμαθετε τον χριστον.	ει γε αυτον ηκουσατε και εν αυτω εδιδαχθητε
3:2	χριστου (ιησου) υπερ υμων των εθνων·	ει γε ηκουσατε την οικονομιαν της χαριτος του
4:9	τοις ανθρωποις. το δε ανεβη τι εστιν	ει μη οτι και κατεβη εις τα κατωτερα (μερη) της
4:29	του στοματος υμων μη εκπορευεσθω. αλλα	ει τις αγαθος προς οικοδομην της χρειας, ινα δω

		1 ειδεναι
1:18	οφθαλμους της καρδιας (υμων) εις το	ειδεναι υμας τις εστιν η ελπις της κλησεως

		1 ειδητε
6:21	ως δει με λαλησαι. ινα δε και υμεις	ειδητε τα κατ εμε. τι πρασσω. παντα γνωρισει

		2 ειδοτες
6:8	ως τω κυριω και ουκ ανθρωποις,	ειδοτες οτι εκαστος, εαν τι ποιηση αγαθον,
6:9	προς αυτους. ανιεντες την απειλην.	ειδοτες οτι και αυτων και υμων ο κυριος εστιν

		1 ειδωλολατρης
5:5	η ακαθαρτος η πλεονεκτης. ο εστιν	ειδωλολατρης, ουκ εχει κληρονομιαν εν τη

		3 ειναι
1:4	ημας εν αυτω προ καταβολης κοσμου,	ειναι ημας αγιους και αμωμους κατενωπιον αυτου
1:12	βουλην του θεληματος αυτου. εις το	ειναι ημας εις επαινον δοξης αυτου τους
3:6	αυτου και προφηταις εν πνευματι,	ειναι τα εθνη συνκληρονομα και συσσωμα και

		3 ειρηνη
1:2	εν χριστω ιησου. χαρις υμιν και	ειρηνη απο θεου πατρος ημων και κυριου ιησου
2:14	αιματι του χριστου. αυτος γαρ εστιν η	ειρηνη ημων. ο ποιησας τα αμφοτερα εν και το
6:23	ημων και παρακαλεση τας καρδιας υμων.	ειρηνη τοις αδελφοις και αγαπη μετα πιστεως απο

		3 ειρηνην
2:17	ειρηνην υμιν τοις μακραν και	ειρηνην τοις εγγυς· οτι δι αυτου εχομεν την
2:17	εν αυτω. και ελθων ευηγγελισατο	ειρηνην υμιν τοις μακραν και ειρηνην τοις
2:15	εν αυτω εις ενα καινον ανθρωπον ποιων	ειρηνην. και αποκαταλλαξη τους αμφοτερους εν

		2 ειρηνης
4:3	του πνευματος εν τω συνδεσμω της	ειρηνης. εν σωμα και εν πνευμα, καθως και
6:15	ποδας εν ετοιμασια του ευαγγελιου της	ειρηνης. εν πασιν αναλαβοντες τον θυρεον της

		1 εισιν
5:16	τον καιρον. οτι αι ημεραι πονηραι	εισιν. δια τουτο μη γινεσθε αφρονες, αλλα

		39 εις
4:32	αφ υμων συν παση κακια. γινεσθε	εις αλληλους χρηστοι, ευσπλαγχνοι, χαριζομενοι
4:13	και της επιγνωσεως του υιου του θεου.	εις ανδρα τελειον, εις μετρον ηλικιας του

1:14	ος εστιν αρραβων της κληρονομιας ημων	εις απολυτρωσιν της περιποιησεως. εις επαινον
6:18	εν παντι καιρω εν πνευματι, και	εις αυτο αγρυπνουντες εν παση προσκαρτερησει
6:22	εν κυριω, ον επεμψα προς υμας	εις αυτο τουτο ινα γνωτε τα περι ημων και
4:15	αληθευοντες δε εν αγαπη αυξησωμεν	εις αυτον τα παντα. ος εστιν η κεφαλη, χριστος,
1:5	ημας εις υιοθεσιαν δια ιησου χριστου	εις αυτον, κατα την ευδοκιαν του θεληματος
2:15	καταργησας, ινα τους δυο κτιση εν αυτω	εις ενα καινον ανθρωπον ποιων ειρηνην, και
1:12	θεληματος αυτου. εις το ειναι ημας	εις επαινον δοξης αυτου τους προηλπικοτας εν τω
1:6	την ευδοκιαν του θεληματος αυτου.	εις επαινον δοξης της χαριτος αυτου ης
1:14	ημων εις απολυτρωσιν της περιποιησεως,	εις επαινον της δοξης αυτου. δια τουτο καγω,
4:19	εαυτους παρεδωκαν τη ασελγεια	εις εργασιαν ακαθαρσιας πασης εν πλεονεξια.
4:12	προς τον καταρτισμον των αγιων	εις εργον διακονιας, εις οικοδομην του σωματος
1:8	της χαριτος αυτου, ης επερισσευσεν	εις ημας εν παση σοφια και φρονησει γνωρισας
1:19	υπερβαλλον μεγεθος της δυναμεως αυτου	εις ημας τους πιστευοντας κατα την ενεργειαν
4:30	το αγιον του θεου, εν ω εσφραγισθητε	εις ημεραν απολυτρωσεως. πασα πικρια και θυμος
4:6	εις κυριος, μια πιστις, εν βαπτισμα.	εις θεος και πατηρ παντων, ο επι παντων και δια
2:22	κυριω, εν ω και υμεις συνοικοδομεισθε	εις κατοικητηριον του θεου εν πνευματι.
4:5	εν μια ελπιδι της κλησεως υμων.	εις κυριος, μια πιστις, εν βαπτισμα. εις θεος
4:13	του υιου του θεου, εις ανδρα τελειον,	εις μετρον ηλικιας του πληρωματος του χριστου.
2:21	ω πασα οικοδομη συναρμολογουμενη αυξει	εις ναον αγιον εν κυριω, εν ω και υμεις
4:16	την αυξησιν του σωματος ποιειται	εις οικοδομην εαυτου εν αγαπη. τουτο ουν λεγω
4:12	των αγιων εις εργον διακονιας,	εις οικοδομην του σωματος του χριστου, μεχρι
1:10	ευδοκιαν αυτου ην προεθετο εν αυτω	εις οικονομιαν του πληρωματος των καιρων,
5:2	υπερ ημων προσφοραν και θυσιαν τω θεω	εις οσμην ευωδιας. πορνεια δε και ακαθαρσια
3:19	αγαπην του χριστου, ινα πληρωθητε	εις παν το πληρωμα του θεου. τω δε δυναμενω
1:15	εν τω κυριω ιησου και την αγαπην την	εις παντας τους αγιους, ου παυομαι ευχαριστων
3:21	εν τη εκκλησια και εν χριστω ιησου	εις πασας τας γενεας του αιωνος των αιωνων.
5:31	την γυναικα αυτου, και εσονται οι δυο	εις σαρκα μιαν. το μυστηριον τουτο μεγα εστιν,
4:9	δε ανεβη τι εστιν ει μη οτι και κατεβη	εις τα κατωτερα (μερη) της γης; ο καταβας
5:32	εστιν, εγω δε λεγω εις χριστον και	εις την εκκλησιαν. πλην και υμεις οι καθ ενα
4:13	χριστου, μεχρι καταντησωμεν οι παντες	εις την ενοτητα της πιστεως και της επιγνωσεως
1:18	τους οφθαλμους της καρδιας (υμων)	εις το ειδεναι υμας τις εστιν η ελπις της
1:12	κατα την βουλην του θεληματος αυτου,	εις το ειναι ημας εις επαινον δοξης αυτου τους
3:16	κραταιωθηναι δια του πνευματος αυτου	εις τον εσω ανθρωπον, κατοικησαι τον χριστον
1:5	αυτου εν αγαπη, προορισας ημας	εις υιοθεσιαν δια ιησου χριστου εις αυτον, κατα
3:2	της χαριτος του θεου της δοθεισης μοι	εις υμας. (οτι) κατα αποκαλυψιν εγνωρισθη μοι
4:8	δωρεας του χριστου. διο λεγει. αναβας	εις υψος ηχμαλωτευσεν αιχμαλωσιαν, εδωκεν
5:32	τουτο μεγα εστιν, εγω δε λεγω	εις χριστον και εις την εκκλησιαν. πλην και

2 ειτε

6:8	αγαθον, τουτο κομισεται παρα κυριου,	ειτε δουλος ειτε ελευθερος. και οι κυριοι, τα
6:8	κομισεται παρα κυριου, ειτε δουλος	ειτε ελευθερος. και οι κυριοι, τα αυτα ποιειτε

4 εκ

1:20	ενηργησεν εν τω χριστω εγειρας αυτον	εκ νεκρων, και καθισας εν δεξια αυτου εν τοις
4:29	τω χρειαν εχοντι. πας λογος σαπρος	εκ του στοματος υμων μη εκπορευεσθω. αλλα ει
5:14	λεγει, εγειρε, ο καθευδων, και αναστα	εκ των νεκρων, και επιφαυσει σοι ο χριστος.
6:6	χριστου ποιουντες το θελημα του θεου	εκ ψυχης. μετ ευνοιας δουλευοντες, ως τω κυριω

3 εκαστος

4:25	αποθεμενοι το ψευδος λαλειτε αληθειαν	εκαστος μετα του πλησιον αυτου, οτι εσμεν
5:33	εκκλησιαν. πλην και υμεις οι καθ ενα	εκαστος την εαυτου γυναικα ουτως αγαπατω ως
6:8	κυριω και ουκ ανθρωποις, ειδοτες οτι	εκαστος, εαν τι ποιηση αγαθον, τουτο κομισεται

1 εκαστου

4:16	κατ ενεργειαν εν μετρω ενος	εκαστου μερους την αυξησιν του σωματος ποιειται

1 εκαστω

4:7	και δια παντων και εν πασιν. ενι δε	εκαστω ημων εδοθη η χαρις κατα το μετρον της

1 εκεινω

2:12	σαρκι χειροποιητου, οτι ητε τω καιρω	εκεινω χωρις χριστου, απηλλοτριωμενοι της

3 εκκλησια

3:21	εν ημιν, αυτω η δοξα εν τη	εκκλησια και εν χριστω ιησου εις πασας τας
5:24	αυτος σωτηρ του σωματος. αλλα ως η	εκκλησια υποτασσεται τω χριστω, ουτως και αι
1:22	και αυτον εδωκεν κεφαλην υπερ παντα τη	εκκλησια, ητις εστιν το σωμα αυτου, το πληρωμα

4 εκκλησιαν

5:25	καθως και ο χριστος ηγαπησεν την	εκκλησιαν και εαυτον παρεδωκεν υπερ αυτης, ινα
5:32	εγω δε λεγω εις χριστον και εις την	εκκλησιαν. πλην και υμεις οι καθ ενα εκαστος
5:29	θαλπει αυτην, καθως και ο χριστος την	εκκλησιαν. οτι μελη εσμεν του σωματος αυτου.
5:27	ινα παραστηση αυτος εαυτω ενδοξον την	εκκλησιαν, μη εχουσαν σπιλον η ρυτιδα η τι των

εις 31 εκκλησιαν

<table>
<tr><td></td><td colspan="2">2 εκκλησιας</td></tr>
<tr><td>3:10</td><td>εξουσιαις εν τοις επουρανιοις δια της</td><td>εκκλησιας η πολυποικιλος σοφια του θεου. κατα</td></tr>
<tr><td>5:23</td><td>γυναικος ως και ο χριστος κεφαλη της</td><td>εκκλησιας, αυτος σωτηρ του σωματος. αλλα ως η</td></tr>
</table>

<table>
<tr><td></td><td colspan="2">2 εκληθητε</td></tr>
<tr><td>4:4</td><td>εν σωμα και εν πνευμα, καθως και</td><td>εκληθητε εν μια ελπιδι της κλησεως υμων. εις</td></tr>
<tr><td>4:1</td><td>κυριω αξιως περιπατησαι της κλησεως ης</td><td>εκληθητε. μετα πασης ταπεινοφροσυνης και</td></tr>
</table>

<table>
<tr><td></td><td colspan="2">1 εκληρωθημεν</td></tr>
<tr><td>1:11</td><td>και τα επι της γης. εν αυτω, εν ω και</td><td>εκληρωθημεν προορισθεντες κατα προθεσιν του τα</td></tr>
</table>

<table>
<tr><td></td><td colspan="2">1 εκπορευεσθω</td></tr>
<tr><td>4:29</td><td>λογος σαπρος εκ του στοματος υμων μη</td><td>εκπορευεσθω. αλλα ει τις αγαθος προς οικοδομην</td></tr>
</table>

<table>
<tr><td></td><td colspan="2">1 εκτρεφει</td></tr>
<tr><td>5:29</td><td>ποτε την εαυτου σαρκα εμισησεν. αλλα</td><td>εκτρεφει και θαλπει αυτην. καθως και ο χριστος</td></tr>
</table>

<table>
<tr><td></td><td colspan="2">1 εκτρεφετε</td></tr>
<tr><td>6:4</td><td>μη παροργιζετε τα τεκνα υμων, αλλα</td><td>εκτρεφετε αυτα εν παιδεια και νουθεσια κυριου.</td></tr>
</table>

<table>
<tr><td></td><td colspan="2">1 ελαχιστοτερω</td></tr>
<tr><td>3:8</td><td>ενεργειαν της δυναμεως αυτου. εμοι τω</td><td>ελαχιστοτερω παντων αγιων εδοθη η χαρις αυτη,</td></tr>
</table>

<table>
<tr><td></td><td colspan="2">1 ελεγχετε</td></tr>
<tr><td>5:11</td><td>ακαρποις του σκοτους. μαλλον δε και</td><td>ελεγχετε. τα γαρ κρυφη γινομενα υπ αυτων</td></tr>
</table>

<table>
<tr><td></td><td colspan="2">1 ελεγχομενα</td></tr>
<tr><td>5:13</td><td>αισχρον εστιν και λεγειν. τα δε παντα</td><td>ελεγχομενα υπο του φωτος φανερουται. παν γαρ</td></tr>
</table>

<table>
<tr><td></td><td colspan="2">1 ελεει</td></tr>
<tr><td>2:4</td><td>οι λοιποι. ο δε θεος πλουσιος ων εν</td><td>ελεει, δια την πολλην αγαπην αυτου ην ηγαπησεν</td></tr>
</table>

<table>
<tr><td></td><td colspan="2">1 ελευθερος</td></tr>
<tr><td>6:8</td><td>παρα κυριου. ειτε δουλος ειτε</td><td>ελευθερος. και οι κυριοι, τα αυτα ποιειτε προς</td></tr>
</table>

<table>
<tr><td></td><td colspan="2">1 ελθων</td></tr>
<tr><td>2:17</td><td>αποκτεινας την εχθραν εν αυτω. και</td><td>ελθων ευηγγελισατο ειρηνην υμιν τοις μακραν και</td></tr>
</table>

<table>
<tr><td></td><td colspan="2">1 ελπιδα</td></tr>
<tr><td>2:12</td><td>και ξενοι των διαθηκων της επαγγελιας,</td><td>ελπιδα μη εχοντες και αθεοι εν τω κοσμω. νυνι</td></tr>
</table>

<table>
<tr><td></td><td colspan="2">1 ελπιδι</td></tr>
<tr><td>4:4</td><td>εν πνευμα, καθως και εκληθητε εν μια</td><td>ελπιδι της κλησεως υμων. εις κυριος, μια</td></tr>
</table>

<table>
<tr><td></td><td colspan="2">1 ελπις</td></tr>
<tr><td>1:18</td><td>(υμων) εις το ειδεναι υμας τις εστιν η</td><td>ελπις της κλησεως αυτου. τις ο πλουτος της</td></tr>
</table>

<table>
<tr><td></td><td colspan="2">1 εμαθετε</td></tr>
<tr><td>4:20</td><td>εν πλεονεξια. υμεις δε ουχ ουτως</td><td>εμαθετε τον χριστον. ει γε αυτον ηκουσατε και</td></tr>
</table>

<table>
<tr><td></td><td colspan="2">1 εμε</td></tr>
<tr><td>6:21</td><td>ινα δε και υμεις ειδητε τα κατ</td><td>εμε, τι πρασσω, παντα γνωρισει υμιν τυχικος ο</td></tr>
</table>

<table>
<tr><td></td><td colspan="2">1 εμισησεν</td></tr>
<tr><td>5:29</td><td>ουδεις γαρ ποτε την εαυτου σαρκα</td><td>εμισησεν, αλλα εκτρεφει και θαλπει αυτην, καθως</td></tr>
</table>

<table>
<tr><td></td><td colspan="2">1 εμοι</td></tr>
<tr><td>3:8</td><td>την ενεργειαν της δυναμεως αυτου. εμοι τω</td><td>ελαχιστοτερω παντων αγιων εδοθη η χαρις</td></tr>
</table>

<table>
<tr><td></td><td colspan="2">1 εμου</td></tr>
<tr><td>6:19</td><td>περι παντων των αγιων. και υπερ</td><td>εμου. ινα μοι δοθη λογος εν ανοιξει του</td></tr>
</table>

<table>
<tr><td></td><td colspan="2">24 εν</td></tr>
<tr><td>4:15</td><td>μεθοδιαν της πλανης. αληθευοντες δε εν</td><td>αγαπη αυξησωμεν εις αυτον τα παντα. ος εστιν</td></tr>
<tr><td>3:17</td><td>δια της πιστεως εν ταις καρδιαις υμων. εν</td><td>αγαπη ερριζωμενοι και τεθεμελιωμενοι, ινα</td></tr>
<tr><td>4:16</td><td>σωματος ποιειται εις οικοδομην εαυτου εν</td><td>αγαπη. τουτο ουν λεγω και μαρτυρομαι εν</td></tr>
<tr><td>1:4</td><td>αγιους και αμωμους κατενωπιον αυτου εν</td><td>αγαπη. προορισας ημας εις υιοθεσιαν δια</td></tr>
<tr><td>4:2</td><td>μετα μακροθυμιας, ανεχομενοι αλληλων εν</td><td>αγαπη. σπουδαζοντες τηρειν την ενοτητα του</td></tr>
<tr><td>5:2</td><td>ως τεκνα αγαπητα. και περιπατειτε εν</td><td>αγαπη, καθως και ο χριστος ηγαπησεν ημας και</td></tr>
<tr><td>2:2</td><td>παραπτωμασιν και ταις αμαρτιαις υμων. εν</td><td>αις τοτε περιεπατησατε κατα τον αιωνα του</td></tr>
<tr><td>6:14</td><td>στητε ουν περιζωσαμενοι την οσφυν υμων εν</td><td>αληθεια. και ενδυσαμενοι τον θωρακα της</td></tr>
<tr><td>6:20</td><td>του ευαγγελιου υπερ ου πρεσβευω εν</td><td>αλυσει. ινα εν αυτω παρρησιασωμαι ως δει με</td></tr>
</table>

6:19	και υπερ εμου, ινα μοι δοθη λογος	εν
6:5	σαρκα κυριοις μετα φοβου και τρομου	εν
2:10	αγαθοις οις προητοιμασεν ο θεος ινα	εν
4:18	του θεου, δια την αγνοιαν την ουσαν	εν
1:9	κατα την ευδοκιαν αυτου ην προεθετο	εν
4:21	τον χριστον. ει γε αυτον ηκουσατε και	εν
2:15	καταργησας, ινα τους δυο κτιση	εν
6:20	υπερ ου πρεσβευω εν αλυσει, ινα	εν
1:4	εν χριστω. καθως εξελεξατο ημας	εν
2:16	δια του σταυρου. αποκτεινας την εχθραν	εν
1:10	επι τοις ουρανοις και τα επι της γης.	εν
6:24	τον κυριον ημων ιησουν χριστον	εν
4:5	κλησεως υμων. εις κυριος, μια πιστις,	εν
1:20	εγειρας αυτον εκ νεκρων, και καθισας	εν
4:24	ανθρωπον τον κατα θεον κτισθεντα	εν
2:15	τη σαρκι αυτου, τον νομον των εντολων	εν
2:4	και οι λοιποι. ο δε θεος πλουσιος ων	εν
2:18	εχομεν την προσαγωγην οι αμφοτεροι	εν
2:16	και αποκαταλλαξη τους αμφοτερους	εν
6:2	την μητερα, ητις εστιν εντολη πρωτη	εν
1:17	δωη υμιν πνευμα σοφιας και αποκαλυψεως	εν
6:15	και υποδησαμενοι τους ποδας	εν
3:20	κατα την δυναμιν την ενεργουμενην	εν
2:14	η ειρηνη ημων. ο ποιησας τα αμφοτερα	εν
4:1	παρακαλω ουν υμας εγω ο δεσμιος	εν
6:10	παρ αυτω. του λοιπου ενδυναμουσθε	εν
5:8	αυτων. ητε γαρ ποτε σκοτος νυν δε φως	εν
2:21	συναρμολογουμενη αυξει εις ναον αγιον	εν
6:21	ο αγαπητος αδελφος και πιστος διακονος	εν
4:17	αγαπη. τουτο ουν λεγω και μαρτυρομαι	εν
6:1	τα τεκνα, υπακουετε τοις γονευσιν υμων	εν
4:17	περιπατειν καθως και τα εθνη περιπατει	εν
4:16	αφης της επιχορηγιας κατ ενεργειαν	εν
4:4	σωμα και εν πνευμα, καθως και εκληθητε	εν
2:3	εν τοις υιοις της απειθειας.	εν
3:3	μοι το μυστηριον, καθως προεγραψα	εν
5:20	ευχαριστουντες παντοτε υπερ παντων	εν
3:15	προς τον πατερα. εξ ου πασα πατρια	εν
6:9	οτι και αυτων και υμων ο κυριος εστιν	εν
6:4	τα τεκνα υμων, αλλα εκτρεφετε αυτα	εν
4:14	διδασκαλιας εν τη κυβεια των ανθρωπων	εν
6:18	προσευχης και δεησεως, προσευχομενοι	εν
5:24	ουτως και αι γυναικες τοις ανδρασιν	εν
6:19	εν ανοιξει του στοματος μου,	εν
5:9	περιπατειτε - ο γαρ καρπος του φωτος	εν
1:3	ημων ιησου χριστου, ο ευλογησας ημας	εν
6:10	εν πνευματι. και εις αυτο αγρυπνουντες	εν
1:8	αυτου, ης επερισσευσεν εις ημας	εν
6:16	ετοιμασια του ευαγγελιου της ειρηνης.	εν
1:23	το σωμα αυτου, το πληρωμα του τα παντα	εν
4:6	ο. επι παντων και δια παντων και	εν
3:12	ω εχομεν την παρρησιαν και προσαγωγην	εν
4:19	ασελγεια εις εργασιαν ακαθαρσιας πασης	εν
2:22	εις κατοικητηριον του θεου	εν
3:5	αγιοις αποστολοις αυτου και προφηταις	εν
5:18	εν ω εστιν ασωτια. αλλα πληρουσθε	εν
6:18	δεησεως, προσευχομενοι εν παντι καιρω	εν
4:4	τω συνδεσμω της ειρηνης. εν σωμα και	εν
5:26	αγιαση καθαρισας τω λουτρω του υδατος	εν
2:11	ακροβυστια υπο της λεγομενης περιτομης	εν
2:11	διο μνημονευετε οτι ποτε υμεις τα εθνη	εν
4:4	πνευματος εν τω συνδεσμω της ειρηνης.	εν
2:3	οις και ημεις παντες ανεστραφημεν ποτε	εν
3:13	αυτου. διο αιτουμαι μη εγκακειν	εν
3:17	κατοικησαι τον χριστον δια της πιστεως	εν
5:5	ειδωλολατρης, ουκ εχει κληρονομιαν	εν
3:21	την ενεργουμενην εν ημιν. αυτω η δοξα	εν
6:13	του θεου, ινα δυνηθητε αντιστηναι	εν
4:14	παντι ανεμω της διδασκαλιας	εν
2:14	του φραγμου λυσας, την εχθραν	εν
1:18	της δοξης της κληρονομιας	εν
2:7	εν χριστω ιησου. ινα ενδειξηται	εν
1:20	εκ νεκρων, και καθισας εν δεξια αυτου	εν

ανοιξει του στοματος μου. εν παρρησια
απλοτητι της καρδιας υμων ως τω χριστω. μη
αυτοις περιπατησωμεν. διο μνημονευετε οτι
αυτοις. δια την πωρωσιν της καρδιας αυτων.
αυτω εις οικονομιαν του πληρωματος των
αυτω εδιδαχθητε καθως εστιν αληθεια εν τω
αυτω εις ενα καινον ανθρωπον ποιων ειρηνην,
αυτω παρρησιασωμαι ως δει με λαλησαι. ινα
αυτω προ καταβολης κοσμου, ειναι ημας αγιους
αυτω. και ελθων ευηγγελισατο ειρηνην υμιν
αυτω, εν ω και εκληρωθημεν προορισθεντες
αφθαρσια.
βαπτισμα. εις θεος και πατηρ παντων, ο επι
δεξια αυτου εν τοις επουρανιοις υπερανω
δικαιοσυνη και οσιοτητι της αληθειας. διο
δογμασιν καταργησας, ινα τους δυο κτιση εν
ελεει. δια την πολλην αγαπην αυτου ην
ενι πνευματι προς τον πατερα. αρα ουν
ενι σωματι τω θεω δια του σταυρου,
επαγγελια. ινα ευ σοι γενηται και εση
επιγνωσει αυτου. πεφωτισμενους τους
ετοιμασια του ευαγγελιου της ειρηνης, εν
ημιν. αυτω η δοξα εν τη εκκλησια και εν
και το μεσοτοιχον του φραγμου λυσας, την
κυριω αξιως περιπατησαι της κλησεως ης
κυριω και εν τω κρατει της ισχυος αυτου.
κυριω. ως τεκνα φωτος περιπατειτε - ο γαρ
κυριω, εν ω και υμεις συνοικοδομεισθε εις
κυριω, ον επεμψα προς υμας εις αυτο τουτο
κυριω, μηκετι υμας περιπατειν καθως και τα
κυριω. τουτο γαρ εστιν δικαιον. τιμα τον
ματαιοτητι του νοος αυτων, εσκοτωμενοι τη
μετρω ενος εκαστου μερους την αυξησιν του
μια ελπιδι της κλησεως υμων. εις κυριος,
οις και ημεις παντες ανεστραφημεν ποτε εν
ολιγω. προς ο δυνασθε αναγινωσκοντες νοησαι
ονοματι του κυριου ημων ιησου χριστου τω θεω
ουρανοις και ετι γης ονομαζεται. ινα δω
ουρανοις. και προσωπολημψια ουκ εστιν παρ
παιδεια και νουθεσια κυριου. οι δουλοι,
πανουργια προς την μεθοδιαν της πλανης.
παντι καιρω εν πνευματι, και εις αυτο
παντι. οι ανδρες, αγαπατε τας γυναικας,
παρρησια γνωρισαι το μυστηριον του
παση αγαθωσυνη και δικαιοσυνη και αληθεια
παση ευλογια πνευματικη εν τοις επουρανιοις
παση προσκαρτερησει και δεησει περι παντων
παση σοφια και φρονησει γνωρισας ημιν το
πασιν αναλαβοντες τον θυρεον της πιστεως. εν
πασιν πληρουμενου. και υμας οντας νεκρους
πασιν. ενι δε εκαστω ημων εδοθη η χαρις
πεποιθησει δια της πιστεως αυτου. διο
πλεονεξια. υμεις δε ουχ ουτως εμαθετε τον
πνευματι. τουτου χαριν εγω παυλος ο
πνευματι, ειναι τα εθνη συνκληρονομα και
πνευματι, λαλουντες εαυτοις (εν) ψαλμοις
πνευματι. και εις αυτο αγρυπνουντες εν παση
πνευματι. καθως και εκληθητε εν μια ελπιδι της
ρηματι. ινα παραστηση αυτος εαυτω ενδοξον
σαρκι χειροποιητου. οτι ητε τω καιρω εκεινω
σαρκι. οι λεγομενοι ακροβυστια υπο της
σωμα και εν πνευμα, καθως και εκληθητε εν
ταις επιθυμιαις της σαρκος ημων, ποιουντες
ταις θλιψεσιν μου υπερ υμων, ητις εστιν δοξα
ταις καρδιαις υμων, εν αγαπη ερριζωμενοι και
τη βασιλεια του χριστου και θεου. μηδεις
τη εκκλησια και εν χριστω ιησου εις πασας
τη ημερα τη πονηρα και απαντα κατεργασαμενοι
τη κυβεια των ανθρωπων εν πανουργια προς την
τη σαρκι αυτου, τον νομον των εντολων
τοις αγιοις. και τι το υπερβαλλον μεγεθος
τοις αιωσιν τοις επερχομενοις το υπερβαλλον
τοις επουρανιοις υπερανω πασης αρχης και

3:10	νυν ταις αρχαις και ταις εξουσιαις	εν	τοις επουρανιοις δια της εκκλησιας η
2:6	- και συνηγειρεν και συνεκαθισεν	εν	τοις επουρανιοις εν χριστω ιησου, ινα
1:3	ημας εν παση ευλογια πνευματικη	εν	τοις επουρανιοις εν χριστω, καθως εξελεξατο
6:12	προς τα πνευματικα της πονηριας	εν	τοις επουρανιοις. δια τουτο αναλαβετε την
2:2	του πνευματος του νυν ενεργουντος	εν	τοις υιοις της απειθειας. εν οις και ημεις
2:13	οι ποτε οντες μακραν εγενηθητε εγγυς	εν	τω αιματι του χριστου. αυτος γαρ εστιν η
1:21	παντος ονοματος ονομαζομενου ου μονον	εν	τω αιωνι τουτω αλλα και εν τω μελλοντι. και
1:6	της χαριτος αυτου ης εχαριτωσεν ημας	εν	τω ηγαπημενω. εν ω εχομεν την απολυτρωσιν
3:9	του αποκεκρυμμενου απο των αιωνων	εν	τω θεω τω τα παντα κτισαντι. ινα γνωρισθη
4:21	εν αυτω εδιδαχθητε καθως εστιν αληθεια	εν	τω ιησου. αποθεσθαι υμας κατα την προτεραν
2:12	ελπιδα μη εχοντες και αθεοι	εν	τω κοσμω. νυνι δε εν χριστω ιησου υμεις οι
6:10	του λοιπου ενδυναμουσθε εν κυριω και	εν	τω κρατει της ισχυος αυτου. ενδυσασθε την
1:15	καγω, ακουσας την καθ υμας πιστιν	εν	τω κυριω ιησου και την αγαπην την εις παντας
1:21	ου μονον εν τω αιωνι τουτω αλλα και	εν	τω μελλοντι. και παντα υπεταξεν υπο τους
3:4	αναγινωσκοντες νοησαι την συνεσιν μου	εν	τω μυστηριω του χριστου. ο ετεραις γενεαις
4:3	τηρειν την ενοτητα του πνευματος	εν	τω συνδεσμω της ειρηνης. εν σωμα και εν
1:20	κρατους της ισχυος αυτου ην ενηργησεν	εν	τω χριστω εγειρας αυτον εκ νεκρων, και
3:11	κατα προθεσιν των αιωνων ην εποιησεν	εν	τω χριστω ιησου τω κυριω ημων. εν ω εχομεν
1:12	επαινον δοξης αυτου τους προηλπικοτας	εν	τω χριστω. εν ω και υμεις ακουσαντες τον
1:10	των καιρων, ανακεφαλαιωσασθαι τα παντα	εν	τω χριστω. τα επι τοις ουρανοις και τα επι
5:3	πασα η πλεονεξια μηδε ονομαζεσθω	εν	υμιν, καθως πρεπει αγιοις. και αισχροτης
5:21	θεω και πατρι, υποτασσομενοι αλληλοις	εν	φοβω χριστου. αι γυναικες τοις ιδιοις
2:7	υπερβαλλον πλουτος της χαριτος αυτου	εν	χρηστοτητι εφ ημας εν χριστω ιησου. τη γαρ
4:32	χαριζομενοι εαυτοις καθως και ο θεος	εν	χριστω εχαρισατο υμιν. γινεσθε ουν μιμηται
3:6	συσσωμα και συμμετοχα της επαγγελιας	εν	χριστω ιησου δια του ευαγγελιου. ου
3:21	ημιν, αυτω η δοξα εν τη εκκλησια και	εν	χριστω ιησου εις πασας τας γενεας του αιωνος
2:10	αυτου γαρ εσμεν ποιημα, κτισθεντες	εν	χριστω ιησου επι εργοις αγαθοις οις
2:13	και αθεοι εν τω κοσμω. νυνι δε	εν	χριστω ιησου υμεις οι ποτε οντες μακραν
2:7	χαριτος αυτου εν χρηστοτητι εφ ημας	εν	χριστω ιησου. τη γαρ χαριτι εστε σεσωσμενοι
1:1	τοις ουσιν (εν εφεσω) και πιστοις	εν	χριστω ιησου. χαρις υμιν και ειρηνη απο
2:6	και συνεκαθισεν εν τοις επουρανιοις	εν	χριστω ιησου, ινα ενδειξηται εν τοις αιωσιν
1:3	ευλογια πνευματικη εν τοις επουρανιοις	εν	χριστω, καθως εξελεξατο ημας εν αυτω προ
6:16	αναλαβοντες τον θυρεον της πιστεως,	εν	ω δυνησεσθε παντα τα βελη του πονηρου (τα)
5:18	του κυριου. και μη μεθυσκεσθε οινω,	εν	ω εστιν ασωτια, αλλα πληρουσθε εν πνευματι.
4:30	λυπειτε το πνευμα το αγιον του θεου,	εν	ω εσφραγισθητε εις ημεραν απολυτρωσεως.
1:7	ης εχαριτωσεν ημας εν τω ηγαπημενω,	εν	ω εχομεν την απολυτρωσιν δια του αιματος
3:12	εν τω χριστω ιησου τω κυριω ημων,	εν	ω εχομεν την παρρησιαν και προσαγωγην εν
1:11	ουρανοις και τα επι της γης. εν αυτω,	εν	ω και εκληρωθημεν προορισθεντες κατα
1:13	το ευαγγελιον της σωτηριας υμων,	εν	ω και πιστευσαντες εσφραγισθητε τω πνευματι
1:13	αυτου τους προηλπικοτας εν τω χριστω.	εν	ω και υμεις ακουσαντες τον λογον της
2:22	αυξει εις ναον αγιον εν κυριω,	εν	ω και υμεις συνοικοδομεισθε εις
2:21	ακρογωνιαιου αυτου χριστου ιησου.	εν	ω πασα οικοδομη συναρμολογουμενη αυξει εις

2 ενα

5:33	την εκκλησιαν. πλην και υμεις οι καθ	ενα	εκαστος την εαυτου γυναικα ουτως αγαπατω ως
2:15	ινα τους δυο κτιση εν αυτω εις	ενα	καινον ανθρωπον ποιων ειρηνην, και

1 ενδειξηται

2:7	τοις επουρανιοις εν χριστω ιησου, ινα	ενδειξηται	εν τοις αιωσιν τοις επερχομενοις το

1 ενδοξον

5:27	εν ρηματι, ινα παραστηση αυτος εαυτω	ενδοξον	την εκκλησιαν, μη εχουσαν σπιλον η

1 ενδυναμουσθε

6:10	ουκ εστιν παρ αυτω. του λοιπου	ενδυναμουσθε	εν κυριω και εν τω κρατει της

1 ενδυσαμενοι

6:14	την οσφυν υμων εν αληθεια, και	ενδυσαμενοι	τον θωρακα της δικαιοσυνης, και

1 ενδυσασθαι

4:24	δε τω πνευματι του νοος υμων, και	ενδυσασθαι	τον καινον ανθρωπον τον κατα θεον

1 ενδυσασθε

6:11	και εν τω κρατει της ισχυος αυτου.	ενδυσασθε	την πανοπλιαν του θεου προς το

3 ενεργειαν

4:16	δια πασης αφης της επιχορηγιας κατ	ενεργειαν	εν μετρω ενος εκαστου μερους την
3:7	του θεου της δοθεισης μοι κατα την	ενεργειαν	της δυναμεως αυτου. εμοι τω
1:19	εις ημας τους πιστευοντας κατα την	ενεργειαν	του κρατους της ισχυος αυτου ην

1 ενεργουμενην

3:20	η νοουμεν κατα την δυναμιν την	ενεργουμενην	εν ημιν, αυτω η δοξα εν τη

εν

ενεργουμενην

2 ενεργουντος
2:2	του αερος, του πνευματος του νυν ενεργουντος εν τοις υιοις της απειθειας. εν
1:11	κατα προθεσιν του τα παντα ενεργουντος κατα την βουλην του θεληματος

1 ενηργησεν
| 1:20 | του κρατους της ισχυος αυτου ην ενηργησεν εν τω χριστω εγειρας αυτον εκ νεκρων. |

3 ενι
4:7	παντων και δια παντων και εν πασιν. ενι δε εκαστω ημων εδοθη η χαρις κατα το μετρον
2:18	εχομεν την προσαγωγην οι αμφοτεροι εν ενι πνευματι προς τον πατερα. αρα ουν ουκετι
2:16	και αποκαταλλαξη τους αμφοτερους εν ενι σωματι τω θεω δια του σταυρου. αποκτεινας

1 ενος
| 4:16 | της επιχορηγιας κατ ενεργειαν εν μετρω ενος εκαστου μερους την αυξησιν του σωματος |

2 ενοτητα
| 4:13 | μεχρι καταντησωμεν οι παντες εις την ενοτητα της πιστεως και της επιγνωσεως του υιου |
| 4:3 | εν αγαπη, σπουδαζοντες τηρειν την ενοτητα του πνευματος εν τω συνδεσμω της |

1 εντολη
| 6:2 | πατερα σου και την μητερα, ητις εστιν εντολη πρωτη εν επαγγελια, ινα ευ σοι γενηται |

1 εντολων
| 2:15 | εν τη σαρκι αυτου. τον νομον των εντολων εν δογμασιν καταργησας, ινα τους δυο |

4 εξ
2:9	τουτο ουκ εξ υμων. θεου το δωρον. ουκ εξ εργων, ινα μη τις καυχησηται. αυτου γαρ
4:16	τα παντα, ος εστιν η κεφαλη, χριστος, εξ ου παν το σωμα συναρμολογουμενον και
3:15	καμπτω τα γονατα μου προς τον πατερα, εξ ου πασα πατρια εν ουρανοις και επι γης
2:8	σεσωσμενοι δια πιστεως. και τουτο ουκ εξ υμων. θεου το δωρον. ουκ εξ εργων, ινα μη

1 εξαγοραζομενοι
| 5:16 | μη ως ασοφοι αλλ ως σοφοι. εξαγοραζομενοι τον καιρον, οτι αι ημεραι |

1 εξελεξατο
| 1:4 | εν τοις επουρανιοις εν χριστω, καθως εξελεξατο ημας εν αυτω προ καταβολης κοσμου. |

1 εξισχυσητε
| 3:18 | ερριζωμενοι και τεθεμελιωμενοι. ινα εξισχυσητε καταλαβεσθαι συν πασιν τοις αγιοις |

1 εξουσιαις
| 3:10 | ινα γνωρισθη νυν ταις αρχαις και ταις εξουσιαις εν τοις επουρανιοις δια της εκκλησιας |

3 εξουσιας
1:21	επουρανιοις υπερανω πασης αρχης και εξουσιας και δυναμεως και κυριοτητος και παντος
2:2	κοσμου τουτου, κατα τον αρχοντα της εξουσιας του αερος. του πνευματος του νυν
6:12	σαρκα. αλλα προς τας αρχας, προς τας εξουσιας, προς τους κοσμοκρατορας του σκοτους

1 επαγγελια
| 6:2 | την μητερα, ητις εστιν εντολη πρωτη εν επαγγελια, ινα ευ σοι γενηται και εση |

3 επαγγελιας
3:6	και συσσωμα και συμμετοχα της επαγγελιας εν χριστω ιησου δια του ευαγγελιου.
1:13	εσφραγισθητε τω πνευματι της επαγγελιας τω αγιω. ος εστιν αρραβων της
2:12	του ισραηλ και ξενοι των διαθηκων της επαγγελιας, ελπιδα μη εχοντες και αθεοι εν τω

3 επαινον
1:12	αυτου, εις το ειναι ημας εις επαινον δοξης αυτου τους προηλπικοτας εν τω
1:6	την ευδοκιαν του θεληματος αυτου. εις επαινον δοξης της χαριτος αυτου ης εχαριτωσεν
1:14	εις απολυτρωσιν της περιποιησεως. εις επαινον της δοξης αυτου. δια τουτο καγω.

1 επεμψα
| 6:22 | και πιστος διακονος εν κυριω. ον επεμψα προς υμας εις αυτο τουτο ινα γνωτε τα |

1 επερισσευσεν
| 1:8 | κατα το πλουτος της χαριτος αυτου. ης επερισσευσεν εις ημας εν παση σοφια και |

1 επερχομενοις
| 2:7 | ινα ενδειξηται εν τοις αιωσιν τοις επερχομενοις το υπερβαλλον πλουτος της χαριτος |

3:15	εξ ου πασα πατρια εν ουρανοις και επι γης ονομαζεται. ινα δω υμιν κατα το
2:10	ποιημα, κτισθεντες εν χριστω ιησου επι εργοις αγαθοις οις προητοιμασεν ο θεος ινα
4:6	εις θεος και πατηρ παντων. ο επι παντων και δια παντων και εν πασιν. επι δε
6:3	ευ σοι γενηται και εση μακροχρονιος επι της γης. και οι πατερες, μη παροργιζετε τα
1:10	τω χριστω. τα επι τοις ουρανοις και τα επι της γης. εν αυτω. εν ω και εκληρωθημεν
1:10	τα παντα εν τω χριστω, τα επι τοις ουρανοις και τα επι της γης. εν αυτω.
5:6	δια ταυτα γαρ ερχεται η οργη του θεου επι τους υιους της απειθειας. μη ουν γινεσθε
2:20	οικειοι του θεου. εποικοδομηθεντες επι τω θεμελιω των αποστολων και προφητων,
1:16	ευχαριστων υπερ υμων μνειαν ποιουμενος επι των προσευχων μου. ινα ο θεος του κυριου
4:26	και μη αμαρτανετε. ο ηλιος μη επιδυετω επι (τω) παροργισμω υμων. μηδε διδοτε τοπον τω

1 επιγνωσει
| 1:17 | υμιν πνευμα σοφιας και αποκαλυψεως εν επιγνωσει αυτου. πεφωτισμενους τους οφθαλμοις |

1 επιγνωσεως
| 4:13 | εις την ενοτητα της πιστεως και της επιγνωσεως του υιου του θεου. εις ανδρα |

1 επιδυετω
| 4:26 | και μη αμαρτανετε. ο ηλιος μη επιδυετω επι (τω) παροργισμω υμων. μηδε διδοτε |

1 επιθυμιαις
| 2:3 | ημεις παντες ανεστραφημεν ποτε εν ταις επιθυμιαις της σαρκος ημων. ποιουντες τα |

1 επιθυμιας
| 4:22 | ανθρωπον τον φθειρομενον κατα τας επιθυμιας της απατης. ανανεουσθαι δε τω |

1 επιφαυσει
| 5:14 | και αναστα εκ των νεκρων, και επιφαυσει σοι ο χριστος. βλεπετε ουν ακριβως |

1 επιχορηγιας
| 4:16 | και συμβιβαζομενον δια πασης αφης της επιχορηγιας κατ ενεργειαν εν μετρω ενος εκαστου |

1 εποιησεν
| 3:11 | του θεου. κατα προθεσιν των αιωνων ην εποιησεν εν τω χριστω ιησου τω κυριω ημων. εν |

1 εποικοδομηθεντε
| 2:20 | των αγιων και οικειοι του θεου. εποικοδομηθεντες επι τω θεμελιω των αποστολων |

5 επουρανιοις
1:20	και καθισας εν δεξια αυτου εν τοις επουρανιοις υπερανω πασης αρχης και εξουσιας
3:10	ταις αρχαις και ταις εξουσιαις εν τοις επουρανιοις δια της εκκλησιας η πολυποικιλος
2:6	και συνηγειρεν και συνεκαθισεν εν τοις επουρανιοις εν χριστω ιησου. ινα ενδειξηται εν
1:3	εν παση ευλογια πνευματικη εν τοις επουρανιοις εν χριστω. καθως εξελεξατο ημας εν
6:12	τα πνευματικα της πονηριας εν τοις επουρανιοις. δια τουτο αναλαβετε την πανοπλιαν

1 εργαζομενος
| 4:28 | μηκετι κλεπτετω, μαλλον δε κοπιατω εργαζομενος ταις ιδιαις χερσιν το αγαθον, ινα |

1 εργασιαν
| 4:19 | εαυτους παρεδωκαν τη ασελγεια εις εργασιαν ακαθαρσιας πασης εν πλεονεξια. υμεις |

2 εργοις
| 2:10 | ποιημα, κτισθεντες εν χριστω ιησου επι εργοις αγαθοις οις προητοιμασεν ο θεος ινα εν |
| 5:11 | τω κυριω. και μη συγκοινωνειτε τοις εργοις τοις ακαρποις του σκοτους, μαλλον δε και |

1 εργον
| 4:12 | προς τον καταρτισμον των αγιων εις εργον διακονιας, εις οικοδομην του σωματος του |

1 εργων
| 2:9 | ουκ εξ υμων, θεου το δωρον. ουκ εξ εργων, ινα μη τις καυχησηται. αυτου γαρ εσμεν |

1 ερριζωμενοι
| 3:17 | εν ταις καρδιαις υμων, εν αγαπη ερριζωμενοι και τεθεμελιωμενοι, ινα εξισχυσητε |

1 ερχεται
| 5:6 | απατατω κενοις λογοις, δια ταυτα γαρ ερχεται η οργη του θεου επι τους υιους της |

1 εση
| 6:3 | εν επαγγελια, ινα ευ σοι γενηται και εση μακροχρονιος επι της γης. και οι πατερες. |

1 εσκοτωμενοι

4:18   εν ματαιοτητι του νοος αυτων, εσκοτωμενοι τη διανοια οντες, απηλλοτριωμενοι

3 εσμεν

4:25   εκαστος μετα του πλησιον αυτου, οτι εσμεν αλληλων μελη. οργιζεσθε και μη
2:10   ινα μη τις καυχησηται. αυτου γαρ εσμεν ποιημα, κτισθεντες εν χριστω ιησου επι
5:30   και ο χριστος την εκκλησιαν. οτι μελη εσμεν του σωματος αυτου. αντι τουτου

1 εσονται

5:31   προς την γυναικα αυτου, και εσονται οι δυο εις σαρκα μιαν. το μυστηριον

4 εστε

2:19   προς τον πατερα. αρα ουν ουκετι εστε ξενοι και παροικοι, αλλα εστε συμπολιται
2:8   ημας εν χριστω ιησου. τη γαρ χαριτι εστε σεσωσμενοι δια πιστεως, και τουτο ουκ εξ
2:5   συνεζωοποιησεν τω χριστω - χαριτι εστε σεσωσμενοι - και συνηγειρεν και
2:19   ουκετι εστε ξενοι και παροικοι, αλλα εστε συμπολιται των αγιων και οικειοι του θεου.

22 εστιν

4:21   ηκουσατε και εν αυτω εδιδαχθητε καθως εστιν αληθεια εν τω ιησου. αποθεσθαι υμας κατα
1:14   πνευματι της επαγγελιας τω αγιω, ος εστιν αρραβων της κληρονομιας ημων εις
5:18   κυριου. και μη μεθυσκεσθε οινω, εν ω εστιν ασωτια, αλλα πληρουσθε εν πνευματι.
6:1   τοις γονευσιν υμων εν κυριω, τουτο γαρ εστιν δικαιον. τιμα τον πατερα σου και την
3:13   εν ταις θλιψεσιν μου υπερ υμων, ητις εστιν δοξα υμων. τουτου χαριν καμπτω τα γονατα
4:9   δοματα τοις ανθρωποις. το δε ανεβη τι εστιν ει μη οτι και κατεβη εις τα κατωτερα
5:5   πας πορνος η ακαθαρτος η πλεονεκτης, ο εστιν ειδωλολατρης, ουκ εχει κληρονομιαν εν τη
6:9   οτι και αυτων και υμων ο κυριος εστιν εν ουρανοις, και προσωπολημψια ουκ εστιν
6:2   τον πατερα σου και την μητερα, ητις εστιν εντολη πρωτη εν επαγγελια, ινα ευ σοι
5:10   και αληθεια - δοκιμαζοντες τι εστιν ευαρεστον τω κυριω. και μη συγκοινωνειτε
2:14   εν τω αιματι του χριστου. αυτος γαρ εστιν η ειρηνη ημων, ο ποιησας τα αμφοτερα εν
1:18   καρδιας (υμων) εις το ειδεναι υμας τις εστιν η ελπις της κλησεως αυτου, τις ο πλουτος
4:15   αγαπη αυξησωμεν εις αυτον τα παντα, ος εστιν η κεφαλη, χριστος. εξ ου παν το σωμα
6:12   τας μεθοδειας του διαβολου. οτι ουκ εστιν ημιν η παλη προς αιμα και σαρκα, αλλα
5:12   τα γαρ κρυφη γινομενα υπ αυτων αισχρον εστιν και λεγειν. τα δε παντα ελεγχομενα υπο
4:10   (μερη) της γης; ο καταβας αυτος εστιν και ο αναβας υπερανω παντων των ουρανων.
5:23   ιδιοις ανδρασιν ως τω κυριω, οτι ανηρ εστιν κεφαλη της γυναικος ως και ο χριστος
6:9   εν ουρανοις, και προσωπολημψια ουκ εστιν παρ αυτω. του λοιπου ενδυναμουσθε εν
6:17   και την μαχαιραν του πνευματος, ο εστιν ρημα θεου. δια πασης προσευχης και
1:23   κεφαλην υπερ παντα τη εκκλησια, ητις εστιν το σωμα αυτου, το πληρωμα του τα παντα εν
5:14   παν γαρ το φανερουμενον φως εστιν. διο λεγει, εγειρε, ο καθευδων, και
5:32   σαρκα μιαν. το μυστηριον τουτο μεγα εστιν, εγω δε λεγω εις χριστον και εις την

2 εσφραγισθητε

4:30   το πνευμα το αγιον του θεου, εν ω εσφραγισθητε εις ημεραν απολυτρωσεως. πασα
1:13   σωτηριας υμων, εν ω και πιστευσαντες εσφραγισθητε τω πνευματι της επαγγελιας τω

1 εσω

3:16   δια του πνευματος αυτου εις τον εσω ανθρωπον. κατοικησαι τον χριστον δια της

1 ετεραις

3:5   μου εν τω μυστηριω του χριστου, ο ετεραις γενεαις ουκ εγνωρισθη τοις υιοις των

1 ετοιμασια

6:15   και υποδησαμενοι τους ποδας εν ετοιμασια του ευαγγελιου της ειρηνης. εν πασιν

1 ευ

6:3   εστιν εντολη πρωτη εν επαγγελια, ινα ευ σοι γενηται και εση μακροχρονιος επι της

1 ευαγγελιον

1:13   ακουσαντες τον λογον της αληθειας, το ευαγγελιον της σωτηριας υμων, εν ω και

3 ευαγγελιου

6:19   εν παρρησια γνωρισαι το μυστηριον του ευαγγελιου υπερ ου πρεσβευω εν αλυσει, ινα εν
6:15   τους ποδας εν ετοιμασια του ευαγγελιου της ειρηνης. εν πασιν αναλαβοντες
3:6   της επαγγελιας εν χριστω ιησου δια του ευαγγελιου. ου εγενηθην διακονος κατα την

1 ευαγγελισασθαι

3:8   αγιων εδοθη η χαρις αυτη, τοις εθνεσιν ευαγγελισασθαι το ανεξιχνιαστον πλουτος του

1 ευαγγελιστας

4:11   αποστολους, τους δε προφητας, τους δε ευαγγελιστας, τους δε ποιμενας και διδασκαλους.

		1 ευαρεστον
5:10	και αληθεια - δοκιμαζοντες τι εστιν	ευαρεστον τω κυριω. και μη συγκοινωνειτε τοις

		2 ευδοκιαν
1:9	του θεληματος αυτου, κατα την	ευδοκιαν αυτου ην προεθετο εν αυτω εις
1:5	δια ιησου χριστου εις αυτον, κατα την	ευδοκιαν του θεληματος αυτου, εις επαινον

		1 ευηγγελισατο
2:17	την εχθραν εν αυτω. και ελθων	ευηγγελισατο ειρηνην υμιν τοις μακραν και

		1 ευλογησας
1:3	πατηρ του κυριου ημων ιησου χριστου, ο	ευλογησας ημας εν παση ευλογια πνευματικη εν

		1 ευλογητος
1:3	πατρος ημων και κυριου ιησου χριστου.	ευλογητος ο θεος και πατηρ του κυριου ημων

		1 ευλογια
1:3	χριστου, ο ευλογησας ημας εν παση	ευλογια πνευματικη εν τοις επουρανιοις εν

		1 ευνοιας
6:7	το θελημα του θεου εκ ψυχης. μετ	ευνοιας δουλευοντες, ως τω κυριω και ουκ

		1 ευσπλαγχνοι
4:32	κακια. γινεσθε εις αλληλους χρηστοι,	ευσπλαγχνοι, χαριζομενοι εαυτοις καθως και ο

		1 ευτραπελια
5:4	αγιοις, και αισχροτης και μωρολογια η	ευτραπελια, α ουκ ανηκεν, αλλα μαλλον

		1 ευχαριστια
5:4	ευτραπελια, α ουκ ανηκεν, αλλα μαλλον	ευχαριστια. τουτο γαρ ιστε γινωσκοντες οτι πας

		1 ευχαριστουντες
5:20	ψαλλοντες τη καρδια υμων τω κυριω,	ευχαριστουντες παντοτε υπερ παντων εν ονοματι

		1 ευχαριστων
1:16	εις παντας τους αγιους. ου παυομαι	ευχαριστων υπερ υμων μνειαν ποιουμενος επι των

		1 ευωδιας
5:2	προσφοραν και θυσιαν τω θεω εις οσμην	ευωδιας. πορνεια δε και ακαθαρσια πασα η

		1 εφ
2:7	της χαριτος αυτου εν χρηστοτητι	εφ ημας εν χριστω ιησου. τη γαρ χαριτι εστε

		1 εχαρισατο
4:32	εαυτοις καθως και ο θεος εν χριστω	εχαρισατο υμιν. γινεσθε ουν μιμηται του θεου,

		1 εχαριτωσεν
1:6	εις επαινον δοξης της χαριτος αυτου ης	εχαριτωσεν ημας εν τω ηγαπημενω, εν ω εχομεν

		1 εχει
5:5	πλεονεκτης, ο εστιν ειδωλολατρης, ουκ	εχει κληρονομιαν εν τη βασιλεια του χριστου και

		1 εχη
4:28	ταις ιδιαις χερσιν το αγαθον, ινα	εχη μεταδιδοναι τω χρειαν εχοντι. πας λογος

		2 εχθραν
2:16	τω θεω δια του σταυρου, αποκτεινας την	εχθραν εν αυτω. και ελθων ευηγγελισατο ειρηνην
2:14	το μεσοτοιχον του φραγμου λυσας, την	εχθραν, εν τη σαρκι αυτου, τον νομον των

		3 εχομεν
1:7	εχαριτωσεν ημας εν τω ηγαπημενω, εν ω	εχομεν την απολυτρωσιν δια του αιματος αυτου,
3:12	τω χριστω ιησου τω κυριω ημων, εν ω	εχομεν την παρρησιαν και προσαγωγην εν
2:18	και ειρηνην τοις εγγυς. οτι δι αυτου	εχομεν την προσαγωγην οι αμφοτεροι εν ενι

		1 εχοντες
2:12	των διαθηκων της επαγγελιας, ελπιδα μη	εχοντες και αθεοι εν τω κοσμω. νυνι δε εν

		1 εχοντι
4:28	αγαθον, ινα εχη μεταδιδοναι τω χρειαν	εχοντι. πας λογος σαπρος εκ του στοματος υμων

		1 εχουσαν	
5:27	αυτος εαυτω ενδοξον την εκκλησιαν, μη	εχουσαν	σπιλον η ρυτιδα η τι των τοιουτων, αλλ
		1 ζωης	
4:18	τη διανοια οντες, απηλλοτριωμενοι της	ζωης	του θεου, δια την αγνοιαν την ουσαν εν
		1 ηγαπημενω	
1:6	χαριτος αυτου ης εχαριτωσεν ημας εν τω	ηγαπημενω,	εν ω εχομεν την απολυτρωσιν δια του
		3 ηγαπησεν	
5:2	εν αγαπη, καθως και ο χριστος	ηγαπησεν	ημας και παρεδωκεν εαυτον υπερ ημων
2:4	ελεει. δια την πολλην αγαπην αυτου ην	ηγαπησεν	ημας. και οντας ημας νεκρους τοις
5:25	τας γυναικας, καθως και ο χριστος	ηγαπησεν	την εκκλησιαν και εαυτον παρεδωκεν
		2 ηκουσατε	
4:21	εμαθετε τον χριστον, ει γε αυτον	ηκουσατε	και εν αυτω εδιδαχθητε καθως εστιν
3:2	(ιησου) υπερ υμων των εθνων- ει γε	ηκουσατε	την οικονομιαν της χαριτος του θεου
		1 ηλικιας	
4:13	θεου, εις ανδρα τελειον, εις μετρον	ηλικιας	του πληρωματος του χριστου, ινα μηκετι
		1 ηλιος	
4:26	μελη. οργιζεσθε και μη αμαρτανετε· ο	ηλιος	μη επιδυετω επι (τω) παροργισμω υμων,
		12 ημας	
1:4	εν αυτω προ καταβολης κοσμου, ειναι	ημας	αγιους και αμωμους κατενωπιον αυτου εν
1:12	του θεληματος αυτου. εις το ειναι	ημας	εις επαινον δοξης αυτου τους προηλπικοτας
1:5	κατενωπιον αυτου εν αγαπη. προορισας	ημας	εις υιοθεσιαν δια ιησου χριστου εις αυτον,
1:4	εν χριστω. καθως εξελεξατο	ημας	εν αυτω προ καταβολης κοσμου. ειναι ημας
1:3	κυριου ημων ιησου χριστου, ο ευλογησας	ημας	εν παση ευλογια πνευματικη εν τοις
1:8	χαριτος αυτου, ης επερισσευσεν εις	ημας	εν παση σοφια και φρονησει γνωρισας ημιν
1:6	δοξης της χαριτος αυτου ης εχαριτωσεν	ημας	εν τω ηγαπημενω. εν ω εχομεν την
2:7	της χαριτος αυτου εν χρηστοτητι εφ	ημας	εν χριστω ιησου. τη γαρ χαριτι εστε
5:2	εν αγαπη, καθως και ο χριστος ηγαπησεν	ημας	και παρεδωκεν εαυτον υπερ ημων προσφοραν
2:5	αυτου ην ηγαπησεν ημας. και οντας	ημας	νεκρους τοις παραπτωμασιν συνεζωοποιησεν
1:19	μεγεθος της δυναμεως αυτου εις	ημας	τους πιστευοντας κατα την ενεργειαν του
2:4	την πολλην αγαπην αυτου ην ηγαπησεν	ημας.	και οντας ημας νεκρους τοις παραπτωμασιν
		1 ημεθα	
2:3	της σαρκος και των διανοιων. και	ημεθα	τεκνα φυσει οργης ως και οι λοιποι. ο δε
		1 ημεις	
2:3	τοις υιοις της απειθειας. εν οις και	ημεις	παντες ανεστραφημεν ποτε εν ταις
		1 ημερα	
6:13	θεου. ινα δυνηθητε αντιστηναι εν τη	ημερα	τη πονηρα και απαντα κατεργασαμενοι
		1 ημεραι	
5:16	εξαγοραζομενοι τον καιρον, οτι αι	ημεραι	πονηραι εισιν. δια τουτο μη γινεσθε
		1 ημεραν	
4:30	αγιον του θεου, εν ω εσφραγισθητε εις	ημεραν	απολυτρωσεως. πασα πικρια και θυμος και
		3 ημιν	
6:12	μεθοδειας του διαβολου. οτι ουκ εστιν	ημιν	η παλη προς αιμα και σαρκα. αλλα προς τας
1:9	εν παση σοφια και φρονησει γνωρισας	ημιν	το μυστηριον του θεληματος αυτου. κατα την
3:20	κατα την δυναμιν την ενεργουμενην εν	ημιν.	αυτω η δοξα εν τη εκκλησια και εν χριστω
		12 ημων	
4:7	παντων και εν πασιν. ενι δε εκαστω	ημων	εδοθη η χαρις κατα το μετρον της δωρεας
1:14	ος εστιν αρραβων της κληρονομιας	ημων	εις απολυτρωσιν της περιποιησεως, εις
5:20	υπερ παντων εν ονοματι του κυριου	ημων	ιησου χριστου τω θεω και πατρι,
1:3	ευλογητος ο θεος και πατηρ του κυριου	ημων	ιησου χριστου, ο ευλογησας ημας εν παση
1:17	προσευχων μου, ινα ο θεος του κυριου	ημων	ιησου χριστου, ο πατηρ της δοξης, δωη υμιν
6:24	μετα παντων των αγαπωντων τον κυριον	ημων	ιησουν χριστον εν αφθαρσια.
1:2	χαρις υμιν και ειρηνη απο θεου πατρος	ημων	και κυριου ιησου χριστου. ευλογητος ο
6:22	υμας εις αυτο τουτο ινα γνωτε τα περι	ημων	και παρακαλεση τας καρδιας υμων. ειρηνη
5:2	ημας και παρεδωκεν εαυτον υπερ	ημων	προσφοραν και θυσιαν τω θεω εις οσμην
3:11	εποιησεν εν τω χριστω ιησου τω κυριω	ημων.	εν ω εχομεν την παρρησιαν και προσαγωγην
2:14	του χριστου. αυτος γαρ εστιν η ειρηνη	ημων.	ο ποιησας τα αμφοτερα εν και το
2:3	ποτε εν ταις επιθυμιαις της σαρκος	ημων.	ποιουντες τα θεληματα της σαρκος και των

4 ην

1:20	του κρατους της ισχυος αυτου	ην ενηργησεν εν τω χριστω εγειρας αυτον εκ
3:11	του θεου. κατα προθεσιν των αιωνων	ην εποιησεν εν τω χριστω ιησου τω κυριω ημων,
2:4	εν ελεει. δια την πολλην αγαπην αυτου	ην ηγαπησεν ημας. και οντας ημας νεκρους τοις
1:9	αυτου, κατα την ευδοκιαν αυτου	ην προεθετο εν αυτω εις οικονομιαν του

3 ης

4:1	εν κυριω αξιως περιπατησαι της κλησεως	ης εκληθητε. μετα πασης ταπεινοφροσυνης και
1:8	κατα το πλουτος της χαριτος αυτου.	ης επερισσευσεν εις ημας εν παση σοφια και
1:6	εις επαινον δοξης της χαριτος αυτου	ης εχαριτωσεν ημας εν τω ηγαπημενω. εν ω

2 ητε

| 5:8 | μη ουν γινεσθε συμμετοχοι αυτων. | ητε γαρ ποτε σκοτος νυν δε φως εν κυριω. ως |
| 2:12 | περιτομης εν σαρκι χειροποιητου. οτι | ητε τω καιρω εκεινω χωρις χριστου. |

3 ητις

3:13	εν ταις θλιψεσιν μου υπερ υμων,	ητις εστιν δοξα υμων. τουτου χαριν καμπτω τα
6:2	τιμα τον πατερα σου και την μητερα,	ητις εστιν εντολη πρωτη εν επαγγελια. ινα ευ
1:23	κεφαλην υπερ παντα τη εκκλησια.	ητις εστιν το σωμα αυτου. το πληρωμα του τα

1 ηχμαλωτευσεν

| 4:8 | χριστου. διο λεγει, αναβας εις υψος | ηχμαλωτευσεν αιχμαλωσιαν. εδωκεν δοματα τοις |

1 θαλπει

| 5:29 | σαρκα εμισησεν. αλλα εκτρεφει και | θαλπει αυτην, καθως και ο χριστος την |

2 θελημα

| 6:6 | αλλ ως δουλοι χριστου ποιουντες το | θελημα του θεου εκ ψυχης. μετ ευνοιας |
| 5:17 | μη γινεσθε αφρονες. αλλα συνιετε τι το | θελημα του κυριου. και μη μεθυσκεσθε οινω. εν |

1 θεληματα

| 2:3 | της σαρκος ημων. ποιουντες τα | θεληματα της σαρκος και των διανοιων. και ημεθα |

4 θεληματος

1:5	εις αυτον, κατα την ευδοκιαν του	θεληματος αυτου. εις επαινον δοξης της χαριτος
1:11	παντα ενεργουντος κατα την βουλην του	θεληματος αυτου. εις το ειναι ημας εις επαινον
1:9	γνωρισας ημιν το μυστηριον του	θεληματος αυτου. κατα την ευδοκιαν αυτου ην
1:1	παυλος αποστολος χριστου ιησου δια	θεληματος θεου τοις αγιοις τοις ουσιν (εν

1 θεμελιω

| 2:20 | του θεου. εποικοδομηθεντες επι τω | θεμελιω των αποστολων και προφητων. οντος |

1 θεον

| 4:24 | τον καινον ανθρωπον τον κατα | θεον κτισθεντα εν δικαιοσυνη και οσιοτητι της |

6 θεος

4:32	χαριζομενοι εαυτοις καθως και ο	θεος εν χριστω εχαρισατο υμιν. γινεσθε ουν
2:10	επι εργοις αγαθοις οις προητοιμασεν ο	θεος ινα εν αυτοις περιπατησωμεν. διο
4:6	κυριος. μια πιστις, εν βαπτισμα. εις	θεος και πατηρ παντων. ο επι παντων και δια
1:3	και κυριου ιησου χριστου. ευλογητος ο	θεος και πατηρ του κυριου ημων ιησου χριστου. ο
2:4	φυσει οργης ως και οι λοιποι. ο δε	θεος πλουσιος ων εν ελεει. δια την πολλην
1:17	επι των προσευχων μου. ινα ο	θεος του κυριου ημων ιησου χριστου, ο πατηρ της

20 θεου

6:6	δουλοι χριστου ποιουντες το θελημα του	θεου εκ ψυχης. μετ ευνοιας δουλευοντες, ως τω
2:22	συνοικοδομεισθε εις κατοικητηριον του	θεου εν πνευματι. τουτου χαριν εγω παυλος ο
5:6	δια ταυτα γαρ ερχεται η οργη του	θεου επι τους υιους της απειθειας. μη ουν
1:2	ιησου. χαρις υμιν και ειρηνη απο	θεου πατρος ημων και κυριου ιησου χριστου.
6:23	αδελφοις και αγαπη μετα πιστεως απο	θεου πατρος και κυριου ιησου χριστου. η χαρις
6:11	αυτου. ενδυσασθε την πανοπλιαν του	θεου προς το δυνασθαι υμας στηναι προς τας
3:2	την οικονομιαν της χαριτος του	θεου της δοθεισης μοι εις υμας, (οτι) κατα
3:7	κατα την δωρεαν της χαριτος του	θεου της δοθεισης μοι κατα την ενεργειαν της
2:8	δια πιστεως. και τουτο ουκ εξ υμων,	θεου το δωρον. ουκ εξ εργων, ινα μη τις
1:1	αποστολος χριστου ιησου δια θεληματος	θεου τοις αγιοις τοις ουσιν (εν εφεσω) και
5:5	εν τη βασιλεια του χριστου και	θεου. μηδεις υμας απατατω κενοις λογοις, δια
3:19	ινα πληρωθητε εις παν το πληρωμα του	θεου. τω δε δυναμενω υπερ παντα ποιησαι
6:17	μαχαιραν του πνευματος, ο εστιν ρημα	θεου. δια πασης προσευχης και δεησεως,
2:19	συμπολιται των αγιων και οικειοι του	θεου, εποικοδομηθεντες επι τω θεμελιω των
3:10	της εκκλησιας η πολυποικιλος σοφια του	θεου, κατα προθεσιν των αιωνων ην εποιησεν εν
4:18	οντες. απηλλοτριωμενοι της ζωης του	θεου, δια την αγνοιαν την ουσαν εν αυτοις. δια
4:13	και της επιγνωσεως του υιου του	θεου, εις ανδρα τελειον. εις μετρον ηλικιας του
4:30	και μη λυπειτε το πνευμα το αγιον του	θεου, εν ω εσφραγισθητε εις ημεραν

| 6:13 | δια τουτο αναλαβετε την πανοπλιαν του | θεου. | ινα δυνηθητε αντιστηναι εν τη ημερα τη |
| 5:1 | υμιν. γινεσθε ουν μιμηται του | θεου. | ως τεκνα αγαπητα. και περιπατειτε εν |

4 θεω

2:16	τους αμφοτερους εν ενι σωματι τω	θεω	δια του σταυρου. αποκτεινας την εχθραν εν
5:2	υπερ ημων προσφοραν και θυσιαν τω	θεω	εις οσμην ευωδιας. πορνεια δε και
5:20	του κυριου ημων ιησου χριστου τω	θεω	και πατρι. υποτασσομενοι αλληλοις εν φοβω
3:9	αποκεκρυμμενου απο των αιωνων εν τω	θεω	τω τα παντα κτισαντι. ινα γνωρισθη νυν

1 θλιψεσιν

| 3:13 | διο αιτουμαι μη εγκακειν εν ταις | θλιψεσιν | μου υπερ υμων. ητις εστιν δοξα υμων. |

1 θυμος

| 4:31 | ημεραν απολυτρωσεως. πασα πικρια και | θυμος | και οργη και κραυγη και βλασφημια αρθητω |

1 θυρεον

| 6:16 | της ειρηνης. εν πασιν αναλαβοντες τον | θυρεον | της πιστεως. εν ω δυνησεσθε παντα τα |

1 θυσιαν

| 5:2 | εαυτον υπερ ημων προσφοραν και | θυσιαν | τω θεω εις οσμην ευωδιας. πορνεια δε |

1 θωρακα

| 6:14 | υμων εν αληθεια. και ενδυσαμενοι τον | θωρακα | της δικαιοσυνης. και υποδησαμενοι τους |

1 ιδιαις

| 4:28 | μαλλον δε κοπιατω εργαζομενος ταις | ιδιαις | χερσιν το αγαθον, ινα εχη μεταδιδοναι τω |

1 ιδιοις

| 5:22 | εν φοβω χριστου. αι γυναικες τοις | ιδιοις | ανδρασιν ως τω κυριω. οτι ανηρ εστιν |

18 ιησου

1:1	παυλος αποστολος χριστου	ιησου	δια θεληματος θεου τοις αγιοις τοις ουσιν
3:6	και συμμετοχα της επαγγελιας εν χριστω	ιησου	δια του ευαγγελιου. ου εγενηθην διακονος
3:21	η δοξα εν τη εκκλησια και εν χριστω	ιησου	εις πασας τας γενεας του αιωνος των
2:10	γαρ εσμεν ποιημα. κτισθεντες εν χριστω	ιησου	επι εργοις αγαθοις οις προητοιμασεν ο
1:15	την καθ υμας πιστιν εν τω κυριω	ιησου	και την αγαπην την εις παντας τους
3:11	των αιωνων ην εποιησεν εν τω χριστω	ιησου	τω κυριω ημων. εν ω εχομεν την παρρησιαν
2:13	αθεοι εν τω κοσμω. νυνι δε εν χριστω	ιησου	υμεις οι τοτε οντες μακραν εγενηθητε
1:5	προορισας ημας εις υιοθεσιαν δια	ιησου	χριστου εις αυτον. κατα την ευδοκιαν του
5:20	υπερ παντων εν ονοματι του κυριου ημων	ιησου	χριστου τω θεω και πατρι. υποτασσομενοι
1:2	ειρηνη απο θεου πατρος ημων και κυριου	ιησου	χριστου. ευλογητος ο θεος και πατηρ του
6:23	πιστεως απο θεου πατρος και κυριου	ιησου	χριστου. η χαρις μετα παντων των
1:3	ο θεος και πατηρ του κυριου ημων	ιησου	χριστου. ο ευλογησας ημας εν παση ευλογια
1:17	μου. ινα ο θεος του κυριου ημων	ιησου	χριστου. ο πατηρ της δοξης. δωη υμιν
2:7	αυτου εν χρηστοτητι εφ ημας εν χριστω	ιησου.	τη γαρ χαριτι εστε σεσωσμενοι δια
1:1	ουσιν (εν εφεσω) και πιστοις εν χριστω	ιησου.	χαρις υμιν και ειρηνη απο θεου πατρος
4:21	εδιδαχθητε καθως εστιν αληθεια εν τω	ιησου.	αποθεσθαι υμας κατα την προτεραν
2:20	οντος ακρογωνιαιου αυτου χριστου	ιησου.	εν ω πασα οικοδομη συναρμολογουμενη
2:6	εν τοις επουρανιοις εν χριστω	ιησου.	ινα ενδειξηται εν τοις αιωσιν τοις

1 ιησουν

| 6:24 | παντων των αγαπωντων τον κυριον ημων | ιησουν | χριστον εν αφθαρσια. |

23 ινα

5:26	και εαυτον παρεδωκεν υπερ αυτης.	ινα	αυτην αγιαση καθαρισας τω λουτρω του υδατος
3:10	εν τω θεω τω τα παντα κτισαντι.	ινα	γνωρισθη νυν ταις αρχαις και ταις εξουσιαις
6:22	ον επεμψα προς υμας εις αυτο τουτο	ινα	γνωτε τα περι ημων και παρακαλεση τας
6:21	αυτω παρρησιασωμαι ως δει με λαλησαι.	ινα	δε και υμεις ειδητε τα κατ εμε. τι πρασσω.
6:13	αναλαβετε την πανοπλιαν του θεου.	ινα	δυνηθητε αντιστηναι εν τη ημερα τη πονηρα
3:16	εν ουρανοις και επι γης ονομαζεται.	ινα	δω υμιν κατα το πλουτος της δοξης αυτου
4:29	τις αγαθος προς οικοδομην της χρειας.	ινα	δω χαριν τοις ακουουσιν. και μη λυπειτε το
2:10	εργοις αγαθοις οις προητοιμασεν ο θεος	ινα	εν αυτοις περιπατησωμεν. διο μνημονευετε
6:20	υπερ ου πρεσβευω εν αλυσει.	ινα	εν αυτω παρρησιασωμαι ως δει με λαλησαι.
2:7	εν τοις επουρανιοις εν χριστω ιησου.	ινα	ενδειξηται εν τοις αιωσιν τοις επερχομενοις
3:18	αγαπη ερριζωμενοι και τεθεμελιωμενοι.	ινα	εξισχυσητε καταλαβεσθαι συν πασιν τοις
6:3	ητις εστιν εντολη πρωτη εν επαγγελια.	ινα	ευ σοι γενηται και εση μακροχρονιος επι της
4:28	ταις ιδιαις χερσιν το αγαθον.	ινα	εχη μεταδιδοναι τω χρειαν εχοντι. πας
5:27	σπιλον η ρυτιδα η τι των τοιουτων. αλλ	ινα	η αγια και αμωμος. ουτως οφειλουσιν και οι
2:9	εξ υμων. θεου το δωρον. ουκ εξ εργων.	ινα	μη τις καυχησηται. αυτου γαρ εσμεν ποιημα.
4:14	ηλικιας του πληρωματος του χριστου.	ινα	μηκετι ωμεν νηπιοι. κλυδωνιζομενοι και
6:19	περι παντων των αγιων. και υπερ εμου.	ινα	μοι δοθη λογος εν ανοιξει του στοματος μου.
1:17	ποιουμενος επι των προσευχων μου.	ινα	ο θεος του κυριου ημων ιησου χριστου. ο
5:27	τω λουτρω του υδατος εν ρηματι.	ινα	παραστηση αυτος εαυτω ενδοξον την

3:19	της γνωσεως αγαπην του χριστου. ινα	πληρωθητε εις παν το πληρωμα του θεου. τω
4:10	ο αναβας υπερανω παντων των ουρανων. ινα	πληρωση τα παντα. και αυτος εδωκεν τους
2:15	των εντολων εν δογμασιν καταργησας, ινα	τους δυο κτιση εν αυτω εις ενα καινον
5:33	ουτως αγαπατω ως εαυτον. η δε γυνη ινα	φοβηται τον ανδρα. τα τεκνα. υπακουετε

1 ισραηλ

2:12	απηλλοτριωμενοι της πολιτειας του ισραηλ	και ξενοι των διαθηκων της επαγγελιας.

1 ιστε

5:5	αλλα μαλλον ευχαριστια. τουτο γαρ ιστε	γινωσκοντες οτι πας πορνος η ακαθαρτος η

2 ισχυος

1:19	κατα την ενεργειαν του κρατους της ισχυος	αυτου ην ενηργησεν εν τω χριστω εγειρας
6:10	εν κυριω και εν τω κρατει της ισχυος	αυτου. ενδυσασθε την πανοπλιαν του θεου

1 καγω

1:15	επαινον της δοξης αυτου. δια τουτο καγω,	ακουσας την καθ υμας πιστιν εν τω κυριω

2 καθ

5:33	εις την εκκλησιαν. πλην και υμεις οι καθ	ενα εκαστος την εαυτου γυναικα ουτως
1:15	αυτου. δια τουτο καγω, ακουσας την καθ	υμας πιστιν εν τω κυριω ιησου και την

1 καθαρισας

5:26	υπερ αυτης, ινα αυτην αγιαση καθαρισας	τω λουτρω του υδατος εν ρηματι. ινα

1 καθευδων

5:14	φως εστιν. διο λεγει, εγειρε, ο καθευδων,	και αναστα εκ των νεκρων, και

1 καθισας

1:20	τω χριστω εγειρας αυτον εκ νεκρων, και καθισας	εν δεξια αυτου εν τοις επουρανιοις

10 καθως

1:4	εν τοις επουρανιοις εν χριστω, καθως	εξελεξατο ημας εν αυτω προ καταβολης
4:21	αυτον ηκουσατε και εν αυτω εδιδαχθητε καθως	εστιν αληθεια εν τω ιησου. αποθεσθαι
4:4	της ειρηνης. εν σωμα και εν πνευμα, καθως	και εκληθητε εν μια ελπιδι της κλησεως
4:32	ευσπλαγχνοι, χαριζομενοι εαυτοις καθως	και ο θεος εν χριστω εχαρισατο υμιν.
5:2	αγαπητα. και περιπατειτε εν αγαπη, καθως	και ο χριστος ηγαπησεν ημας και παρεδωκεν
5:25	οι ανδρες, αγαπατε τας γυναικας, καθως	και ο χριστος ηγαπησεν την εκκλησιαν και
5:29	αλλα εκτρεφει και θαλπει αυτην, καθως	και ο χριστος την εκκλησιαν. οτι μελη
4:17	εν κυριω. μηκετι υμας περιπατειν καθως	και τα εθνη περιπατει εν ματαιοτητι του
5:3	η πλεονεξια μηδε ονομαζεσθω εν υμιν, καθως	πρεπει αγιοις. και αισχροτης και
3:3	αποκαλυψιν εγνωρισθη μοι το μυστηριον, καθως	προεγραψα εν ολιγω. προς ο δυνασθε

37 και

6:23	καρδιας υμων. ειρηνη τοις αδελφοις και	αγαπη μετα πιστεως απο θεου πατρος και
2:12	της επαγγελιας, ελπιδα μη εχοντες και	αθεοι εν τω κοσμω. νυνι δε εν χριστω ιησου
5:24	εκκλησια υποτασσεται τω χριστω, ουτως και	αι γυναικες τοις ανδρασιν εν παντι
5:4	εν υμιν, καθως πρεπει αγιοις, και	αισχροτης και μωρολογια η ευτραπελια. α ουκ
5:3	τω θεω εις οσμην ευωδιας. πορνεια δε και	ακαθαρσια πασα η πλεονεξια μηδε ονομαζεσθω
5:9	φωτος εν παση αγαθωσυνη και δικαιοσυνη και	αληθεια - δοκιμαζοντες τι εστιν ευαρεστον
5:27	η τι των τοιουτων, αλλ ινα η αγια και	αμωμος. ουτως οφειλουσιν και οι ανδρες
1:4	καταβολης κοσμου, ειναι ημας αγιους και	αμωμους κατενωπιον αυτου εν αγαπη,
5:14	εστιν. διο λεγει, εγειρε, ο καθευδων, και	αναστα εκ των νεκρων, και επιφαυσει σοι ο
6:13	αντιστηναι εν τη ημερα τη πονηρα και	απαντα κατεργασαμενοι στηναι. στητε ουν
1:17	της δοξης. δωη υμιν πνευμα σοφιας και	αποκαλυψεως εν επιγνωσει αυτου.
2:16	ενα καινον ανθρωπον ποιων ειρηνην, και	αποκαταλλαξη τους αμφοτερους εν ενι σωματι
1:22	παντα υπεταξεν υπο τους ποδας αυτου, και	αυτον εδωκεν κεφαλην υπερ παντα τη
4:11	των ουρανων, ινα πληρωση τα παντα. και	αυτος εδωκεν τους μεν αποστολους, τους δε
6:9	ανιεντες την απειλην, ειδοτες οτι και	αυτων και υμων ο κυριος εστιν εν ουρανοις.
3:18	αγιοις τι το πλατος και μηκος και υψος και	βαθος. γνωναι τε την υπερβαλλουσαν της
4:31	πικρια και θυμος και οργη και κραυγη και	βλασφημια αρθητω αφ υμων συν παση κακια.
6:18	αγρυπνουντες εν παση προσκαρτερησει και	δεησει περι παντων των αγιων. και υπερ
6:18	εστιν ρημα θεου, δια πασης προσευχης και	δεησεως, προσευχομενοι εν παντι καιρω εν
4:6	θεος και πατηρ παντων, ο επι παντων και	δια παντων και εν πασιν. ενι δε εκαστω
4:11	τους δε ευαγγελιστας, τους δε ποιμενας και	διδασκαλους. προς τον καταρτισμον των
5:9	γαρ καρπος του φωτος εν παση αγαθωσυνη και	δικαιοσυνη και αληθεια - δοκιμαζοντες τι
1:21	υπερανω πασης αρχης και εξουσιας και	δυναμεως και κυριοτητος και παντος ονοματος
5:25	και ο χριστος ηγαπησεν την εκκλησιαν και	εαυτον παρεδωκεν υπερ αυτης, ινα αγιαση
1:2	πιστοις εν χριστω ιησου. χαρις υμιν και	ειρηνη απο θεου πατρος ημων και κυριου
2:17	ευηγγελισατο ειρηνην υμιν τοις μακραν και	ειρηνην τοις εγγυς. οτι δι αυτου εχομεν
6:18	εν παντι καιρω εν πνευματι, και	εις αυτο αγρυπνουντες εν παση
5:32	μεγα εστιν, εγω δε λεγω εις χριστον και	εις την εκκλησιαν. πλην και υμεις οι καθ
4:4	ειρηνης. εν σωμα και εν πνευμα, καθως και	εκληθητε εν μια ελπιδι της κλησεως υμων.

1:11	και τα επι της γης. εν αυτω, εν ω και
5:11	τοις ακαρποις του σκοτους. μαλλον δε και
2:17	αποκτεινας την εχθραν εν αυτω. και
4:21	τον χριστον, ει γε αυτον ηκουσατε και
4:6	παντων, ο επι παντων και δια παντων και
4:4	εν τω συνδεσμω της ειρηνης. εν σωμα και
6:10	του λοιπου ενδυναμουσθε εν κυριω και
1:21	ου μονον εν τω αιωνι τουτω αλλα και
3:21	εν ημιν. αυτω η δοξα εν τη εκκλησια και
6:14	την οσφυν υμων εν αληθεια. και
4:24	δε τω πνευματι του νοος υμων. και
1:21	τοις επουρανιοις υπερανω πασης αρχης και
3:15	πατερα, εξ ου πασα πατρια εν ουρανοις και
5:14	ο καθευδων, και αναστα εκ των νεκρων, και
6:3	εν επαγγελια, ινα ευ σοι γενηται και
5:31	προς την γυναικα αυτου. και
2:3	θεληματα της σαρκος και των διανοιων, και
2:3	εν τοις υιοις της απειθειας. εν οις και
5:29	εαυτου σαρκα εμισησεν, αλλα εκτρεφει και
5:5	κληρονομιαν εν τη βασιλεια του χριστου και
4:31	εις ημεραν απολυτρωσεως. πασα πικρια και
5:2	παρεδωκεν εαυτον υπερ ημων προσφοραν και
1:20	εν τω χριστω εγειρας αυτον εκ νεκρων, και
4:9	το δε ανεβη τι εστιν ει μη οτι και
4:31	πασα πικρια και θυμος και οργη και
1:21	πασης αρχης και εξουσιας και δυναμεως και
1:2	υμιν και ειρηνην απο θεου πατρος ημων και
6:23	και αγαπη μετα πιστεως απο θεου πατρος και
5:12	κρυφη γινομενα υπ αυτων αισχρον εστιν και
4:17	εαυτου εν αγαπη. τουτο ουν λεγω και
4:26	οτι εσμεν αλληλων μελη. οργιζεσθε και
4:30	χρειας, ινα δω χαριν τοις ακουουσιν. και
5:18	αλλα συνιετε τι το θελημα του κυριου. και
5:11	τι εστιν ευαρεστον τω κυριω. και
3:18	συν πασιν τοις αγιοις τι το πλατος και
5:4	καθως πρεπει αγιοις, και αισχροτης και
6:4	υμων, αλλα εκτρεφετε αυτα εν παιδεια και
2:12	της πολιτειας του ισραηλ και
4:10	(μερη) της γης· ο καταβας αυτος εστιν και
4:32	ευσπλαγχνοι, χαριζομενοι εαυτοις καθως και
5:2	και περιπατειτε εν αγαπη, καθως επι
5:25	οι ανδρες, αγαπατε τας γυναικας, καθως και
5:23	οτι ανηρ εστιν κεφαλη της γυναικος ως και
5:29	αλλα εκτρεφει και θαλπει αυτην, καθως και
5:28	η αγια και αμωμος. ουτως οφειλουσιν και
6:9	κυριου, ειτε δουλος ειτε ελευθερος. και
2:3	και ημεθα τεκνα φυσει οργης ως και
6:4	και εση μακροχρονιος επι της γης. και
2:19	αλλα εστε συμπολιται των αγιων και
2:5	πολλην αγαπην αυτου ην ηγαπησεν ημας, και
4:31	απολυτρωσεως. πασα πικρια και θυμος και
4:24	τον κατα θεον κτισθεντα εν δικαιοσυνη και
6:7	μετ ευνοιας δουλευοντες, ως τω κυριω και
1:22	αιωνι τουτω αλλα και εν τω μελλοντι. και
1:21	εξουσιας και δυναμεως και κυριοτητος και
6:22	εις αυτο τουτο ινα γνωτε τα περι ημων και
5:2	καθως και ο χριστος ηγαπησεν ημας και
2:19	τον πατερα. αρα ουν ουκετι εστε ξενοι και
4:6	μια πιστις, εν βαπτισμα. εις θεος και
1:3	ιησου χριστου. ευλογητος ο θεος και
5:20	του κυριου ημων ιησου χριστου τω θεω και
5:2	μιμηται του θεου, ως τεκνα αγαπητα. και
4:14	ινα μηκετι ωμεν νηπιοι, κλυδωνιζομενοι και
1:13	το ευαγγελιον της σωτηριας υμων, εν ω και
1:1	θεου τοις αγιοις τοις ουσιν (εν εφεσω) και
6:21	υμιν τυχικος ο αγαπητος αδελφος και
4:2	εκληθητε. μετα πασης ταπεινοφροσυνης και
3:12	κυριω ημων. εν ω εχομεν την παρρησιαν και
5:31	ανθρωπος τον πατερα και την μητερα και
6:9	και υμων ο κυριος εστιν εν ουρανοις. και
3:5	τοις αγιοις αποστολοις αυτου και
2:20	επι τω θεμελιω των αποστολων και
6:12	οτι ουκ εστιν ημιν η παλη προς αιμα και

εκληρωθημεν προορισθεντες κατα προθεσιν του
ελεγχετε. τα γαρ κρυφη γινομενα υπ αυτων
ελθων ευηγγελισατο ειρηνην υμιν τοις μακραν
εν αυτω εδιδαχθητε καθως εστιν αληθεια εν
εν πασιν. ενι δε εκαστω ημων εδοθη η χαρις
εν πνευμα, καθως και εκληθητε εν μια ελπιδι
εν τω κρατει της ισχυος αυτου. ενδυσασθε
εν τω μελλοντι. και παντα υπεταξεν υπο
εν χριστω ιησου εις πασας τας γενεας του
ενδυσαμενοι τον θωρακα της δικαιοσυνης
ενδυσασθαι τον καινον ανθρωπον τον κατα
εξουσιας και δυναμεως και κυριοτητος και
επι γης ονομαζεται. ινα δω υμιν κατα το
επιφαυσει σοι ο χριστος. βλεπετε ουν
εση μακροχρονιος επι της γης. και οι
εσονται οι δυο εις σαρκα μιαν. το
ημεθα τεκνα φυσει οργης ως και οι λοιποι.
ημεις παντες ανεστραφημεν ποτε εν ταις
θαλπει αυτην. καθως και ο χριστος την
θεου. μηδεις υμας απατατω κενοις λογοις,
θυμος και οργη και κραυγη και βλασφημια
θυσιαν τω θεω εις οσμην ευωδιας. πορνεια
καθισας εν δεξια αυτου εν τοις επουρανιοις
κατεβη εις τα κατωτερα (μερη) της γης· ο
κραυγη και βλασφημια αρθητω αφ υμων συν
κυριοτητος και παντος ονοματος ονομαζομενου
κυριου ιησου χριστου. ευλογητος ο θεος και
κυριου ιησου χριστου. η χαρις μετα παντων
λεγειν. τα δε παντα ελεγχομενα υπο του
μαρτυρομαι εν κυριω, μηκετι υμας περιπατειν
μη αμαρτανετε. ο ηλιος μη επιδυετω επι (τω)
μη λυπειτε το πνευμα το αγιον του θεου, εν
μη μεθυσκεσθε οινω, εν ω εστιν ασωτια, αλλα
μη συγκοινωνειτε τοις εργοις τοις ακαρποις
μηκος και υψος και βαθος, γνωναι τε την
μωρολογια η ευτραπελια, α ουκ ανηκεν, αλλα
νουθεσια κυριου. οι δουλοι, υπακουετε τοις
ξενοι των διαθηκων της επαγγελιας, ελπιδα
ο αναβας υπερανω παντων των ουρανων, ινα
ο θεος εν χριστω εχαρισατο υμιν. γινεσθε
ο χριστος ηγαπησεν ημας και παρεδωκεν
ο χριστος ηγαπησεν την εκκλησιαν και εαυτον
ο χριστος κεφαλη της εκκλησιας, αυτος σωτηρ
ο χριστος την εκκλησιαν. οτι μελη εσμεν
οι ανδρες αγαπαν τας εαυτων γυναικας ως τα
οι κυριοι. τα αυτα ποιειτε προς αυτους.
οι λοιποι. ο δε θεος πλουσιος ων εν ελεει.
οι πατερες, μη παροργιζετε τα τεκνα υμων,
οικειοι του θεου. εποικοδομηθεντες επι τω
οντας ημας νεκρους τοις παραπτωμασιν
οργη και κραυγη και βλασφημια αρθητω αφ
οσιοτητι της αληθειας. διο αποθεμενοι το
ουκ ανθρωποις. ειδοτες οτι εκαστος, εαν τι
παντα υπεταξεν υπο τους ποδας αυτου. και
παντος ονοματος ονομαζομενου ου μονον εν τω
παρακαλεση τας καρδιας υμων. ειρηνη τοις
παρεδωκεν εαυτον υπερ ημων προσφοραν και
παροικοι, αλλα εστε συμπολιται των αγιων
πατηρ παντων, ο επι παντων και δια παντων
πατηρ του κυριου ημων ιησου χριστου.
πατρι. υποτασσομενοι αλληλοις εν φοβω
περιπατειτε εν αγαπη, καθως και ο χριστος
περιφερομενοι παντι ανεμω της διδασκαλιας
πιστευσαντες εσφραγισθητε τω πνευματι της
πιστοις εν χριστω ιησου. χαρις υμιν και
πιστος διακονος εν κυριω, ον επεμψα προς
πραυτητος. μετα μακροθυμιας, ανεχομενοι
προσαγωγην εν πεποιθησει δια της πιστεως
προσκολληθησεται προς την γυναικα αυτου.
προσωπολημψια ουκ εστιν παρ αυτω. του
προφηταις εν πνευματι. ειναι τα εθνη
προφητων. οντος ακρογωνιαιου αυτου χριστου
σαρκα, αλλα προς τας αρχας, προς τας

4:16	εξ ου παν το σωμα συναρμολογουμενον και συμβιβαζομενον δια πασης αφης της
3:6	ειναι τα εθνη συνκληρονομα και συσσωμα και συμμετοχα της επαγγελιας εν χριστω ιησου
2:6	εστε σεσωσμενοι - και συνηγειρεν και συνεκαθισεν εν τοις επουρανιοις εν χριστω
2:6	τω χριστω - χαριτι εστε σεσωσμενοι - και συνηγειρεν και συνεκαθισεν εν τοις
3:6	πνευματι. ειναι τα εθνη συνκληρονομα και συσσωμα και συμμετοχα της επαγγελιας εν
4:17	εν κυριω. μηκετι υμας περιπατειν καθως και τα εθνη περιπατει εν ματαιοτητι του νοος
1:10	εν τω χριστω, τα επι τοις ουρανοις και τα επι της γης· εν αυτω, εν ω και
2:1	υμας οντας νεκρους τοις παραπτωμασιν και ταις αμαρτιαις υμων, εν αις ποτε
3:10	ινα γνωρισθη νυν ταις αρχαις και ταις εξουσιαις εν τοις επουρανιοις δια της
3:17	καρδιαις υμων, εν αγαπη ερριζωμενοι και τεθεμελιωμενοι. ινα εξισχυσητε
1:15	την καθ υμας πιστιν εν τω κυριω ιησου και την αγαπην την εις παντας τους αγιους, ου
6:17	περικεφαλαιαν του σωτηριου δεξασθε. και την μαχαιραν του πνευματος. ο εστιν ρημα
5:31	τουτου καταλειψει ανθρωπος τον πατερα και την μητερα και προσκολληθησεται προς την
6:2	εστιν δικαιον. τιμα τον πατερα σου και την μητερα, ητις εστιν εντολη πρωτη εν
6:17	του πονηρου (τα) πεπυρωμενα σβεσαι. και την περικεφαλαιαν του σωτηριου δεξασθε. και
4:13	οι παντες εις ενοτητα της πιστεως και της επιγνωσεως του υιου του θεου, εις ανδρα
1:19	της κληρονομιας αυτου εν τοις αγιοις, και τι το υπερβαλλον μεγεθος της δυναμεως αυτου
2:14	ειρηνην ημων, ο ποιησας τα αμφοτερα εν και το μεσοτοιχον του φραγμου λυσας, την
2:8	χαριτι εστε σεσωσμενοι δια πιστεως. και τουτο ουκ εξ υμων. θεου το δωρον. ουκ εξ
6:5	τοις κατα σαρκα κυριοις μετα φοβου και τρομου εν απλοτητι της καρδιας υμων ως τω
2:3	ημων, ποιουντες τα θεληματα της σαρκος και των διανοιων, και ημεθα τεκνα φυσει οργης
2:1	του τα παντα εν πασιν πληρουμενου. και υμας οντας νεκρους τοις παραπτωμασιν και
1:13	τους προηλπικοτας εν τω χριστω. εν ω και υμεις ακουσαντες τον λογον της αληθειας, το
6:21	ως δει με λαλησαι. ινα δε και υμεις ειδητε τα κατ εμε, τι πρασσω, παντα
5:33	χριστον και εις την εκκλησιαν. πλην και υμεις οι καθ ενα εκαστος την εαυτου γυναικα
2:22	αυξει εις ναον αγιον εν κυριω, εν ω και υμεις συνοικοδομεισθε εις κατοικητηριον του
5:19	λαλουντες εαυτοις (εν) ψαλμοις και υμνοις και ωδαις πνευματικαις, αδοντες και
6:9	την απειλην, ειδοτες οτι και αυτων και υμων ο κυριος εστιν εν ουρανοις, και
6:19	και δεησει περι παντων των αγιων. και υπερ εμου, ινα μοι δοθη λογος εν ανοιξει
6:15	τον θωρακα της δικαιοσυνης, και υποδησαμενοι τους ποδας εν ετοιμασια του
3:18	τοις αγιοις τι το πλατος και μηκος και υψος και βαθος. γνωναι τε την
1:8	ης επερισσευσεν εις ημας εν παση σοφια και φρονησει. γνωρισας ημιν το μυστηριον του
3:9	το ανεξιχνιαστον πλουτος του χριστου. και φωτισαι (παντας) τις η οικονομια του
5:19	υμνοις και ωδαις πνευματικαις, αδοντες και ψαλλοντες τη καρδια υμων τω κυριω.
5:19	εαυτοις (εν) ψαλμοις και υμνοις και ωδαις πνευματικαις, αδοντες και ψαλλοντες

2 καινον

2:15	ινα τους δυο κτιση εν αυτω εις ενα καινον ανθρωπον ποιων ειρηνην, και
4:24	του νοος υμων. και ενδυσασθαι τον καινον ανθρωπον τον κατα θεον κτισθεντα εν

1 καιρον

5:16	αλλ ως σοφοι, εξαγοραζομενοι τον καιρον, οτι αι ημεραι πονηραι εισιν. δια τουτο

2 καιρω

2:12	εν σαρκι χειροποιητου, οτι ητε τω καιρω εκεινω χωρις χριστου, απηλλοτριωμενοι της
6:18	και δεησεως. προσευχομενοι εν παντι καιρω εν πνευματι, και εις αυτο αγρυπνουντες εν

1 καιρων

1:10	εις οικονομιαν του πληρωματος των καιρων, ανακεφαλαιωσασθαι τα παντα εν τω

1 κακια

4:31	και βλασφημια αρθητω αφ υμων συν παση κακια. γινεσθε εις αλληλους χρηστοι,

1 καμπτω

3:14	ητις εστιν δοξα υμων. τουτου χαριν καμπτω τα γονατα μου προς τον πατερα. εξ ου

1 καρδια

5:19	πνευματικαις, αδοντες και ψαλλοντες τη καρδια υμων τω κυριω, ευχαριστουντες παντοτε

1 καρδιαις

3:17	τον χριστον δια της πιστεως εν ταις καρδιαις υμων, εν αγαπη ερριζωμενοι και

4 καρδιας

4:18	ουσαν εν αυτοις, δια την πωρωσιν της καρδιας αυτων, οιτινες απηλγηκοτες εαυτους
6:5	μετα φοβου και τρομου εν απλοτητι της καρδιας υμων ως τω χριστω, μη κατ
6:22	γνωτε τα περι ημων και παρακαλεση τας καρδιας υμων. ειρηνη τοις αδελφοις και αγαπη
1:18	πεφωτισμενους τους οφθαλμους της καρδιας (υμων) εις το ειδεναι υμας τις εστιν η

1 καρπος

5:9	ως τεκνα φωτος περιπατειτε - ο γαρ καρπος του φωτος εν παση αγαθωσυνη και

```
                                              3  κατ
6:21    λαλησαι.  ινα δε και υμεις ειδητε τα    κατ  εμε, τι πρασσω, παντα γνωρισει υμιν τυχικος
4:16         δια πασης αφης της επιχορηγιας    κατ  ενεργειαν εν μετρω ενος εκαστου μερους την
6:6     της καρδιας υμων ως τω χριστω,  μη      κατ  οφθαλμοδουλιαν ως ανθρωπαρεσκοι αλλ ως

                                             19  κατα
3:3     θεου της δοθεισης μοι εις υμας, (οτι)  κατα  αποκαλυψιν εγνωρισθη μοι το μυστηριον.
4:24    και ενδυσασθαι τον καινον ανθρωπον τον  κατα  θεον κτισθεντα εν δικαιοσυνη και οσιοτητι
1:11    εν ω και εκληρωθημεν προορισθεντες    κατα  προθεσιν του τα παντα ενεργουντος κατα την
3:11        η πολυποικιλος σοφια του θεου,     κατα  προθεσιν των αιωνων ην εποιησεν εν τω
6:5          κυριου.  οι δουλοι, υπακουετε τοις  κατα  σαρκα κυριοις μετα φοβου και τρομου εν
4:22    τον παλαιον ανθρωπον τον φθειρομενον   κατα  τας επιθυμιας της απατης.  ανανεουσθαι δε
1:11    κατα προθεσιν του τα παντα ενεργουντος  κατα  την βουλην του θεληματος αυτου.  εις το
3:20    υπερεκπερισσου ων αιτουμεθα η νοουμεν  κατα  την δυναμιν την ενεργουμενην εν ημιν.
3:7     του ευαγγελιου.  ου εγενηθην διακονος  κατα  την δωρεαν της χαριτος του θεου της
3:7     της χαριτος του θεου της δοθεισης μοι  κατα  την ενεργειαν της δυναμεως αυτου.  εμοι τω
1:19         αυτου εις ημας τους πιστευοντας  κατα  την ενεργειαν του κρατους της ισχυος αυτου
1:9     ημιν το μυστηριον του θεληματος αυτου.  κατα  την ευδοκιαν αυτου ην προεθετο εν αυτω
1:5     υιοθεσιαν δια ιησου χριστου εις αυτον,  κατα  την ευδοκιαν του θεληματος αυτου.  εις
4:22    αληθεια εν τω ιησου,  αποθεσθαι υμας   κατα  την προτεραν αναστροφην τον παλαιον
4:7     ενι δε εκαστω ημων εδοθη η χαρις       κατα  το μετρον της δωρεας του χριστου.  διο
3:16    και επι γης ονομαζεται,  ινα δω υμιν  κατα  το πλουτος της δοξης αυτου δυναμει
1:7     αυτου, την αφεσιν των παραπτωματων,   κατα  το πλουτος της χαριτος αυτου.  ης
2:2     υμων,  εν αις ποτε περιεπατησατε      κατα  τον αιωνα του κοσμου τουτου, κατα τον
2:2     κατα τον αιωνα του κοσμου τουτου,     κατα  τον αρχοντα της εξουσιας του αερος,  του

                                              1  καταβας
4:10    εις τα κατωτερα (μερη) της γης;  ο    καταβας αυτος εστιν και ο αναβας υπερανω παντων

                                              1  καταβολης
1:4     καθως εξελεξατο ημας εν αυτω προ      καταβολης κοσμου, ειναι ημας αγιους και αμωμους

                                              1  καταλαβεσθαι
3:18    και τεθεμελιωμενοι,  ινα εξισχυσητε   καταλαβεσθαι συν πασιν τοις αγιοις τι το πλατος

                                              1  καταλειψει
5:31    εσμεν του σωματος αυτου.  αντι τουτου  καταλειψει ανθρωπος τον πατερα και την μητερα

                                              1  καταντησωμεν
4:13         του σωματος του χριστου.  μεχρι  καταντησωμεν οι παντες εις την ενοτητα της

                                              1  καταργησας
2:15    τον νομον των εντολων εν δογμασιν     καταργησας, ινα τους δυο κτιση εν αυτω εις ενα

                                              1  καταρτισμον
4:12    δε ποιμενας και διδασκαλους,  προς τον  καταρτισμον των αγιων εις εργον διακονιας, εις

                                              1  κατεβη
4:9     το δε ανεβη τι εστιν ει μη οτι και    κατεβη εις τα κατωτερα (μερη) της γης;  ο

                                              1  κατενωπιον
1:4     κοσμου, ειναι ημας αγιους και αμωμους  κατενωπιον αυτου εν αγαπη.  προορισας ημας εις

                                              1  κατεργασαμενοι
6:13    εν τη ημερα τη πονηρα και απαντα      κατεργασαμενοι στηναι.  στητε ουν περιζωσαμενοι

                                              1  κατοικησαι
3:17    πνευματος αυτου εις τον εσω ανθρωπον,  κατοικησαι τον χριστον δια της πιστεως εν ταις

                                              1  κατοικητηριον
2:22    εν ω και υμεις συνοικοδομεισθε εις    κατοικητηριον του θεου εν πνευματι.  τουτου

                                              1  κατωτερα
4:9     τι εστιν ει μη οτι και κατεβη εις τα  κατωτερα (μερη) της γης;  ο καταβας αυτος εστιν

                                              1  καυχησηται
2:9     το δωρον.  ουκ εξ εργων, ινα μη τις  καυχησηται.  αυτου γαρ εσμεν ποιημα, κτισθεντες

                                              1  κενοις
5:6     χριστου και θεου.  μηδεις υμας απατατω  κενοις λογοις, δια ταυτα γαρ ερχεται η οργη του
```

3 κεφαλη

5:23	ανδρασιν ως τω κυριω. οτι ανηρ εστιν κεφαλη της γυναικος ως και ο χριστος κεφαλη της
5:23	κεφαλη της γυναικος ως και ο χριστος κεφαλη της εκκλησιας, αυτος σωτηρ του σωματος.
4:15	εις αυτον τα παντα, ος εστιν η κεφαλη. χριστος, εξ ου παν το σωμα

1 κεφαλην

| 1:22 | υπο τους ποδας αυτου. και αυτον εδωκεν κεφαλην υπερ παντα τη εκκλησια. ητις εστιν το |

1 κλεπτετω

| 4:28 | τοπον τω διαβολω. ο κλεπτων μηκετι κλεπτετω, μαλλον δε κοπιατω εργαζομενος ταις |

1 κλεπτων

| 4:28 | μηδε διδοτε τοπον τω διαβολω. ο κλεπτων μηκετι κλεπτετω, μαλλον δε κοπιατω |

1 κληρονομιαν

| 5:5 | ο εστιν ειδωλολατρης, ουκ εχει κληρονομιαν εν τη βασιλεια του χριστου και |

2 κληρονομιας

| 1:18 | αυτου, τις ο πλουτος της δοξης της κληρονομιας αυτου εν τοις αγιοις, και τι το |
| 1:14 | τω αγιω, ος εστιν αρραβων της κληρονομιας ημων εις απολυτρωσιν της |

3 κλησεως

1:18	το ειδεναι υμας τις εστιν η ελπις της κλησεως αυτου, τις ο πλουτος της δοξης της
4:1	δεσμιος εν κυριω αξιως περιπατησαι της κλησεως ης εκληθητε. μετα πασης
4:4	καθως και εκληθητε εν μια ελπιδι της κλησεως υμων. εις κυριος, μια πιστις, εν

1 κλυδωνιζομενοι

| 4:14 | του χριστου. ινα μηκετι ωμεν νηπιοι, κλυδωνιζομενοι και περιφερομενοι παντι ανεμω |

1 κομισεται

| 6:8 | εκαστος, εαν τι ποιηση αγαθον, τουτο κομισεται παρα κυριου, ειτε δουλος ειτε |

1 κοπιατω

| 4:28 | ο κλεπτων μηκετι κλεπτετω, μαλλον δε κοπιατω εργαζομενος ταις ιδιαις χερσιν το |

1 κοσμοκρατορας

| 6:12 | αρχας, προς τας εξουσιας, προς τους κοσμοκρατορας του σκοτους τουτου, προς τα |

2 κοσμου

| 2:2 | ποτε περιεπατησατε κατα τον αιωνα του κοσμου τουτου, κατα τον αρχοντα της εξουσιας |
| 1:4 | εξελεξατο ημας εν αυτω προ καταβολης κοσμου, ειναι ημας αγιους και αμωμους |

1 κοσμω

| 2:12 | ελπιδα μη εχοντες και αθεοι εν τω κοσμω. νυνι δε εν χριστω ιησου υμεις οι ποτε |

1 κραταιωθηναι

| 3:16 | το πλουτος της δοξης αυτου δυναμει κραταιωθηναι δια του πνευματος αυτου εις τον |

1 κρατει

| 6:10 | λοιπου ενδυναμουσθε εν κυριω και εν τω κρατει της ισχυος αυτου. ενδυσασθε την |

1 κρατους

| 1:19 | πιστευοντας κατα την ενεργειαν του κρατους της ισχυος αυτου ην ενηργησεν εν τω |

1 κραυγη

| 4:31 | πασα πικρια και θυμος και οργη και κραυγη και βλασφημια αρθητω αφ υμων συν παση |

1 κρυφη

| 5:12 | μαλλον δε και ελεγχετε. τα γαρ κρυφη γινομενα υπ αυτων αισχρον εστιν και |

1 κτισαντι

| 3:9 | απο των αιωνων εν τω θεω τω τα παντα κτισαντι, ινα γνωρισθη νυν ταις αρχαις και |

1 κτιση

| 2:15 | εν δογμασιν καταργησας, ινα τους δυο κτιση εν αυτω εις ενα καινον ανθρωπον ποιων |

1 κτισθεντα

| 4:24 | τον καινον ανθρωπον τον κατα θεον κτισθεντα εν δικαιοσυνη και οσιοτητι της |

1 κτισθεντες

| 2:10 | καυχησηται. αυτου γαρ εσμεν ποιημα, κτισθεντες εν χριστω ιησου επι εργοις αγαθοις |

1 κυβεια
4:14 παντι ανεμω της διδασκαλιας εν τη κυβεια των ανθρωπων εν πανουργια προς την

1 κυριοι
6:9 ειτε δουλος ειτε ελευθερος. και οι κυριοι, τα αυτα ποιειτε προς αυτους, ανιεντες

1 κυριοις
6:5 οι δουλοι, υπακουετε τοις κατα σαρκα κυριοις μετα φοβου και τρομου εν απλοτητι της

1 κυριον
6:24 η χαρις μετα παντων των αγαπωντων τον κυριον ημων ιησουν χριστον εν αφθαρσια.

2 κυριος
6:9 ειδοτες οτι και αυτων και υμων ο κυριος εστιν εν ουρανοις, και προσωπολημψια ουκ
4:5 εν μια ελπιδι της κλησεως υμων. εις κυριος, μια πιστις, εν βαπτισμα. εις θεος και

1 κυριοτητος
1:21 αρχης και εξουσιας και δυναμεως και κυριοτητος και παντος ονοματος ονομαζομενου ου

8 κυριου
5:20 παντοτε υπερ παντων εν ονοματι του κυριου ημων ιησου χριστου τω θεω και πατρι,
1:3 ευλογητος ο θεος και πατηρ του κυριου ημων ιησου χριστου, ο ευλογησας ημας εν
1:17 επι των προσευχων μου, ινα ο θεος του κυριου ημων ιησου χριστου, ο πατηρ της δοξης,
1:2 και ειρηνη απο θεου πατρος ημων και κυριου ιησου χριστου. ευλογητος ο θεος και
6:23 αγαπη μετα πιστεως απο θεου πατρος και κυριου ιησου χριστου. η χαρις μετα παντων των
5:17 αφρονες, αλλα συνιετε τι το θελημα του κυριου. και μη μεθυσκεσθε οινω, εν ω εστιν
6:4 εκτρεφετε αυτα εν παιδεια και νουθεσια κυριου. οι δουλοι, υπακουετε τοις κατα σαρκα
6:8 τι ποιηση αγαθον, τουτο κομισεται παρα κυριου, ειτε δουλος ειτε ελευθερος. και οι

13 κυριω
4:1 παρακαλω ουν υμας εγω ο δεσμιος εν κυριω αξιως περιπατησαι της κλησεως ης
3:11 ην εποιησεν εν τω χριστω ιησου τω κυριω ημων. εν ω εχομεν την παρρησιαν και
1:15 ακουσας την καθ υμας πιστιν εν τω κυριω ιησου και την αγαπην την εις παντας τους
6:10 παρ αυτω. του λοιπου ενδυναμουσθε εν κυριω και εν τω κρατει της ισχυος αυτου.
6:7 ψυχης, μετ ευνοιας δουλευοντες, ως τω κυριω και ουκ ανθρωποις, ειδοτες οτι εκαστος,
5:10 - δοκιμαζοντες τι εστιν ευαρεστον τω κυριω. και μη συγκοινωνειτε τοις εργοις τοις
5:8 ητε γαρ ποτε σκοτος νυν δε φως εν κυριω. ως τεκνα φωτος περιπατειτε - ο γαρ
2:21 αυξει εις ναον αγιον εν κυριω. εν ω και υμεις συνοικοδομεισθε εις
5:19 και ψαλλοντες τη καρδια υμων τω κυριω, ευχαριστουντες παντοτε υπερ παντων εν
6:21 αδελφος και πιστος διακονος εν κυριω, ον επεμψα προς υμας εις αυτο τουτο ινα
5:22 αι γυναικες τοις ιδιοις ανδρασιν ως τω κυριω, οτι ανηρ εστιν κεφαλη της γυναικος ως
4:17 τουτο ουν λεγω και μαρτυρομαι εν κυριω, μηκετι υμας περιπατειν καθως και τα εθνη
6:1 τεκνα, υπακουετε τοις γονευσιν υμων εν κυριω. τουτο γαρ εστιν δικαιον. τιμα τον

1 λαλειτε
4:25 αληθειας. διο αποθεμενοι το ψευδος λαλειτε αληθειαν εκαστος μετα του πλησιον

1 λαλησαι
6:20 ινα εν αυτω παρρησιασωμαι ως δει με λαλησαι. ινα δε και υμεις ειδητε τα κατ εμε,

1 λαλουντες
5:19 ασωτια, αλλα πληρουσθε εν πνευματι, λαλουντες εαυτοις (εν) ψαλμοις και υμνοις και

2 λεγει
4:8 το μετρον της δωρεας του χριστου. διο λεγει, αναβας εις υψος ηχμαλωτευσεν
5:14 παν γαρ το φανερουμενον φως εστιν. διο λεγει, εγειρε, ο καθευδων, και αναστα εκ των

1 λεγειν
5:12 γινομενα υπ αυτων αισχρον εστιν και λεγειν. τα δε παντα ελεγχομενα υπο του φωτος

1 λεγομενης
2:11 σαρκι, οι λεγομενοι ακροβυστια υπο της λεγομενης περιτομης εν σαρκι χειροποιητου. οτι

1 λεγομενοι
2:11 οτι ποτε υμεις τα εθνη εν σαρκι, οι λεγομενοι ακροβυστια υπο της λεγομενης

2 λεγω
5:32 το μυστηριον τουτο μεγα εστιν, εγω δε λεγω εις χριστον και εις την εκκλησιαν. πλην
4:17 οικοδομην εαυτου εν αγαπη. τουτο ουν λεγω και μαρτυρομαι εν κυριω, μηκετι υμας

		1 λογοις
5:6	και θεου. μηδεις υμας απατατω κενοις	λογοις. δια ταυτα γαρ ερχεται η οργη του θεου

		1 λογον
1:13	χριστω. εν ω και υμεις ακουσαντες τον	λογον της αληθειας. το ευαγγελιον της σωτηριας

		2 λογος
6:19	αγιων. και υπερ εμου. ινα μοι δοθη	λογος εν ανοιξει του στοματος μου. εν παρρησια
4:29	εχη μεταδιδοναι τω χρειαν εχοντι. πας	λογος σαπρος εκ του στοματος υμων μη

		1 λοιποι
2:3	και ημεθα τεκνα φυσει οργης ως και οι	λοιποι. ο δε θεος πλουσιος ων εν ελεει. δια

		1 λοιπου
6:10	προσωπολημψια ουκ εστιν παρ αυτω. του	λοιπου ενδυναμουσθε εν κυριω και εν τω κρατει

		1 λουτρω
5:26	αυτης. ινα αυτην αγιαση καθαρισας τω	λουτρω του υδατος εν ρηματι. ινα παραστηση

		1 λυπειτε
4:30	ινα δω χαριν τοις ακουουσιν. και μη	λυπειτε το πνευμα το αγιον του θεου. εν ω

		1 λυσας
2:14	εν και το μεσοτοιχον του φραγμου	λυσας. την εχθραν. εν τη σαρκι αυτου. τον

		2 μακραν
2:13	δε εν χριστω ιησου υμεις οι ποτε οντες	μακραν εγενηθητε εγγυς εν τω αιματι του
2:17	ελθων ευηγγελισατο ειρηνην υμιν τοις	μακραν και ειρηνην τοις εγγυς. οτι δι αυτου

		1 μακροθυμιας
4:2	ταπεινοφροσυνης και πραυτητος. μετα	μακροθυμιας. ανεχομενοι αλληλων εν αγαπη.

		1 μακροχρονιος
6:3	επαγγελια. ινα ευ σοι γενηται και εση	μακροχρονιος επι της γης. και οι πατερες. μη

		3 μαλλον
5:11	τοις εργοις τοις ακαρποις του σκοτους.	μαλλον δε και ελεγχετε. τα γαρ κρυφη γινομενα
4:28	διαβολω. ο κλεπτων μηκετι κλεπτετω.	μαλλον δε κοπιατω εργαζομενος ταις ιδιαις
5:4	η ευτραπελια. α ουκ ανηκεν. αλλα	μαλλον ευχαριστια. τουτο γαρ ιστε γινωσκοντες

		1 μαρτυρομαι
4:17	εαυτου εν αγαπη. τουτο ουν λεγω και	μαρτυρομαι εν κυριω. μηκετι υμας περιπατειν

		1 ματαιοτητι
4:17	καθως και τα εθνη περιπατει εν	ματαιοτητι του νοος αυτων. εσκοτωμενοι τη

		1 μαχαιραν
6:17	του σωτηριου δεξασθε. και την	μαχαιραν του πνευματος. ο εστιν ρημα θεου. δια

		1 με
6:20	ινα εν αυτω παρρησιασωμαι ως δει	με λαλησαι. ινα δε και υμεις ειδητε τα κατ

		1 μεγα
5:32	εις σαρκα μιαν. το μυστηριον τουτο	μεγα εστιν. εγω δε λεγω εις χριστον και εις την

		1 μεγεθος
1:19	εν τοις αγιοις. και τι το υπερβαλλον	μεγεθος της δυναμεως αυτου εις ημας τους

		1 μεθοδειας
6:11	προς το δυνασθαι υμας στηναι προς τας	μεθοδειας του διαβολου. οτι ουκ εστιν ημιν η

		1 μεθοδιαν
4:14	των ανθρωπων εν πανουργια προς την	μεθοδιαν της πλανης. αληθευοντες δε εν αγαπη

		1 μεθυσκεσθε
5:18	τι το θελημα του κυριου. και μη	μεθυσκεσθε οινω. εν ω εστιν ασωτια. αλλα

		2 μελη
5:30	και ο χριστος την εκκλησιαν. οτι	μελη εσμεν του σωματος αυτου. αντι τουτου
4:25	του πλησιον αυτου. οτι εσμεν αλληλων	μελη. οργιζεσθε και μη αμαρτανετε. ο ηλιος μη

```
                                        1  μελλοντι
1:21   μονον εν τω αιωνι τουτω αλλα και εν τω  μελλοντι.  και παντα υπεταξεν υπο τους ποδας

                                        1  μεν
4:11      τα παντα.  και αυτος εδωκεν τους  μεν αποστολους, τους δε προφητας, τους δε

                                        1  μερους
4:16   κατ ενεργειαν εν μετρω ενος εκαστου  μερους την αυξησιν του σωματος ποιειται εις

                                        1  μεσοτοιχον
2:14   ημων. ο ποιησας τα αμφοτερα εν και το  μεσοτοιχον του φραγμου λυσας. την εχθραν. εν τη

                                        1  μετ
6:7         το θελημα του θεου εκ ψυχης.  μετ ευνοιας δουλευοντες. ως τω κυριω και ουκ

                                        6  μετα
4:2    πασης ταπεινοφροσυνης και πραυτητος.  μετα μακροθυμιας, ανεχομενοι αλληλων εν αγαπη.
6:24   και κυριου ιησου χριστου.  η χαρις  μετα παντων των αγαπωντων τον κυριον ημων
4:2    περιπατησαι της κλησεως ης εκληθητε.  μετα πασης ταπεινοφροσυνης και πραυτητος. μετα
6:23   υμων.  ειρηνη τοις αδελφοις και αγαπη  μετα πιστεως απο θεου πατρος και κυριου ιησου
4:25   το ψευδος λαλειτε αληθειαν εκαστος  μετα του πλησιον αυτου. οτι εσμεν αλληλων μελη.
6:5    υπακουετε τοις κατα σαρκα κυριοις  μετα φοβου και τρομου εν απλοτητι της καρδιας

                                        1  μεταδιδοναι
4:28   ταις ιδιαις χερσιν το αγαθον, ινα εχη  μεταδιδοναι τω χρειαν εχοντι.  πας λογος σαπρος

                                        2  μετρον
4:13   υιου του θεου. εις ανδρα τελειον, εις  μετρον ηλικιας του πληρωματος του χριστου.  ινα
4:7    δε εκαστω ημων εδοθη η χαρις κατα το  μετρον της δωρεας του χριστου.  διο λεγει.

                                        1  μετρω
4:16   αφης της επιχορηγιας κατ ενεργειαν εν  μετρω ενος εκαστου μερους την αυξησιν του

                                        1  μεχρι
4:13   οικοδομην του σωματος του χριστου.  μεχρι καταντησωμεν οι παντες εις την ενοτητα

                                        16  μη
4:26   οτι εσμεν αλληλων μελη.  οργιζεσθε και  μη αμαρτανετε. ο ηλιος μη επιδυετω επι (τω)
5:17   αι ημεραι πονηραι εισιν.  δια τουτο  μη γινεσθε αφρονες, αλλα συνιετε τι το θελημα
3:13   δια της πιστεως αυτου.  διο αιτουμαι  μη εγκακειν εν ταις θλιψεσιν μου υπερ υμων.
4:29   πας λογος σαπρος εκ του στοματος υμων  μη εκπορευεσθω, αλλα ει τις αγαθος προς
4:26   οργιζεσθε και μη αμαρτανετε. ο ηλιος  μη επιδυετω επι (τω) παροργισμω υμων.  μηδε
2:12   των διαθηκων της επαγγελιας. ελπιδα  μη εχοντες και αθεοι εν τω κοσμω.  νυνι δε εν
5:27   αυτος εαυτω ενδοξον την εκκλησιαν,  μη εχουσαν σπιλον η ρυτιδα η τι των τοιουτων.
6:6    της καρδιας υμων ως τω χριστω.  μη κατ οφθαλμοδουλιαν ως ανθρωπαρεσκοι αλλ ως
4:30   ινα δω χαριν τοις ακουουσιν.  και  μη λυπειτε το πνευμα το αγιον του θεου. εν ω
5:18   συνιετε τι το θελημα του κυριου.  και  μη μεθυσκεσθε οινω, εν ω εστιν ασωτια, αλλα
4:9    ανθρωποις.  το δε ανεβη τι εστιν ει  μη οτι και κατεβη εις τα κατωτερα (μερη) της
5:7    θεου επι τους υιους της απειθειας.  μη ουν γινεσθε συμμετοχοι αυτων.  ητε γαρ ποτε
6:4    επι της γης.  και οι πατερες,  μη παροργιζετε τα τεκνα υμων, αλλα εκτρεφετε
5:11   τι εστιν ευαρεστον τω κυριω.  και  μη συγκοινωνειτε τοις εργοις τοις ακαρποις του
2:9    θεου το δωρον.  ουκ εξ εργων, ινα  μη τις καυχησηται.  αυτου γαρ εσμεν ποιημα.
5:15   βλεπετε ουν ακριβως πως περιπατειτε,  μη ως ασοφοι αλλ ως σοφοι.  εξαγοραζομενοι τον

                                        2  μηδε
4:27   μη επιδυετω επι (τω) παροργισμω υμων.  μηδε διδοτε τοπον τω διαβολω.  ο κλεπτων μηκετι
5:3    δε και ακαθαρσια πασα η πλεονεξια  μηδε ονομαζεσθω εν υμιν, καθως πρεπει αγιοις.

                                        1  μηδεις
5:6    εν τη βασιλεια του χριστου και θεου.  μηδεις υμας απατατω κενοις λογοις, δια ταυτα

                                        3  μηκετι
4:28   διδοτε τοπον τω διαβολω.  ο κλεπτων  μηκετι κλεπτετω. μαλλον δε κοπιατω εργαζομενος
4:17   ουν λεγω και μαρτυρομαι εν κυριω,  μηκετι υμας περιπατειν καθως και τα εθνη
4:14   του πληρωματος του χριστου.  ινα  μηκετι ωμεν νηπιοι, κλυδωνιζομενοι και

                                        1  μηκος
3:18   συν πασιν τοις αγιοις τι το πλατος και  μηκος και υψος και βαθος.  γνωναι τε την

                                        2  μητερα
5:31   καταλειψει ανθρωπος τον πατερα και την  μητερα και προσκολληθησεται προς την γυναικα
6:2    δικαιον.  τιμα τον πατερα σου και την  μητερα. ητις εστιν εντολη πρωτη εν επαγγελια.
```

2 μια

4:4   και εν πνευμα. καθως και εκληθητε εν μια ελπιδι της κλησεως υμων. εις κυριος. μια
4:5   ελπιδι της κλησεως υμων. εις κυριος, μια πιστις, εν βαπτισμα. εις θεος και πατηρ

1 μιαν

5:31   αυτου. και εσονται οι δυο εις σαρκα μιαν. το μυστηριον τουτο μεγα εστιν, εγω δε

1 μιμηται

5:1   χριστω εχαρισατο υμιν. γινεσθε ουν μιμηται του θεου. ως τεκνα αγαπητα, και

1 μνειαν

1:16   ου παυομαι ευχαριστων υπερ υμων μνειαν ποιουμενος επι των προσευχων μου. ινα ο

1 μνημονευετε

2:11   θεος ινα εν αυτοις περιπατησωμεν. διο μνημονευετε οτι ποτε υμεις τα εθνη εν σαρκι, οι

4 μοι

6:19   παντων των αγιων. και υπερ εμου, ινα μοι δοθη λογος εν ανοιξει του στοματος μου, εν
3:2   της χαριτος του θεου της δοθεισης μοι εις υμας. (οτι) κατα αποκαλυψιν εγνωρισθη
3:7   της χαριτος του θεου της δοθεισης μοι κατα την ενεργειαν της δυναμεως αυτου.
3:3   υμας, (οτι) κατα αποκαλυψιν εγνωρισθη μοι το μυστηριον, καθως προεγραψα εν ολιγω.

1 μονον

1:21   και παντος ονοματος ονομαζομενου ου μονον εν τω αιωνι τουτω αλλα και εν τω

5 μου

3:4   αναγινωσκοντες νοησαι την συνεσιν μου εν τω μυστηριω του χριστου. ο ετεραις
3:14   υμων. τουτου χαριν καμπτω τα γονατα μου προς τον πατερα, εξ ου πασα πατρια εν
3:13   αιτουμαι μη εγκακειν εν ταις θλιψεσιν μου υπερ υμων, ητις εστιν δοξα υμων. τουτου
1:16   μνειαν ποιουμενος επι των προσευχων μου. ινα ο θεος του κυριου ημων ιησου χριστου.
6:19   μοι δοθη λογος εν ανοιξει του στοματος μου, εν παρρησια γνωρισαι το μυστηριον του

4 μυστηριον

6:19   στοματος μου, εν παρρησια γνωρισαι το μυστηριον του ευαγγελιου υπερ ου πρεσβευω εν
1:9   σοφια και φρονησει γνωρισας ημιν το μυστηριον του θεληματος αυτου, κατα την
5:32   και εσονται οι δυο εις σαρκα μιαν. το μυστηριον τουτο μεγα εστιν, εγω δε λεγω εις
3:3   (οτι) κατα αποκαλυψιν εγνωρισθη μοι το μυστηριον, καθως προεγραψα εν ολιγω, προς ο

1 μυστηριου

3:9   φωτισαι (παντας) τις η οικονομια του μυστηριου του αποκεκρυμμενου απο των αιωνων εν

1 μυστηριω

3:4   νοησαι την συνεσιν μου εν τω μυστηριω του χριστου. ο ετεραις γενεαις ουκ

1 μωρολογια

5:4   πρεπει αγιοις, και αισχροτης και μωρολογια η ευτραπελια, α ουκ ανηκεν, αλλα

1 ναον

2:21   οικοδομη συναρμολογουμενη αυξει εις ναον αγιον εν κυριω, εν ω και υμεις

2 νεκρους

2:1   εν πασιν πληρουμενου. και υμας οντας νεκρους τοις παραπτωμασιν και ταις αμαρτιαις
2:5   ην ηγαπησεν ημας. και οντας ημας νεκρους τοις παραπτωμασιν συνεζωοποιησεν τω

2 νεκρων

5:14   εγειρε, ο καθευδων, και αναστα εκ των νεκρων. και επιφαυσει σοι ο χριστος. βλεπετε
1:20   εν τω χριστω εγειρας αυτον εκ νεκρων, και καθισας εν δεξια αυτου εν τοις

1 νηπιοι

4:14   του χριστου, ινα μηκετι ωμεν νηπιοι, κλυδωνιζομενοι και περιφερομενοι παντι

1 νοησαι

3:4   ολιγω. προς ο δυνασθε αναγινωσκοντες νοησαι την συνεσιν μου εν τω μυστηριω του

1 νομον

2:15   την εχθραν, εν τη σαρκι αυτου. τον νομον των εντολων εν δογμασιν καταργησας, ινα

2 νοος

4:17   τα εθνη περιπατει εν ματαιοτητι του νοος αυτων, εσκοτωμενοι τη διανοια οντες,
4:23   ανανεουσθαι δε τω πνευματι του νοος υμων, και ενδυσασθαι τον καινον ανθρωπον

```
                                   1  νοουμεν
3:20   ποιησαι υπερεκπερισσου ων αιτουμεθα η  νοουμεν κατα την δυναμιν την ενεργουμενην εν

                                   1  νουθεσια
6:4    αλλα εκτρεφετε αυτα εν παιδεια και  νουθεσια κυριου.  οι δουλοι, υπακουετε τοις

                                   4  νυν
3:5    εγνωρισθη τοις υιοις των ανθρωπων ως  νυν απεκαλυφθη τοις αγιοις αποστολοις αυτου και
5:8    συμμετοχοι αυτων. ητε γαρ ποτε σκοτος  νυν δε φως εν κυριω. ως τεκνα φωτος περιπατειτε
2:2    εξουσιας του αερος. του πνευματος του  νυν ενεργουντος εν τοις υιοις της απειθειας.
3:10   τω τα παντα κτισαντι. ινα γνωρισθη  νυν ταις αρχαις και ταις εξουσιαις εν τοις

                                   1  νυνι
2:13   μη εχοντες και αθεοι εν τω κοσμω. νυνι δε εν χριστω ιησου υμεις οι ποτε οντες

                                   2  ξενοι
2:19   προς τον πατερα. αρα ουν ουκετι εστε  ξενοι και παροικοι. αλλα εστε συμπολιται των
2:12   της πολιτειας του ισραηλ και  ξενοι των διαθηκων της επαγγελιας. ελπιδα μη

                                   1  οικειοι
2:19   αλλα εστε συμπολιται των αγιων και  οικειοι του θεου.  εποικοδομηθεντες επι τω

                                   1  οικοδομη
2:21   αυτου χριστου ιησου.  εν ω πασα  οικοδομη συναρμολογουμενη αυξει εις ναον αγιον

                                   3  οικοδομην
4:16   την αυξησιν του σωματος ποιειται εις  οικοδομην εαυτου εν αγαπη.  τουτο ουν λεγω και
4:29   εκπορευεσθω, αλλα ει τις αγαθος προς  οικοδομην της χρειας. ινα δω χαριν τοις
4:12   των αγιων εις εργον διακονιας, εις  οικοδομην του σωματος του χριστου.  μεχρι

                                   1  οικονομια
3:9    χριστου.  και φωτισαι (παντας) τις η  οικονομια του μυστηριου του αποκεκρυμμενου απο

                                   2  οικονομιαν
3:2    υμων των εθνων- ει γε ηκουσατε την  οικονομιαν της χαριτος του θεου της δοθεισης
1:10   αυτου ην προεθετο εν αυτω  εις  οικονομιαν του πληρωματος των καιρων.

                                   1  οινω
5:18   θελημα του κυριου.  και μη μεθυσκεσθε  οινω, εν ω εστιν ασωτια, αλλα πληρουσθε εν

                                   2  οις
2:3    εν τοις υιοις της απειθειας. εν οις και ημεις παντες ανεστραφημεν ποτε εν τοις
2:10   εν χριστω ιησου επι εργοις αγαθοις  οις προητοιμασεν ο θεος ινα εν αυτοις

                                   1  οιτινες
4:19   δια την πωρωσιν της καρδιας αυτων, οιτινες απηλγηκοτες εαυτους παρεδωκαν τη

                                   1  ολιγω
3:3    μοι το μυστηριον, καθως προεγραψα εν  ολιγω.  προς ο δυνασθε αναγινωσκοντες νοησαι

                                   1  ον
6:22   αδελφος και πιστος διακονος εν κυριω, ον επεμψα προς υμας εις αυτο τουτο ινα γνωτε τα

                                   1  ονομαζεσθω
5:3    δε και ακαθαρσια πασα η πλεονεξια μηδε  ονομαζεσθω εν υμιν, καθως πρεπει αγιοις,  και

                                   1  ονομαζεται
3:15   ου πασα πατρια εν ουρανοις και επι γης  ονομαζεται.  ινα δω υμιν κατα το πλουτος της

                                   1  ονομαζομενου
1:21   και κυριοτητος και παντος ονοματος  ονομαζομενου ου μονον εν τω αιωνι τουτω αλλα

                                   1  ονοματι
5:20   ευχαριστουντες παντοτε υπερ παντων εν  ονοματι του κυριου ημων ιησου χριστου τω θεω

                                   1  ονοματος
1:21   και δυναμεως και κυριοτητος και παντος  ονοματος ονομαζομενου ου μονον εν τω αιωνι

                                   2  οντας
2:5    αγαπην αυτου ην ηγαπησεν ημας. και οντας ημας νεκρους τοις παραπτωμασιν
2:1    παντα εν πασιν πληρουμενου.  και υμας  οντας νεκρους τοις παραπτωμασιν και ταις
```

2:13	νυνι δε εν χριστω ιησου υμεις οι ποτε	οντες μακραν εγενηθητε εγγυς εν τω αιματι του
4:18	νοος αυτων. εσκοτωμενοι τη διανοια	οντες. απηλλοτριωμενοι της ζωης του θεου. δια

2:20	τω θεμελιω των αποστολων και προφητων,	οντος ακρογωνιαιου αυτου χριστου ιησου. εν ω

4:31	πασα πικρια και θυμος και	οργη και κραυγη και βλασφημια αρθητω αφ υμων
5:6	κενοις λογοις. δια ταυτα γαρ ερχεται η	οργη του θεου επι τους υιους της απειθειας. μη

2:3	των διανοιων. και ημεθα τεκνα φυσει	οργης ως και οι λοιποι. ο δε θεος πλουσιος ων

4:26	αυτου. οτι εσμεν αλληλων μελη.	οργιζεσθε και μη αμαρτανετε. ο ηλιος μη

4:24	κατα θεον κτισθεντα εν δικαιοσυνη και	οσιοτητι της αληθειας. διο αποθεμενοι το

5:2	ημων προσφοραν και θυσιαν τω θεω εις	οσμην ευωδιας. πορνεια δε και ακαθαρσια πασα η

6:14	στηναι. στητε ουν περιζωσαμενοι την	οσφυν υμων εν αληθεια. και ενδυσαμενοι τον

1:14	τω πνευματι της επαγγελιας τω αγιω,	ος εστιν αρραβων της κληρονομιας ημων εις
4:15	εν αγαπη αυξησωμεν εις αυτον τα παντα,	ος εστιν η κεφαλη, χριστος, εξ ου παν το σωμα

5:16	ως σοφοι, εξαγοραζομενοι τον καιρον,	οτι αι ημεραι πονηραι εισιν. δια τουτο μη
5:23	τοις ιδιοις ανδρασιν ως τω κυριω,	οτι ανηρ εστιν κεφαλη της γυναικος ως και ο
2:18	τοις μακραν και ειρηνην τοις εγγυς.	οτι δι αυτου εχομεν την προσαγωγην οι αμφοτεροι
6:8	τω κυριω και ουκ ανθρωποις, ειδοτες	οτι εκαστος. εαν τι ποιηση αγαθον, τουτο
4:25	εκαστος μετα του πλησιον αυτου,	οτι εσμεν αλληλων μελη. οργιζεσθε και μη
2:12	περιτομης εν σαρκι χειροποιητου,	οτι ητε τω καιρω εκεινω χωρις χριστου.
6:9	αυτους, ανιεντες την απειλην. ειδοτες	οτι και αυτων και υμων ο κυριος εστιν εν
4:9	ανθρωποις. το δε ανεβη τι εστιν ει μη	οτι και κατεβη εις τα κατωτερα (μερη) της γης;
5:30	καθως και ο χριστος την εκκλησιαν.	οτι μελη εσμεν του σωματος αυτου. αντι τουτου
6:12	προς τας μεθοδειας του διαβολου.	οτι ουκ εστιν ημιν η παλη προς αιμα και σαρκα,
5:5	τουτο γαρ ιστε γινωσκοντες	οτι πας πορνος η ακαθαρτος η πλεονεκτης, ο
2:11	αυτοις περιπατησωμεν. διο μνημονευετε	οτι ποτε υμεις τα εθνη εν σαρκι, οι λεγομενοι

3:7	εν χριστω ιησου δια του ευαγγελιου,	ου εγενηθην διακονος κατα την δωρεαν της
1:21	και παντος ονοματος ονομαζομενου	ου μονον εν τω αιωνι τουτω αλλα και εν τω
4:16	παντα, ος εστιν η κεφαλη, χριστος, εξ	ου παν το σωμα συναρμολογουμενον και
3:15	τα γονατα μου προς τον πατερα. εξ	ου πασα πατρια εν ουρανοις και επι γης
1:16	αγαπην την εις παντας τους αγιους,	ου παυομαι ευχαριστων υπερ υμων μνειαν
6:20	το μυστηριον του ευαγγελιου υπερ	ου πρεσβευω εν αλυσει. ινα εν αυτω

5:29	την εαυτου γυναικα εαυτον αγατα,	ουδεις γαρ ποτε την εαυτου σαρκα εμισησεν. αλλα

5:4	και μωρολογια η ευτραπελια, α	ουκ ανηκεν, αλλα μαλλον ευχαριστια. τουτο γαρ
6:7	ευνοιας δουλευοντες, ως τω κυριω και	ουκ ανθρωποις. ειδοτες οτι εκαστος, εαν τι
3:5	του χριστου. ο ετεραις γενεαις	ουκ εγνωρισθη τοις υιοις των ανθρωπων ως νυν
2:9	και τουτο ουκ εξ υμων, θεου το δωρον.	ουκ εξ εργων, ινα μη τις καυχησηται. αυτου γαρ
2:8	εστε σεσωσμενοι δια πιστεως. και τουτο	ουκ εξ υμων, θεου το δωρον. ουκ εξ εργων, ινα
6:12	προς τας μεθοδειας του διαβολου. οτι	ουκ εστιν ημιν η παλη προς αιμα και σαρκα, αλλα
6:9	εστιν εν ουρανοις, και προσωπολημψια	ουκ εστιν παρ αυτω. του λοιπου ενδυναμουσθε εν
5:5	η πλεονεκτης, ο εστιν ειδωλολατρης.	ουκ εχει κληρονομιαν εν τη βασιλεια του χριστου

2:19	ενι πνευματι προς τον πατερα. αρα ουν	ουκετι εστε ξενοι και παροικοι, αλλα εστε

5:15	και επιφαυσει σοι ο χριστος. βλεπετε	ουν ακριβως πως περιπατειτε, μη ως ασοφοι αλλ
5:7	θεου επι τους υιους της απειθειας. μη	ουν γινεσθε συμμετοχοι αυτων. ητε γαρ ποτε
4:17	εις οικοδομην εαυτου εν αγαπη. τουτο	ουν λεγω και μαρτυρομαι εν κυριω, μηκετι υμας

5:1	εν χριστω εχαρισατο υμιν. γινεσθε	ουν μιμηται του θεου, ως τεκνα αγαπητα, και
2:19	εν ενι πνευματι προς τον πατερα. αρα	ουν ουκετι εστε ξενοι και παροικοι. αλλα εστε
6:14	απαντα κατεργασαμενοι στηναι. στητε	ουν περιζωσαμενοι την οσφυν υμων εν αληθεια.
4:1	αιωνος των αιωνων. αμην. παρακαλω	ουν υμας εγω ο δεσμιος εν κυριω αξιως

3 ουρανοις

3:15	προς τον πατερα, εξ ου πασα πατρια εν	ουρανοις και επι γης ονομαζεται, ινα δω υμιν
1:10	τα παντα εν τω χριστω, τα επι τοις	ουρανοις και τα επι της γης. εν αυτω, εν ω και
6:9	και αυτων και υμων ο κυριος εστιν εν	ουρανοις. και προσωπολημψια ουκ εστιν παρ αυτω.

1 ουρανων

4:10	εστιν και ο αναβας υπερανω παντων των	ουρανων, ινα πληρωση τα παντα. και αυτος

1 ουσαν

4:18	της ζωης του θεου, δια την αγνοιαν την	ουσαν εν αυτοις, δια την πωρωσιν της καρδιας

1 ουσιν

1:1	δια θεληματος θεου τοις αγιοις τοις	ουσιν (εν εφεσω) και πιστοις εν χριστω ιησου.

4 ουτως

5:33	οι καθ ενα εκαστος την εαυτου γυναικα	ουτως αγαπατω ως εαυτον. η δε γυνη ινα φοβηται
4:20	πασης εν πλεονεξια. υμεις δε ουχ	ουτως εμαθετε τον χριστον. ει γε αυτον
5:24	ως η εκκλησια υποτασσεται τω χριστω,	ουτως και αι γυναικες τοις ανδρασιν εν παντι.
5:28	τοιουτων, αλλ ινα η αγια και αμωμος.	ουτως οφειλουσιν και οι ανδρες αγαπαν τας

1 ουχ

4:20	πασης εν πλεονεξια. υμεις δε	ουχ ουτως εμαθετε τον χριστον. ει γε αυτον

1 οφειλουσιν

5:28	αλλ ινα η αγια και αμωμος.	ουτως οφειλουσιν και οι ανδρες αγαπαν τας εαυτων

1 οφθαλμοδουλιαν

6:6	της καρδιας υμων ως τω χριστω, μη κατ	οφθαλμοδουλιαν ως ανθρωπαρεσκοι αλλ ως δουλοι

1 οφθαλμους

1:18	επιγνωσει αυτου. πεφωτισμενους τους	οφθαλμους της καρδιας (υμων) εις το ειδεναι

1 παιδεια

6:4	τα τεκνα υμων, αλλα εκτρεφετε αυτα εν	παιδεια και νουθεσια κυριου. οι δουλοι.

1 παλαιον

4:22	υμας κατα την προτεραν αναστροφην τον	παλαιον ανθρωπον τον φθειρομενον κατα τας

1 παλη

6:12	του διαβολου. οτι ουκ εστιν ημιν η	παλη προς αιμα και σαρκα, αλλα προς τας αρχας,

3 παν

5:14	ελεγχομενα υπο του φωτος φανερουται.	παν γαρ το φανερουμενον φως εστιν. διο λεγει,
3:19	αγαπην του χριστου, ινα πληρωθητε εις	παν το πληρωμα του θεου. τω δε δυναμενω υπερ
4:16	ος εστιν η κεφαλη, χριστος. εξ ου	παν το σωμα συναρμολογουμενον και

2 πανοπλιαν

6:11	της ισχυος αυτου. ενδυσασθε την	πανοπλιαν του θεου προς το δυνασθαι υμας στηναι
6:13	επουρανιοις. δια τουτο αναλαβετε την	πανοπλιαν του θεου, ινα δυνηθητε αντιστηναι εν

1 πανουργια

4:14	εν τη κυβεια των ανθρωπων εν	πανουργια προς την μεθοδιαν της πλανης.

12 παντα

6:21	υμεις ειδητε τα κατ εμε, τι πρασσω,	παντα γνωρισει υμιν τυχικος ο αγαπητος αδελφος
5:13	αυτων αισχρον εστιν και λεγειν. τα δε	παντα ελεγχομενα υπο του φωτος φανερουται. παν
1:23	εστιν το σωμα αυτου, το πληρωμα του τα	παντα εν πασιν πληρουμενου. και υμας οντας
1:10	των καιρων, ανακεφαλαιωσασθαι τα	παντα εν τω χριστω, τα επι τοις ουρανοις και τα
1:11	προορισθεντες κατα προθεσιν του τα	παντα ενεργουντος κατα την βουλην του θεληματος
3:9	απο των αιωνων εν τω θεω τω τα	παντα κτισαντι, ινα γνωρισθη νυν ταις αρχαις
3:20	πληρωμα του θεου. τω δε δυναμενω υπερ	παντα ποιησαι υπερεκπερισσου ων αιτουμεθα η
6:16	τον θυρεον της πιστεως. εν ω δυνησεσθε	παντα τα βελη του πονηρου (τα) πεπυρωμενα
1:22	αυτου, και αυτον εδωκεν κεφαλην υπερ	παντα τη εκκλησια, ητις εστιν το σωμα αυτου.
1:22	τουτου αλλα και εν τω μελλοντι. και	παντα υπεταξεν υπο τους ποδας αυτου. και αυτον
4:10	παντων των ουρανων, ινα πληρωση τα	παντα. και αυτος εδωκεν τους μεν αποστολους.
4:15	δε εν αγαπη αυξησωμεν εις αυτον τα	παντα, ος εστιν η κεφαλη, χριστος. εξ ου παν

1 παντας
1:15   τω κυριω ιησου και την αγαπην την εις παντας τους αγιους, ου παυομαι ευχαριστων υπερ

2 παντες
2:3   υιοις της απειθειας. εν οις και ημεις παντες ανεστραφημεν ποτε εν ταις επιθυμιαις της
4:13   του χριστου. μεχρι καταντησωμεν οι παντες εις την ενοτητα της πιστεως και της

3 παντι
4:14   κλυδωνιζομενοι και περιφερομενοι παντι ανεμω της διδασκαλιας εν τη κυβεια των
6:18   και δεησεως, προσευχομενοι εν παντι καιρω εν πνευματι, και εις αυτο
5:24   ουτως και αι γυναικες τοις ανδρασιν εν παντι. οι ανδρες, αγαπατε τας γυναικας, καθως

1 παντος
1:21   και δυναμεως και κυριοτητος και παντος ονοματος ονομαζομενου ου μονον εν τω

1 παντοτε
5:20   καρδια υμων τω κυριω, ευχαριστουντες παντοτε υπερ παντων εν ονοματι του κυριου ημων

8 παντων
3:8   δυναμεως αυτου. εμοι τω ελαχιστοτερω παντων αγιων εδοθη η χαρις αυτη, τοις εθνεσιν
5:20   τω κυριω, ευχαριστουντες παντοτε υπερ παντων εν ονοματι του κυριου ημων ιησου χριστου
4:6   εις θεος και πατηρ παντων. ο επι παντων και δια παντων και εν πασιν. ενι δε
4:6   και πατηρ παντων, ο επι παντων και δια παντων και εν πασιν. ενι δε εκαστω ημων εδοθη
6:24   κυριου ιησου χριστου. η χαρις μετα παντων των αγαπωντων τον κυριον ημων ιησουν
6:18   εν παση προσκαρτερησει και δεησει περι παντων των αγιων, και υπερ εμου, ινα μοι δοθη
4:10   αυτος εστιν και ο αναβας υπερανω παντων των ουρανων, ινα πληρωση τα παντα. και
4:6   εν βαπτισμα. εις θεος και πατηρ παντων, ο επι παντων και δια παντων και εν

1 παρ
6:9   ουρανοις. και προσωπολημψια ουκ εστιν παρ αυτω. του λοιπου ενδυναμουσθε εν κυριω και

1 παρα
6:8   εαν τι ποιηση αγαθον, τουτο κομισεται παρα κυριου, ειτε δουλος ειτε ελευθερος. και

1 παρακαλεση
6:22   αυτο τουτο ινα γνωτε τα περι ημων και παρακαλεση τας καρδιας υμων. ειρηνη τοις

1 παρακαλω
4:1   γενεας του αιωνος των αιωνων. αμην. παρακαλω ουν υμας εγω ο δεσμιος εν κυριω αξιως

2 παραπτωμασιν
2:1   και υμας οντας νεκρους τοις παραπτωμασιν και ταις αμαρτιαις υμων, εν αις
2:5   ημας. και οντας ημας νεκρους τοις παραπτωμασιν συνεζωοποιησεν τω χριστω - χαριτι

1 παραπτωματων
1:7   δια του αιματος αυτου. την αφεσιν των παραπτωματων, κατα το πλουτος της χαριτος

1 παραστηση
5:27   τω λουτρω του υδατος εν ρηματι, ινα παραστηση αυτος εαυτω ενδοξον την εκκλησιαν, μη

1 παρεδωκαν
4:19   αυτων, οιτινες απηλγηκοτες εαυτους παρεδωκαν τη ασελγεια εις εργασιαν ακαθαρσιας

2 παρεδωκεν
5:2   καθως και ο χριστος ηγαπησεν ημας και παρεδωκεν εαυτον υπερ ημων προσφοραν και θυσιαν
5:25   ηγαπησεν την εκκλησιαν και εαυτον παρεδωκεν υπερ αυτης, ινα αυτην αγιαση

1 παροικοι
2:19   πατερα. αρα ουν ουκετι εστε ξενοι και παροικοι, αλλα εστε συμπολιται των αγιων και

1 παροργιζετε
6:4   επι της γης. και οι πατερες, μη παροργιζετε τα τεκνα υμων, αλλα εκτρεφετε αυτα

1 παροργισμω
4:26   ο ηλιος μη επιδυετω επι (τω) παροργισμω υμων, μηδε διδοτε τοπον τω διαβολω.

1 παρρησια
6:19   λογος εν ανοιξει του στοματος μου, εν παρρησια γνωρισαι το μυστηριον του ευαγγελιου

1 παρρησιαν
3:12   ιησου τω κυριω ημων, εν ω εχομεν την παρρησιαν και προσαγωγην εν πεποιθησει δια της

			1 παρρησιασωμαι
6:20	ου πρεσβευω εν αλυσει, ινα εν αυτω		παρρησιασωμαι ως δει με λαλησαι. ινα δε και

			4 πασα
5:3	ευωδιας. πορνεια δε και ακαθαρσια	πασα	η πλεονεξια μηδε ονομαζεσθω εν υμιν, καθως
2:21	αυτου χριστου ιησου. εν ω	πασα	οικοδομη συναρμολογουμενη αυξει εις ναον
3:15	τα γονατα μου προς τον πατερα. εξ ου	πασα	πατρια εν ουρανοις και επι γης ονομαζεται.
4:31	εσφραγισθητε εις ημεραν απολυτρωσεως.	πασα	πικρια και θυμος και οργη και κραυγη και

			1 πασας
3:21	εν τη εκκλησια και εν χριστω ιησου εις	πασας	τας γενεας του αιωνος των αιωνων. αμην.

			5 παση
5:9	- ο γαρ καρπος του φωτος εν	παση	αγαθωσυνη και δικαιοσυνη και αληθεια -
1:3	ιησου χριστου, ο ευλογησας ημας εν	παση	ευλογια πνευματικη εν τοις επουρανιοις εν
4:31	και βλασφημια αρθητω αφ υμων συν	παση	κακια. γινεσθε εις αλληλους χρηστοι,
6:18	πνευματι, και εις αυτο αγρυπνουντες εν	παση	προσκαρτερησει και δεησει περι παντων των
1:8	αυτου, ης επερισσευσεν εις ημας εν	παση	σοφια και φρονησει γνωρισας ημιν το

			5 πασης
1:21	αυτου εν τοις επουρανιοις υπερανω	πασης	αρχης και εξουσιας και δυναμεως και
4:16	και συμβιβαζομενον δια	πασης	αφης της επιχορηγιας κατ ενεργειαν εν
4:19	τη ασελγεια εις εργασιαν ακαθαρσιας	πασης	εν πλεονεξια. υμεις δε ουχ ουτως εμαθετε
6:18	του πνευματος, ο εστιν ρημα θεου, δια	πασης	προσευχης και δεησεως, προσευχομενοι εν
4:2	της κλησεως ης εκληθητε. μετα	πασης	ταπεινοφροσυνης και πραυτητος, μετα

			4 πασιν
6:16	του ευαγγελιου της ειρηνης. εν	πασιν	αναλαβοντες τον θυρεον της πιστεως, εν ω
1:23	σωμα αυτου, το πληρωμα του τα παντα εν	πασιν	πληρουμενου. και υμας οντας νεκρους
3:18	ινα εξισχυσητε καταλαβεσθαι συν	πασιν	τοις αγιοις τι το πλατος και μηκος και
4:6	ο επι παντων και δια παντων και εν	πασιν.	ενι δε εκαστω ημων εδοθη η χαρις κατα

			2 πας
4:29	ινα εχη μεταδιδοναι τω χρειαν εχοντι.	πας	λογος σαπρος εκ του στοματος υμων μη
5:5	τουτο γαρ ιστε γινωσκοντες οτι	πας	πορνος η ακαθαρτος η πλεονεκτης, ο εστιν

			4 πατερα
5:31	αντι τουτου καταλειψει ανθρωπος τον	πατερα	και την μητερα και προσκολληθησεται προς
6:2	τουτο γαρ εστιν δικαιον. τιμα τον	πατερα	σου και την μητερα, ητις εστιν εντολη
2:18	οι αμφοτεροι εν ενι πνευματι προς τον	πατερα.	αρα ουν ουκετι εστε ξενοι και
3:14	χαριν καμπτω τα γονατα μου προς τον	πατερα,	εξ ου πασα πατρια εν ουρανοις και επι

			1 πατερες
6:4	εση μακροχρονιος επι της γης. και οι	πατερες,	μη παροργιζετε τα τεκνα υμων, αλλα

			3 πατηρ
4:6	μια πιστις, εν βαπτισμα. εις θεος και	πατηρ	παντων, ο επι παντων και δια παντων και
1:17	θεος του κυριου ημων ιησου χριστου, ο	πατηρ	της δοξης, δωη υμιν πνευμα σοφιας και
1:3	ιησου χριστου. ευλογητος ο θεος και	πατηρ	του κυριου ημων ιησου χριστου, ο

			1 πατρι
5:20	κυριου ημων ιησου χριστου τω θεω και	πατρι,	υποτασσομενοι αλληλοις εν φοβω χριστου.

			1 πατρια
3:15	μου προς τον πατερα, εξ ου πασα	πατρια	εν ουρανοις και επι γης ονομαζεται. ινα

			2 πατρος
1:2	ιησου. χαρις υμιν και ειρηνη απο θεου	πατρος	ημων και κυριου ιησου χριστου.
6:23	και αγαπη μετα πιστεως απο θεου	πατρος	και κυριου ιησου χριστου. η χαρις μετα

			2 παυλος
1:1	το	παυλος	αποστολος χριστου ιησου δια θεληματος
3:1	θεου εν πνευματι. τουτου χαριν εγω	παυλος	ο δεσμιος του χριστου (ιησου) υπερ υμων

			1 παυομαι
1:16	αγαπην την εις παντας τους αγιους. ου	παυομαι	ευχαριστων υπερ υμων μνειαν ποιουμενος

			1 πεποιθησει
3:12	εχομεν την παρρησιαν και προσαγωγην εν	πεποιθησει	δια της πιστεως αυτου. διο αιτουμαι

		1	πεπυρωμενα
6:16	παντα τα βελη του πονηρου (τα)		πεπυρωμενα σβεσαι. και την περικεφαλαιαν του

		2	περι
6:22	προς υμας εις αυτο τουτο ινα γνωτε τα		περι ημων και παρακαλεση τας καρδιας υμων.
6:18	εν παση προσκαρτερησει και δεησει		περι παντων των αγιων. και υπερ εμου, ινα μοι

		1	περιεπατησατε
2:2	και ταις αμαρτιαις υμων. εν αις ποτε		περιεπατησατε κατα τον αιωνα του κοσμου τουτου,

		1	περιζωσαμενοι
6:14	κατεργασαμενοι στηναι. στητε ουν		περιζωσαμενοι την οσφυν υμων εν αληθεια, και

		1	περικεφαλαιαν
6:17	(τα) πεπυρωμενα σβεσαι. και την		περικεφαλαιαν του σωτηριου δεξασθε. και την

		1	περιπατει
4:17	υμας περιπατειν καθως και τα εθνη		περιπατει εν ματαιοτητι του νοος αυτων,

		1	περιπατειν
4:17	και μαρτυρομαι εν κυριω, μηκετι υμας		περιπατειν καθως και τα εθνη περιπατει εν

		3	περιπατειτε
5:2	του θεου, ως τεκνα αγαπητα. και		περιπατειτε εν αγαπη, καθως και ο χριστος
5:8	νυν δε φως εν κυριω. ως τεκνα φωτος		περιπατειτε - ο γαρ καρπος του φωτος εν παση
5:15	ο χριστος. βλεπετε ουν ακριβως πως		περιπατειτε, μη ως ασοφοι αλλ ως σοφοι,

		1	περιπατησαι
4:1	ουν υμας εγω ο δεσμιος εν κυριω αξιως		περιπατησαι της κλησεως ης εκληθητε. μετα

		1	περιπατησωμεν
2:10	οις προητοιμασεν ο θεος ινα εν αυτοις		περιπατησωμεν. διο μνημονευετε οτι ποτε υμεις

		1	περιποιησεως
1:14	κληρονομιας ημων εις απολυτρωσιν της		περιποιησεως. εις επαινον της δοξης αυτου. δια

		1	περιτομης
2:11	λεγομενοι ακροβυστια υπο της λεγομενης		περιτομης εν σαρκι χειροποιητου, οτι ητε τω

		1	περιφερομενοι
4:14	μηκετι ωμεν νηπιοι, κλυδωνιζομενοι και		περιφερομενοι παντι ανεμω της διδασκαλιας εν τη

		1	πεφωτισμενους
1:18	και αποκαλυψεως εν επιγνωσει αυτου,		πεφωτισμενους τους οφθαλμους της καρδιας (υμων)

		1	πικρια
4:31	εις ημεραν απολυτρωσεως. πασα		πικρια και θυμος και οργη και κραυγη και

		1	πιστευοντας
1:19	της δυναμεως αυτου εις ημας τους		πιστευοντας κατα την ενεργειαν του κρατους της

		1	πιστευσαντες
1:13	ευαγγελιον της σωτηριας υμων. εν ω και		πιστευσαντες εσφραγισθητε τω πνευματι της

		6	πιστεως
6:23	ειρηνη τοις αδελφοις και αγαπη μετα		πιστεως απο θεου πατρος και κυριου ιησου
3:12	και προσαγωγην εν πεποιθησει δια της		πιστεως αυτου. διο αιτουμαι μη εγκακειν εν
3:17	κατοικησαι τον χριστον δια της		πιστεως εν ταις καρδιαις υμων, εν αγαπη
4:13	οι παντες εις την ενοτητα της		πιστεως και της επιγνωσεως του υιου του θεου,
2:8	τη γαρ χαριτι εστε σεσωσμενοι δια		πιστεως. και τουτο ουκ εξ υμων. θεου το δωρον.
6:16	εν πασιν αναλαβοντες τον θυρεον της		πιστεως, εν ω δυνησεσθε παντα τα βελη του

		1	πιστιν
1:15	δια τουτο καγω, ακουσας την καθ υμας		πιστιν εν τω κυριω ιησου και την αγαπην την εις

		1	πιστις
4:5	της κλησεως υμων. εις κυριος, μια		πιστις, εν βαπτισμα. εις θεος και πατηρ

		1	πιστοις
1:1	τοις αγιοις τοις ουσιν (εν εφεσω) και		πιστοις εν χριστω ιησου. χαρις υμιν και ειρηνη

		1 πιστος
6:21	υμιν τυχικος ο αγαπητος αδελφος και	πιστος διακονος εν κυριω. ον επεμψα προς υμας

		1 πλανης
4:14	εν πανουργια προς την μεθοδιαν της	πλανης. αληθευοντες δε εν αγαπη αυξησωμεν εις

		1 πλατος
3:18	συν πασιν τοις αγιοις τι το	πλατος και μηκος και υψος και βαθος. γνωναι τε

		1 πλεονεκτης
5:5	οτι πας πορνος η ακαθαρτος η	πλεονεκτης. ο εστιν ειδωλολατρης. ουκ εχει

		2 πλεονεξια
5:3	πορνεια δε και ακαθαρσια πασα η	πλεονεξια μηδε ονομαζεσθω εν υμιν. καθως πρεπει
4:19	εις εργασιαν ακαθαρσιας πασης εν	πλεονεξια. υμεις δε ουχ ουτως εμαθετε τον

		1 πλην
5:33	εις χριστον και εις την εκκλησιαν.	πλην και υμεις οι καθ ενα εκαστος την εαυτου

		1 πληρουμενου
1:23	το πληρωμα του τα παντα εν πασιν	πληρουμενου. και υμας οντας νεκρους τοις

		1 πληρουσθε
5:18	οινω, εν ω εστιν ασωτια, αλλα	πληρουσθε εν πνευματι. λαλουντες εαυτοις (εν)

		1 πληρωθητε
3:19	της γνωσεως αγαπην του χριστου. ινα	πληρωθητε εις παν το πληρωμα του θεου. τω δε

		2 πληρωμα
3:19	του χριστου. ινα πληρωθητε εις παν το	πληρωμα του θεου. τω δε δυναμενω υπερ παντα
1:23	ητις εστιν το σωμα αυτου. το	πληρωμα του τα παντα εν πασιν πληρουμενου.

		2 πληρωματος
4:13	ανδρα τελειον. εις μετρον ηλικιας του	πληρωματος του χριστου. ινα μηκετι ωμεν
1:10	προεθετο εν αυτω εις οικονομιαν του	πληρωματος των καιρων. ανακεφαλαιωσασθαι τα

		1 πληρωση
4:10	αναβας υπερανω παντων των ουρανων. ινα	πληρωση τα παντα. και αυτος εδωκεν τους μεν

		1 πλησιον
4:25	λαλειτε αληθειαν εκαστος μετα του	πλησιον αυτου. οτι εσμεν αλληλων μελη.

		1 πλουσιος
2:4	οργης ως και οι λοιποι. ο δε θεος	πλουσιος ων εν ελεει. δια την πολλην αγαπην

		5 πλουτος
3:16	γης ονομαζεται. ινα δω υμιν κατα το	πλουτος της δοξης αυτου δυναμει κραταιωθηναι
1:18	εστιν η ελπις της κλησεως αυτου, τις ο	πλουτος της δοξης της κληρονομιας αυτου εν τοις
2:7	αιωσιν τοις επερχομενοις το υπερβαλλον	πλουτος της χαριτος αυτου εν χρηστοτητι εφ ημας
1:7	την αφεσιν των παραπτωματων. κατα το	πλουτος της χαριτος αυτου. ης επερισσευσεν εις
3:8	ευαγγελισασθαι το ανεξιχνιαστον	πλουτος του χριστου. και φωτισαι (παντας) τις

		3 πνευμα
1:17	χριστου. ο πατηρ της δοξης. δωη υμιν	πνευμα σοφιας και αποκαλυψεως εν επιγνωσει
4:30	τοις ακουουσιν. και μη λυπειτε το	πνευμα το αγιον του θεου. εν ω εσφραγισθητε εις
4:4	συνδεσμω της ειρηνης. εν σωμα και εν	πνευμα. καθως και εκληθητε εν μια ελπιδι της

		7 πνευματι
2:18	την προσαγωγην οι αμφοτεροι εν ενι	πνευματι προς τον πατερα. αρα ουν ουκετι εστε
1:13	εν ω και πιστευσαντες εσφραγισθητε τω	πνευματι της επαγγελιας τω αγιω. ος εστιν
4:23	της απατης. ανανεουσθαι δε τω	πνευματι του νοος υμων. και ενδυσασθαι τον
2:22	εις κατοικητηριον του θεου εν	πνευματι. τουτου χαριν εγω παυλος ο δεσμιος
3:5	αποστολοις αυτου και προφηταις εν	πνευματι. ειναι τα εθνη συνκληρονομα και
5:18	εν ω εστιν ασωτια, αλλα πληρουσθε εν	πνευματι. λαλουντες εαυτοις (εν) ψαλμοις και
6:18	προσευχομενοι εν παντι καιρω εν	πνευματι. και εις αυτο αγρυπνουντες εν παση

		1 πνευματικα
6:12	του σκοτους τουτου. προς τα	πνευματικα της πονηριας εν τοις επουρανιοις.

		1 πνευματικαις
5:19	(εν) ψαλμοις και υμνοις και ωδαις	πνευματικαις. αδοντες και ψαλλοντες τη καρδια

```
                                        1  πνευματικη
1:3        ο  ευλογησας  ημας  εν  παση  ευλογια  πνευματικη  εν  τοις  επουρανιοις  εν  χριστω.

                                        4  πνευματος
3:16       αυτου  δυναμει  κραταιωθηναι  δια  του  πνευματος  αυτου  εις  τον  εσω  ανθρωπον.
4:3        σπουδαζοντες  τηρειν  την  ενοτητα  του  πνευματος  εν  τω  συνδεσμω  της  ειρηνης.      εν  σωμα
2:2        αρχοντα  της  εξουσιας  του  αερος,  του  πνευματος  του  νυν  ενεργουντος  εν  τοις  υιοις  της
6:17       σωτηριου  δεξασθε,  και  την  μαχαιραν  του  πνευματος,  ο  εστιν  ρημα  θεου.      δια  πασης

                                        2  ποδας
1:22       μελλοντι.    και  παντα  υπεταξεν  υπο  τους  ποδας  αυτου,  και  αυτον  εδωκεν  κεφαλην  υπερ
6:15       δικαιοσυνης.    και  υποδησαμενοι  τους  ποδας  εν  ετοιμασια  του  ευαγγελιου  της  ειρηνης.

                                        1  ποιειται
4:16       εκαστου  μερους  την  αυξησιν  του  σωματος  ποιειται  εις  οικοδομην  εαυτου  εν  αγαπη.    τουτο

                                        1  ποιειτε
6:9        ελευθερος.    και  οι  κυριοι,  τα  αυτα  ποιειτε  προς  αυτους,  ανιεντες  την  απειλην,

                                        1  ποιημα
2:10       μη  τις  καυχησηται.    αυτου  γαρ  εσμεν  ποιημα,  κτισθεντες  εν  χριστω  ιησου  επι  εργοις

                                        1  ποιησαι
3:20       του  θεου.    τω  δε  δυναμενω  υπερ  παντα  ποιησαι  υπερεκπερισσου  ων  αιτουμεθα  η  νοουμεν

                                        1  ποιησας
2:14       αυτος  γαρ  εστιν  η  ειρηνη  ημων.  ο  ποιησας  τα  αμφοτερα  εν  και  το  μεσοτοιχον  του

                                        1  ποιηση
6:8        ειδοτες  οτι  εκαστος,  εαν  τι  ποιηση  αγαθον,  τουτο  κομισεται  παρα  κυριου.

                                        1  ποιμενας
4:11       τους  δε  ευαγγελιστας,  τους  δε  ποιμενας  και  διδασκαλους,    προς  τον  καταρτισμον

                                        1  ποιουμενος
1:16       ου  παυομαι  ευχαριστων  υπερ  υμων  μνειαν  ποιουμενος  επι  των  προσευχων  μου,    ινα  ο  θεος

                                        2  ποιουντες
2:3        εν  ταις  επιθυμιαις  της  σαρκος  ημων,  ποιουντες  τα  θεληματα  της  σαρκος  και  των
6:6        ως  ανθρωπαρεσκοι  αλλ  ως  δουλοι  χριστου  ποιουντες  το  θελημα  του  θεου  εκ  ψυχης,    μετ

                                        1  ποιων
2:15       κτιση  εν  αυτω  εις  ενα  καινον  ανθρωπον  ποιων  ειρηνην,    και  αποκαταλλαξη  τους

                                        1  πολιτειας
2:12       χωρις  χριστου,  απηλλοτριωμενοι  της  πολιτειας  του  ισραηλ  και  ξενοι  των  διαθηκων  της

                                        1  πολλην
2:4        δε  θεος  πλουσιος  ων  εν  ελεει,  δια  την  πολλην  αγαπην  αυτου  ην  ηγαπησεν  ημας,    και

                                        1  πολυποικιλος
3:10       τοις  επουρανιοις  δια  της  εκκλησιας  η  πολυποικιλος  σοφια  του  θεου,    κατα  προθεσιν  των

                                        1  πονηρα
6:13       ινα  δυνηθητε  αντιστηναι  εν  τη  ημερα  τη  πονηρα  και  απαντα  κατεργασαμενοι  στηναι.    στητε

                                        1  πονηραι
5:16       τον  καιρον,  οτι  αι  ημεραι  πονηραι  εισιν.    δια  τουτο  μη  γινεσθε  αφρονες,

                                        1  πονηριας
6:12       σκοτους  τουτου,  προς  τα  πνευματικα  της  πονηριας  εν  τοις  επουρανιοις.    δια  τουτο

                                        1  πονηρου
6:16       εν  ω  δυνησεσθε  παντα  τα  βελη  του  πονηρου  (τα)  πεπυρωμενα  σβεσαι.    και  την

                                        1  πορνεια
5:3        και  θυσιαν  τω  θεω  εις  οσμην  ευωδιας.  πορνεια  δε  και  ακαθαρσια  πασα  η  πλεονεξια  μηδε

                                        1  πορνος
5:5        τουτο  γαρ  ιστε  γινωσκοντες  οτι  πας  πορνος  η  ακαθαρτος  η  πλεονεκτης,  ο  εστιν
```

```
                                              6  ποτε
2:3        εν οις και ημεις παντες ανεστραφημεν   ποτε  εν ταις επιθυμιαις της σαρκος ημων.
2:13           νυνι δε εν χριστω ιησου υμεις οι   ποτε  οντες μακραν εγεννηθητε εγγυς εν τω αιματι
2:2            και ταις αμαρτιαις υμων,  εν αις   ποτε  περιεπατησατε κατα τον αιωνα του κοσμου
5:8      ουν γινεσθε συμμετοχοι αυτων.  ητε γαρ   ποτε  σκοτος νυν δε φως εν κυριω. ως τεκνα φωτος
5:29       γυναικα εαυτον αγαπα,  ουδεις γαρ      ποτε  την εαυτου σαρκα εμισησεν. αλλα εκτρεφει
2:11        περιπατησωμεν.  διο μνημονευετε οτι   ποτε  υμεις τα εθνη εν σαρκι. οι λεγομενοι

                                              1  πρασσω
6:21       ινα δε και υμεις ειδητε τα κατ εμε. τι   πρασσω. παντα γνωρισει υμιν τυχικος ο αγαπητος

                                              1  πραυτητος
4:2            μετα πασης ταπεινοφροσυνης και   πραυτητος. μετα μακροθυμιας. ανεχομενοι αλληλων

                                              1  πρεπει
5:3           μηδε ονομαζεσθω εν υμιν. καθως   πρεπει αγιοις,  και αισχροτης και μωρολογια η

                                              1  πρεσβευω
6:20      το μυστηριον του ευαγγελιου  υπερ ου   πρεσβευω εν αλυσει. ινα εν αυτω παρρησιασωμαι

                                              1  προ
1:4      χριστω.  καθως εξελεξατο ημας εν αυτω   προ καταβολης κοσμου. ειναι ημας αγιους και

                                              1  προεγραψα
3:3         εγνωρισθη μοι το μυστηριον. καθως   προεγραψα εν ολιγω.   προς ο δυνασθε

                                              1  προεθετο
1:9        αυτου. κατα την ευδοκιαν αυτου ην   προεθετο εν αυτω  εις οικονομιαν του πληρωματος

                                              1  προηλπικοτας
1:12       ημας εις επαινον δοξης αυτου τους   προηλπικοτας εν τω χριστω.  εν ω και υμεις

                                              1  προητοιμασεν
2:10     εν χριστω ιησου επι εργοις αγαθοις οις   προητοιμασεν ο θεος ινα εν αυτοις

                                              2  προθεσιν
1:11     ω και εκληρωθημεν προορισθεντες κατα   προθεσιν του τα παντα ενεργουντος κατα την
3:11     η πολυποικιλος σοφια του θεου.  κατα   προθεσιν των αιωνων ην εποιησεν εν τω χριστω

                                              1  προορισας
1:5      αμωμους κατενωπιον αυτου εν αγαπη.   προορισας ημας εις υιοθεσιαν δια ιησου χριστου

                                              1  προορισθεντες
1:11     γης. εν αυτω.  εν ω και εκληρωθημεν   προορισθεντες κατα προθεσιν του τα παντα

                                              2  προσαγωγην
3:12     ημων.  εν ω εχομεν την παρρησιαν και   προσαγωγην εν πεποιθησει δια της πιστεως αυτου.
2:18     τοις εγγυς.   οτι δι αυτου εχομεν την   προσαγωγην οι αμφοτεροι εν ενι πνευματι προς

                                              1  προσευχης
6:18       ο εστιν ρημα θεου.  δια πασης   προσευχης και δεησεως. προσευχομενοι εν παντι

                                              1  προσευχομενοι
6:18      δια πασης προσευχης και δεησεως.   προσευχομενοι εν παντι καιρω εν πνευματι. και

                                              1  προσευχων
1:16     υπερ υμων μνειαν ποιουμενος επι των   προσευχων μου.  ινα ο θεος του κυριου ημων

                                              1  προσκαρτερησει
6:18      και εις αυτο αγρυπνουντες εν παση   προσκαρτερησει και δεησει περι παντων των

                                              1  προσκολληθησετα
5:31     ανθρωπος τον πατερα και την μητερα και   προσκολληθησεται προς την γυναικα αυτου. και

                                              1  προσφοραν
5:2      ημας και παρεδωκεν εαυτον υπερ ημων   προσφοραν και θυσιαν τω θεω εις οσμην ευωδιας.

                                              1  προσωπολημψια
6:9      υμων ο κυριος εστιν εν ουρανοις. και   προσωπολημψια ουκ εστιν παρ αυτω.  του λοιπου
```

		16 προς	
6:12	διαβολου. οτι ουκ εστιν ημιν η παλη	προς	αιμα και σαρκα. αλλα προς τας αρχας, προς
6:9	και οι κυριοι, τα αυτα ποιειτε	προς	αυτους. ανιεντες την απειλην. ειδοτες οτι
3:4	μυστηριον, καθως προεγραψα εν ολιγω,	προς	ο δυνασθε αναγινωσκοντες νοησαι την
4:29	μη εκπορευεσθω. αλλα ει τις αγαθος	προς	οικοδομην της χρειας, ινα δω χαριν τοις
6:12	τους κοσμοκρατορας του σκοτους τουτου.	προς	τα πνευματικα της πονηριας εν τοις
6:12	ημιν η παλη προς αιμα και σαρκα. αλλα	προς	τας αρχας, προς τας εξουσιας. προς τους
6:12	αιμα και σαρκα. αλλα προς τας αρχας.	προς	τας εξουσιας. προς τους κοσμοκρατορας του
6:11	του θεου προς το δυνασθαι υμας στηναι	προς	τας μεθοδειας του διαβολου. οτι ουκ εστιν
5:31	και την μητερα και προσκολληθησεται	προς	την γυναικα αυτου. και εσονται οι δυο εις
4:14	εν τη κυβεια των ανθρωπων εν πανουργια	προς	την μεθοδιαν της πλανης. αληθευοντες δε
6:11	ενδυσασθε την πανοπλιαν του θεου	προς	το δυνασθαι υμας στηναι προς τας μεθοδειας
4:12	τους δε ποιμενας και διδασκαλους.	προς	τον καταρτισμον των αγιων εις εργον
2:18	οι αμφοτεροι εν ενι πνευματι	προς	τον πατερα. αρα ουν ουκετι εστε ξενοι και
3:14	τουτου χαριν καμπτω τα γονατα μου	προς	τον πατερα. εξ ου πασα πατρια εν ουρανοις
6:12	προς τας αρχας, προς τας εξουσιας.	προς	τους κοσμοκρατορας του σκοτους τουτου.
6:22	πιστος διακονος εν κυριω. ον επεμψα	προς	υμας εις αυτο τουτο ινα γνωτε τα περι ημων

		1 προτεραν	
4:22	εν τω ιησου. αποθεσθαι υμας κατα την	προτεραν	αναστροφην τον παλαιον ανθρωπον τον

		1 προφηταις	
3:5	τοις αγιοις αποστολοις αυτου και	προφηταις	εν πνευματι. ειναι τα εθνη

		1 προφητας	
4:11	εδωκεν τους μεν αποστολους, τους δε	προφητας,	τους δε ευαγγελιστας, τους δε

		1 προφητων	
2:20	επι τω θεμελιω των αποστολων και	προφητων,	οντος ακρογωνιαιου αυτου χριστου

		1 πρωτη	
6:2	σου και την μητερα. ητις εστιν εντολη	πρωτη	εν επαγγελια. ινα ευ σοι γενηται και εση

		1 πωρωσιν	
4:18	αγνοιαν την ουσαν εν αυτοις. δια την	πωρωσιν	της καρδιας αυτων. οιτινες απηλγηκοτες

		1 πως	
5:15	σοι ο χριστος. βλεπετε ουν ακριβως	πως	περιπατειτε. μη ως ασοφοι αλλ ως σοφοι.

		1 ρημα	
6:17	την μαχαιραν του πνευματος, ο εστιν	ρημα	θεου. δια πασης προσευχης και δεησεως,

		1 ρηματι	
5:26	καθαρισας τω λουτρω του υδατος εν	ρηματι,	ινα παραστηση αυτος εαυτω ενδοξον την

		1 ρυτιδα	
5:27	την εκκλησιαν, μη εχουσαν σπιλον η	ρυτιδα	η τι των τοιουτων, αλλ ινα η αγια και

		1 σαπρος	
4:29	τω χρειαν εχοντι. πας λογος	σαπρος	εκ του στοματος υμων μη εκπορευεσθω.

		4 σαρκα	
5:29	αγαπα. ουδεις γαρ ποτε την εαυτου	σαρκα	εμισησεν. αλλα εκτρεφει και θαλπει αυτην.
6:5	οι δουλοι, υπακουετε τοις κατα	σαρκα	κυριοις μετα φοβου και τρομου εν απλοτητι
5:31	γυναικα αυτου, και εσονται οι δυο εις	σαρκα	μιαν. το μυστηριον τουτο μεγα εστιν. εγω
6:12	ουκ εστιν ημιν η παλη προς αιμα και	σαρκα.	αλλα προς τας αρχας, προς τας εξουσιας.

		3 σαρκι	
2:14	του φραγμου λυσας, την εχθραν, εν τη	σαρκι	αυτου, τον νομον των εντολων εν δογμασιν
2:11	υπο της λεγομενης περιτομης εν	σαρκι	χειροποιητου. οτι ητε τω καιρω εκεινω
2:11	μνημονευετε οτι ποτε υμεις τα εθνη εν	σαρκι,	οι λεγομενοι ακροβυστια υπο της

		2 σαρκος	
2:3	ποτε εν ταις επιθυμιαις της	σαρκος	ημων, ποιουντες τα θεληματα της σαρκος
2:3	σαρκος ημων, ποιουντες τα θεληματα της	σαρκος	και των διανοιων, και ημεθα τεκνα φυσει

		1 σβεσαι	
6:16	τα βελη του πονηρου (τα) πεπυρωμενα	σβεσαι.	και την περικεφαλαιαν του σωτηριου

		2 σεσωσμενοι	
2:8	εν χριστω ιησου. τη γαρ χαριτι εστε	σεσωσμενοι	δια πιστεως. και τουτο ουκ εξ υμων.
2:5	συνεζωοποιησεν τω χριστω - χαριτι εστε	σεσωσμενοι	- και συνηγειρεν και συνεκαθισεν εν

<pre>
                                        1 σκοτος
5:8   συμμετοχοι αυτων.   ητε γαρ ποτε σκοτος νυν δε φως εν κυριω. ως τεκνα φωτος

                                        2 σκοτους
6:12   εξουσιας. προς τους κοσμοκρατορας του σκοτους τουτου. προς τα πνευματικα της πονηριας
5:11   τοις εργοις τοις ακαρποις του σκοτους. μαλλον δε και ελεγχετε.   τα γαρ κρυφη

                                        2 σοι
6:3   εντολη πρωτη εν επαγγελια. ινα ευ σοι γενηται και εση μακροχρονιος επι της γης.
5:14   αναστα εκ των νεκρων. και επιφαυσει σοι ο χριστος.   βλεπετε ουν ακριβως πως

                                        1 σου
6:2   γαρ εστιν δικαιον. τιμα τον πατερα σου και την μητερα. ητις εστιν εντολη πρωτη εν

                                        2 σοφια
1:8   ης επερισσευσεν εις ημας εν παση σοφια και φρονησει γνωρισας ημιν το μυστηριον
3:10   δια της εκκλησιας η πολυποικιλος σοφια του θεου. κατα προθεσιν των αιωνων ην

                                        1 σοφιας
1:17   ο πατηρ της δοξης. δωη υμιν πνευμα σοφιας και αποκαλυψεως εν επιγνωσει αυτου.

                                        1 σοφοι
5:15   πως περιπατειτε. μη ως ασοφοι αλλ ως σοφοι. εξαγοραζομενοι τον καιρον. οτι αι

                                        1 σπιλον
5:27   ενδοξον την εκκλησιαν. μη εχουσαν σπιλον η ρυτιδα η τι των τοιουτων. αλλ ινα η

                                        1 σπουδαζοντες
4:3   ανεχομενοι αλληλων εν αγαπη. σπουδαζοντες τηρειν την ενοτητα του πνευματος

                                        1 σταυρου
2:16   εν ενι σωματι τω θεω δια του σταυρου. αποκτεινας την εχθραν εν αυτω. και

                                        2 στηναι
6:11   του θεου προς το δυνασθαι υμας στηναι προς τας μεθοδειας του διαβολου. οτι
6:13   τη πονηρα και απαντα κατεργασαμενοι στηναι. στητε ουν περιζωσαμενοι την οσφυν υμων

                                        1 στητε
6:14   και απαντα κατεργασαμενοι στηναι. στητε ουν περιζωσαμενοι την οσφυν υμων εν

                                        2 στοματος
6:19   ινα μοι δοθη λογος εν ανοιξει του στοματος μου. εν παρρησια γνωρισαι το μυστηριον
4:29   εχοντι. πας λογος σαπρος εκ του στοματος υμων μη εκπορευεσθω. αλλα ει τις

                                        1 συγκοινωνειτε
5:11   τι εστιν ευαρεστον τω κυριω. και μη συγκοινωνειτε τοις εργοις τοις ακαρποις του

                                        1 συμβιβαζομενον
4:16   ου παν το σωμα συναρμολογουμενον και συμβιβαζομενον δια πασης αφης της επιχορηγιας

                                        1 συμμετοχα
3:6   τα εθνη συνκληρονομα και συσσωμα και συμμετοχα της επαγγελιας εν χριστω ιησου δια

                                        1 συμμετοχοι
5:7   υιους της απειθειας. μη ουν γινεσθε συμμετοχοι αυτων. ητε γαρ ποτε σκοτος νυν δε

                                        1 συμπολιται
2:19   εστε ξενοι και παροικοι. αλλα εστε συμπολιται των αγιων και οικειοι του θεου.

                                        2 συν
4:31   κραυγη και βλασφημια αρθητω αφ υμων συν παση κακια. γινεσθε εις αλληλους χρηστοι.
3:18   ινα εξισχυσητε καταλαβεσθαι συν πασιν τοις αγιοις τι το πλατος και μηκος

                                        1 συναρμολογουμεν
2:21   χριστου ιησου. εν ω πασα οικοδομη συναρμολογουμενη αυξει εις ναον αγιον εν κυριω.

                                        1 συναρμολογουμεν
4:16   η κεφαλη. χριστος. εξ ου παν το σωμα συναρμολογουμενον και συμβιβαζομενον δια πασης

                                        1 συνδεσμω
4:3   τηρειν την ενοτητα του πνευματος εν τω συνδεσμω της ειρηνης. εν σωμα και εν πνευμα.
</pre>

		1 συνεζωοποιησεν
2:5	οντας ημας νεκρους τοις παραπτωμασιν συνεζωοποιησεν τω χριστω - χαριτι εστε	

		1 συνεκαθισεν
2:6	εστε σεσωσμενοι - και συνηγειρεν και συνεκαθισεν εν τοις επουρανιοις εν χριστω	

		1 συνεσιν
3:4	ο δυνασθε αναγινωσκοντες νοησαι την συνεσιν μου εν τω μυστηριω του χριστου. ο	

		1 συνηγειρεν
2:6	χριστω - χαριτι εστε σεσωσμενοι - και συνηγειρεν και συνεκαθισεν εν τοις επουρανιοις	

		1 συνιετε
5:17	δια τουτο μη γινεσθε αφρονες. αλλα συνιετε τι το θελημα του κυριου. και μη	

		1 συνκληρονομα
3:6	προφηταις εν πνευματι. ειναι τα εθνη συνκληρονομα και συσσωμα και συμμετοχα της	

		1 συνοικοδομεισθε
2:22	ναον αγιον εν κυριω. εν ω και υμεις συνοικοδομεισθε εις κατοικητηριον του θεου εν	

		1 συσσωμα
3:6	ειναι τα εθνη συνκληρονομα και συσσωμα και συμμετοχα της επαγγελιας εν χριστω	

		3 σωμα
1:23	υπερ παντα τη εκκλησια. ητις εστιν το σωμα αυτου. το πληρωμα του τα παντα εν πασιν
4:4	εν τω συνδεσμω της ειρηνης. εν σωμα και εν πνευμα. καθως και εκληθητε εν μια
4:16	εστιν η κεφαλη, χριστος. εξ ου παν το σωμα συναρμολογουμενον και συμβιβαζομενον δια

		1 σωματα
5:28	τας εαυτων γυναικας ως τα εαυτων σωματα. ο αγαπων την εαυτου γυναικα εαυτον	

		1 σωματι
2:16	αποκαταλλαξη τους αμφοτερους εν ενι σωματι τω θεω δια του σταυρου. αποκτεινας την	

		4 σωματος
5:30	την εκκλησιαν. οτι μελη εσμεν του σωματος αυτου. αντι τουτου καταλειψει ανθρωπος
4:16	ενος εκαστου μερους την αυξησιν του σωματος ποιειται εις οικοδομην εαυτου εν αγαπη.
4:12	εις εργον διακονιας. εις οικοδομην του σωματος του χριστου. μεχρι καταντησωμεν οι
5:23	κεφαλη της εκκλησιας. αυτος σωτηρ του σωματος. αλλα ως η εκκλησια υποτασσεται τω

		1 σωτηρ
5:23	ο χριστος κεφαλη της εκκλησιας. αυτος σωτηρ του σωματος. αλλα ως η εκκλησια	

		1 σωτηριας
1:13	λογον της αληθειας. το ευαγγελιον της σωτηριας υμων. εν ω και πιστευσαντες	

		1 σωτηριου
6:17	σβεσαι. και την περικεφαλαιαν του σωτηριου δεξασθε. και την μαχαιραν του	

		1 ταπεινοφροσυνης
4:2	της κλησεως ης εκληθητε. μετα πασης ταπεινοφροσυνης και πραυτητος. μετα	

		1 ταυτα
5:6	μηδεις υμας απατατω κενοις λογοις. δια ταυτα γαρ ερχεται η οργη του θεου επι τους	

		1 τε
3:19	και μηκος και υψος και βαθος. γνωναι τε την υπερβαλλουσαν της γνωσεως αγαπην του	

		1 τεθεμελιωμενοι
3:17	υμων. εν αγαπη ερριζωμενοι και τεθεμελιωμενοι. ινα εξισχυσητε καταλαβεσθαι	

		5 τεκνα
5:1	γινεσθε ουν μιμηται του θεου. ως τεκνα αγαπητα. και περιπατειτε εν αγαπη. καθως
6:4	και οι πατερες. μη παροργιζετε τα τεκνα υμων. αλλα εκτρεφετε αυτα εν παιδεια και
2:3	της σαρκος και των διανοιων. και ημεθα τεκνα φυσει οργης ως και οι λοιποι. ο δε θεος
5:8	τοτε σκοτος νυν δε φως εν κυριω. ως τεκνα φωτος περιπατειτε - ο γαρ καρπος του
6:1	η δε γυνη ινα φοβηται τον ανδρα. τα τεκνα, υπακουετε τοις γονευσιν υμων εν κυριω.

		1 τελειον
4:13	του υιου του θεου. εις ανδρα τελειον. εις μετρον ηλικιας του πληρωματος του	

		1	τηρειν				

4:3   αλληλων εν αγαπη.   σπουδαζοντες **τηρειν** την ενοτητα του πνευματος εν τω συνδεσμω

	8	τι

4:9   δοματα τοις ανθρωποις. το δε ανεβη **τι** εστιν ει μη οτι και κατεβη εις τα κατωτερα
5:10   δικαιοσυνη και αληθεια - δοκιμαζοντες **τι** εστιν ευαρεστον τω κυριω. και μη
6:8   ανθρωποις. ειδοτες οτι εκαστος, εαν **τι** ποιηση αγαθον. τουτο κομισεται παρα κυριου.
6:21   ινα δε και υμεις ειδητε τα κατ εμε **τι** πρασσω. παντα γνωρισει υμιν τυχικος ο
5:17   τουτο μη γινεσθε αφρονες. αλλα συνιετε **τι** το θελημα του κυριου. και μη μεθυσκεσθε
3:18   καταλαβεσθαι συν πασιν τοις αγιοις **τι** το πλατος και μηκος και υψος και βαθος.
1:19   κληρονομιας αυτου εν τοις αγιοις. και **τι** το υπερβαλλον μεγεθος της δυναμεως αυτου εις
5:27   μη εχουσαν σπιλον η ρυτιδα η **τι** των τοιουτων. αλλ ινα η αγια και αμωμος.

	1	τιμα

6:2   εν κυριω. τουτο γαρ εστιν δικαιον. **τιμα** τον πατερα σου και την μητερα. ητις εστιν

	5	τις

4:29   στοματος υμων μη εκπορευεσθω. αλλα ει **τις** αγαθος προς οικοδομην της χρειας. ινα δω
1:18   της καρδιας (υμων) εις το ειδεναι υμας **τις** εστιν η ελπις της κλησεως αυτου. τις ο
3:9   του χριστου. και φωτισαι (παντας) **τις** η οικονομια του μυστηριου του
2:9   θεου το δωρον. ουκ εξ εργων. ινα μη **τις** καυχησηται. αυτου γαρ εσμεν ποιημα.
1:18   τις εστιν η ελπις της κλησεως αυτου. **τις** ο πλουτος της δοξης της κληρονομιας αυτου

	1	τοιουτων

5:27   μη εχουσαν σπιλον η ρυτιδα η τι των **τοιουτων.** αλλ ινα η αγια και αμωμος. ουτως

	1	τοπον

4:27   επι (τω) παροργισμω υμων. μηδε διδοτε **τοπον** τω διαβολω. ο κλεπτων μηκετι κλεπτετω.

	10	τουτο

6:13   της πονηριας εν τοις επουρανιοις. δια **τουτο** αναλαβετε την πανοπλιαν του θεου. ινα
6:1   υπακουετε τοις γονευσιν υμων εν κυριω. **τουτο** γαρ εστιν δικαιον. τιμα τον πατερα σου
5:5   α ουκ ανηκεν. αλλα μαλλον ευχαριστια. **τουτο** γαρ ιστε γινωσκοντες οτι πας πορνος η
6:22   κυριω. ον επεμψα προς υμας εις αυτο **τουτο** ινα γνωτε τα περι ημων και παρακαλεση τας
1:15   εις επαινον της δοξης αυτου. δια **τουτο** καγω. ακουσας την καθ υμας πιστιν εν τω
6:8   οτι εκαστος, εαν τι ποιηση αγαθον. **τουτο** κομισεται παρα κυριου. ειτε δουλος ειτε
5:32   οι δυο εις σαρκα μιαν. το μυστηριον **τουτο** μεγα εστιν. εγω δε λεγω εις χριστον και
5:17   οτι αι ημεραι πονηραι εισιν. δια **τουτο** μη γινεσθε αφρονες. αλλα συνιετε τι το
2:8   εστε σεσωσμενοι δια πιστεως. και **τουτο** ουκ εξ υμων. θεου το δωρον. ουκ εξ
4:17   εις οικοδομην εαυτου εν αγαπη. **τουτο** ουν λεγω και μαρτυρομαι εν κυριω, μηκετι

	5	τουτου

5:31   μελη εσμεν του σωματος αυτου. αντι **τουτου** καταλειψει ανθρωπος τον πατερα και την
3:1   κατοικητηριον του θεου εν πνευματι. **τουτου** χαριν εγω παυλος ο δεσμιος του χριστου
3:14   μου υπερ υμων. ητις εστιν δοξα υμων. **τουτου** χαριν καμπτω τα γονατα μου προς τον
2:2   κατα τον αιωνα του κοσμου **τουτου.** κατα τον αρχοντα της εξουσιας του
6:12   προς τους κοσμοκρατορας του σκοτους **τουτου.** προς τα πνευματικα της πονηριας εν τοις

	1	τουτω

1:21   ονομαζομενου ου μονον εν τω αιωνι **τουτω** αλλα και εν τω μελλοντι. και παντα

	1	τρομου

6:5   τοις κατα σαρκα κυριοις μετα φοβου και **τρομου** εν απλοτητι της καρδιας υμων ως τω

	1	τυχικος

6:21   εμε. τι πρασσω. παντα γνωρισει υμιν **τυχικος** ο αγαπητος αδελφος και πιστος διακονος

	1	υδατος

5:26   αυτην αγιαση καθαρισας τω λουτρω του **υδατος** εν ρηματι. ινα παραστηση αυτος εαυτω

	1	υιοθεσιαν

1:5   αυτου εν αγαπη. προορισας ημας εις **υιοθεσιαν** δια ιησου χριστου εις αυτον. κατα την

	2	υιοις

2:2   πνευματος του νυν ενεργουντος εν τοις **υιοις** της απειθειας. εν οις και ημεις παντες
3:5   ο ετεραις γενεαις ουκ εγνωρισθη τοις **υιοις** των ανθρωπων ως νυν απεκαλυφθη τοις

	1	υιου

4:13   της πιστεως και της επιγνωσεως του **υιου** του θεου. εις ανδρα τελειον. εις μετρον

1 υιους

5:6   γαρ ερχεται η οργη του θεου επι τους υιους της απειθειας.   μη ουν γινεσθε συμμετοχοι

10 υμας

5:6   βασιλεια του χριστου και θεου. μηδεις υμας απατατω κενοις λογοις, δια ταυτα γαρ
4:1   των αιωνων. αμην.   παρακαλω ουν υμας εγω ο δεσμιος εν κυριω αξιως περιπατησαι
6:22   διακονος εν κυριω. ον επεμψα προς υμας εις αυτο τουτο ινα γνωτε τα περι ημων και
4:22   εστιν αληθεια εν τω ιησου. αποθεσθαι υμας κατα την προτεραν αναστροφην τον παλαιον
2:1   τα παντα εν πασιν πληρουμενου.   και υμας οντας νεκρους τοις παραπτωμασιν και ταις
4:17   λεγω και μαρτυρομαι εν κυριω, μηκετι υμας περιπατειν καθως και τα εθνη περιπατει εν
1:15   δια τουτο καγω, ακουσας την καθ υμας πιστιν εν τω κυριω ιησου και την αγαπην
6:11   πανοπλιαν του θεου προς το δυνασθαι υμας στηναι προς τας μεθοδειας του διαβολου.
1:18   της καρδιας (υμων) εις το ειδεναι υμας τις εστιν η ελπις της κλησεως αυτου, τις ο
3:2   χαριτος του θεου της δοθεισης μοι εις υμας, (οτι) κατα αποκαλυψιν εγνωρισθη μοι το

7 υμεις

1:13   προηλπικοτας εν τω χριστω. εν ω και υμεις ακουσαντες τον λογον της αληθειας, το
4:20   ακαθαρσιας πασης εν πλεονεξια. υμεις δε ουχ ουτως εμαθετε τον χριστον. ει γε
6:21   ως δει με λαλησαι. ινα δε και υμεις ειδητε τα κατ εμε, τι πρασσω, παντα
5:33   και εις την εκκλησιαν. πλην και υμεις οι καθ ενα εκαστος την εαυτου γυναικα
2:13   εν τω κοσμω. νυνι δε εν χριστω ιησου υμεις οι ποτε οντες μακραν εγενηθητε εγγυς εν
2:22   εις ναον αγιον εν κυριω, εν ω και υμεις συνοικοδομεισθε εις κατοικητηριον του
2:11   διο μνημονευετε οτι ποτε υμεις τα εθνη εν σαρκι, οι λεγομενοι ακροβυστια

7 υμιν

1:2   και πιστοις εν χριστω ιησου. χαρις υμιν και ειρηνη απο θεου πατρος ημων και κυριου
3:16   και επι γης ονομαζεται, ινα δω υμιν κατα το πλουτος της δοξης αυτου δυναμει
1:17   ιησου χριστου. ο πατηρ της δοξης, δων υμιν πνευμα σοφιας και αποκαλυψεως εν επιγνωσει
2:17   αυτω. και ελθων ευηγγελισατο ειρηνην υμιν τοις μακραν και ειρηνην τοις εγγυς. οτι
6:21   τα κατ εμε, τι πρασσω, παντα γνωρισει υμιν τυχικος ο αγαπητος αδελφος και πιστος
4:32   καθως και ο θεος εν χριστω εχαρισατο υμιν.   γινεσθε ουν μιμηται του θεου, ως τεκνα
5:3   πασα η πλεονεξια μηδε ονομαζεσθω εν υμιν, καθως πρεπει αγιοις.   και αισχροτης και

1 υμνοις

5:19   λαλουντες εαυτοις (εν) ψαλμοις και υμνοις και ωδαις πνευματικαις, αδοντες και

20 υμων

6:14   στητε ουν περιζωσαμενοι την οσφυν υμων εν αληθεια, και ενδυσαμενοι τον θωρακα της
6:1   τα τεκνα, υπακουετε τοις γονευσιν υμων εν κυριω. τουτο γαρ εστιν δικαιον. τιμα
4:29   πας λογος σαπρος εκ του στοματος υμων μη εκπορευεσθω. αλλα ει τις αγαθος προς
1:16   αγιους, ου παυομαι ευχαριστων υπερ υμων μνειαν ποιουμενος επι των προσευχων μου,
6:9   την απειλην, ειδοτες οτι και αυτων και υμων ο κυριος εστιν εν ουρανοις. και
4:31   και κραυγη και βλασφημια αρθητω αφ υμων συν παση κακια. γινεσθε εις αλληλους
5:19   αδοντες και ψαλλοντες τη καρδια υμων τω κυριω. ευχαριστουντες παντοτε υπερ
3:1   ο δεσμιος του χριστου (ιησου) υπερ υμων των εθνων- ει γε ηκουσατε την οικονομιαν
6:5   και τρομου εν απλοτητι της καρδιας υμων ως τω χριστω. μη κατ οφθαλμοδουλιαν ως
6:22   περι ημων και παρακαλεση τας καρδιας υμων. ειρηνη τοις αδελφοις και αγαπη μετα
4:4   και εκληθητε εν μια ελπιδι της κλησεως υμων. εις κυριος, μια πιστις, εν βαπτισμα,
3:13   μου υπερ υμων, ητις εστιν δοξα υμων. τουτου χαριν καμπτω τα γονατα μου προς
2:1   τοις παραπτωμασιν και ταις αμαρτιαις υμων, εν αις ποτε περιεπατησατε κατα τον αιωνα
4:23   ανανεουσθαι δε τω πνευματι του νοος υμων. και ενδυσασθαι τον καινον ανθρωπον τον
4:26   ηλιος μη επιδυετω επι (τω) παροργισμω υμων. μηδε διδοτε τοπον τω διαβολω. ο κλεπτων
6:4   οι πατερες, μη παροργιζετε τα τεκνα υμων, αλλα εκτρεφετε αυτα εν παιδεια και
3:17   δια της πιστεως εν ταις καρδιαις υμων. εν αγαπη ερριζωμενοι και τεθεμελιωμενοι.
1:13   αληθειας, το ευαγγελιον της σωτηριας υμων. εν ω και πιστευσαντες εσφραγισθητε τω
3:13   μη εγκακειν εν ταις θλιψεσιν μου υπερ υμων, ητις εστιν δοξα υμων. τουτου χαριν
2:8   δια πιστεως. και τουτο ουκ εξ υμων. θεου το δωρον. ουκ εξ εργων, ινα μη τις

1 υπ

5:12   και ελεγχετε. τα γαρ κρυφη γινομενα υπ αυτων αισχρον εστιν και λεγειν. τα δε παντα

2 υπακουετε

6:1   ινα φοβηται τον ανδρα. τα τεκνα. υπακουετε τοις γονευσιν υμων εν κυριω, τουτο
6:5   και νουθεσια κυριου. οι δουλοι. υπακουετε τοις κατα σαρκα κυριοις μετα φοβου

10 υπερ

5:25   την εκκλησιαν και εαυτον παρεδωκεν υπερ αυτης. ινα αυτην αγιαση καθαρισας τω
6:19   και δεησει περι παντων των αγιων, και υπερ εμου. ινα μοι δοθη λογος εν ανοιξει του
5:2   ηγαπησεν ημας και παρεδωκεν εαυτον υπερ ημων προσφοραν και θυσιαν τω θεω εις οσμην
6:20   γνωρισαι το μυστηριον του ευαγγελιου υπερ ου πρεσβευω εν αλυσει. ινα εν αυτω
3:20   το πληρωμα του θεου. τω δε δυναμενω υπερ παντα ποιησαι υπερεκπερισσου ων αιτουμεθα
1:22   ποδας αυτου. και αυτον εδωκεν κεφαλην υπερ παντα τη εκκλησια. ητις εστιν το σωμα

5:20	υμων τω κυριω.	ευχαριστουντες παντοτε υπερ	παντων εν ονοματι του κυριου ημων ιησου
1:16	τους αγιους.	ου παυομαι ευχαριστων υπερ	υμων μνειαν ποιουμενος επι των προσευχων
3:1	παυλος ο δεσμιος του χριστου (ιησου) υπερ	υμων των εθνων- ει γε ηκουσατε την
3:13	μη εγκακειν εν ταις θλιψεσιν μου υπερ	υμων, ητις εστιν δοξα υμων. τουτου χαριν

2 υπερανω

4:10	ο καταβας αυτος εστιν και ο αναβας υπερανω παντων των ουρανων. ινα πληρωση τα
1:21	εν δεξια αυτου εν τοις επουρανιοις υπερανω πασης αρχης και εξουσιας και δυναμεως

2 υπερβαλλον

1:19	αυτου εν τοις αγιοις. και τι το υπερβαλλον μεγεθος της δυναμεως αυτου εις ημας
2:7	εν τοις αιωσιν τοις· επερχομενοις το υπερβαλλον πλουτος της χαριτος αυτου εν

1 υπερβαλλουσαν

3:19	και υψος και βαθος. γνωναι τε την υπερβαλλουσαν της γνωσεως αγαπην του χριστου.

1 υπερεκπερισσου

3:20	τω δε δυναμενω υπερ παντα ποιησαι υπερεκπερισσου ων αιτουμεθα η νοουμεν κατα την

1 υπεταξεν

1:22	αλλα και εν τω μελλοντι. και παντα υπεταξεν υπο τους ποδας αυτου. και αυτον εδωκεν

3 υπο

2:11	εθνη εν σαρκι. οι λεγομενοι ακροβυστια υπο της λεγομενης περιτομης εν σαρκι
5:13	και λεγειν. τα δε παντα ελεγχομενα υπο του φωτος φανερουται. παν γαρ το
1:22	εν τω μελλοντι. και παντα υπεταξεν υπο τους ποδας αυτου. και αυτον εδωκεν κεφαλην

1 υποδησαμενοι

6:15	τον θωρακα της δικαιοσυνης. και υποδησαμενοι τους ποδας εν ετοιμασια του

1 υποτασσεται

5:24	σωτηρ του σωματος. αλλα ως η εκκλησια υποτασσεται τω χριστω. ουτως και αι γυναικες

1 υποτασσομενοι

5:21	ημων ιησου χριστου τω θεω και πατρι. υποτασσομενοι αλληλοις εν φοβω χριστου. αι

2 υψος

4:8	του χριστου. διο λεγει. αναβας εις υψος ηχμαλωτευσεν αιχμαλωσιαν. εδωκεν δοματα
3:18	τοις αγιοις τι το πλατος και μηκος και υψος και βαθος. γνωναι τε την υπερβαλλουσαν

1 φανερουμενον

5:14	υπο του φωτος φανερουται. παν γαρ το φανερουμενον φως εστιν. διο λεγει. εγειρε. ο

1 φανερουται

5:13	τα δε παντα ελεγχομενα υπο του φωτος φανερουται. παν γαρ το φανερουμενον φως εστιν.

1 φθειρομενον

4:22	αναστροφην τον παλαιον ανθρωπον τον φθειρομενον κατα τας επιθυμιας της απατης.

1 φοβηται

5:33	ουτως αγαπατω ως εαυτον. η δε γυνη ινα φοβηται τον ανδρα. τα τεκνα. υπακουετε τοις

1 φοβου

6:5	υπακουετε τοις κατα σαρκα κυριοις μετα φοβου και τρομου εν απλοτητι της καρδιας υμων

1 φοβω

5:21	και πατρι. υποτασσομενοι αλληλοις εν φοβω χριστου. αι γυναικες τοις ιδιοις ανδρασιν

1 φραγμου

2:14	τα αμφοτερα εν και το μεσοτοιχον του φραγμου λυσας. την εχθραν. εν τη σαρκι αυτου.

1 φρονησει

1:8	εις ημας εν παση σοφια και φρονησει γνωρισας ημιν το μυστηριον του

1 φυσει

2:3	και των διανοιων. και ημεθα τεκνα φυσει οργης ως και οι λοιποι. ο δε θεος

2 φως

5:8	αυτων. ητε γαρ ποτε σκοτος νυν δε φως εν κυριω. ως τεκνα φωτος περιπατειτε - ο
5:14	φανερουται. παν γαρ το φανερουμενον φως εστιν. διο λεγει. εγειρε. ο καθευδων. και

1 φωτισαι

3:9   πλουτος του χριστου.   και φωτισαι (παντας) τις η οικονομια του μυστηριου

3 φωτος

5:9   φωτος περιπατειτε - ο γαρ καρπος του φωτος εν παση αγαθωσυνη και δικαιοσυνη και
5:8   σκοτος νυν δε φως εν κυριω. ως τεκνα φωτος περιπατειτε - ο γαρ καρπος του φωτος εν
5:13   τα δε παντα ελεγχομενα υπο του φωτος φανερουται. παν γαρ το φανερουμενον φως

1 χαριζομενοι

4:32   εις αλληλους χρηστοι, ευσπλαγχνοι, χαριζομενοι εαυτοις καθως και ο θεος εν χριστω

3 χαριν

3:1   του θεου εν πνευματι. τουτου χαριν εγω παυλος ο δεσμιος του χριστου (ιησου)
3:14   υμων, ητις εστιν δοξα υμων. τουτου χαριν καμπτω τα γονατα μου προς τον πατερα, εξ
4:29   προς οικοδομην της χρειας, ινα δω χαριν τοις ακουουσιν. και μη λυπειτε το πνευμα

4 χαρις

3:8   τω ελαχιστοτερω παντων αγιων εδοθη η χαρις αυτη, τοις εθνεσιν ευαγγελισασθαι το
4:7   εν πασιν. ενι δε εκαστω ημων εδοθη η χαρις κατα το μετρον της δωρεας του χριστου.
6:24   πατρος και κυριου ιησου χριστου. η χαρις μετα παντων των αγαπωντων τον κυριον ημων
1:2   εφεσω) και πιστοις εν χριστω ιησου. χαρις υμιν και ειρηνη απο θεου πατρος ημων και

2 χαριτι

2:8   εφ ημας εν χριστω ιησου. τη γαρ χαριτι εστε σεσωσμενοι δια πιστεως. και τουτο
2:5   συνεζωοποιησεν τω χριστω - χαριτι εστε σεσωσμενοι - και συνηγειρεν και

5 χαριτος

2:7   επερχομενοις το υπερβαλλον πλουτος της χαριτος αυτου εν χρηστοτητι εφ ημας εν χριστω
1:6   αυτου. εις επαινον δοξης της χαριτος αυτου ης εχαριτωσεν ημας εν τω
1:7   των παραπτωματων, κατα το πλουτος της χαριτος αυτου, ης επερισσευσεν εις ημας εν
3:2   ει γε ηκουσατε την οικονομιαν της χαριτος του θεου της δοθεισης μοι εις υμας.
3:7   εγενηθην δισκονος κατα την δωρεαν της χαριτος του θεου της δοθεισης μοι κατα την

1 χειροποιητου

2:11   υπο της λεγομενης περιτομης εν σαρκι χειροποιητου. οτι ητε τω καιρω εκεινω χωρις

1 χερσιν

4:28   δε κοπιατω εργαζομενος ταις ιδιαις χερσιν το αγαθον, ινα εχη μεταδιδοναι τω χρειαν

1 χρειαν

4:28   το αγαθον, ινα εχη μεταδιδοναι τω χρειαν εχοντι. πας λογος σαπρος εκ του

1 χρειας

4:29   αλλα ει τις αγαθος προς οικοδομην της χρειας, ινα δω χαριν τοις ακουουσιν. και μη

1 χρηστοι

4:32   συν παση κακια. γινεσθε εις αλληλους χρηστοι, ευσπλαγχνοι, χαριζομενοι εαυτοις καθως

1 χρηστοτητι

2:7   πλουτος της χαριτος αυτου εν χρηστοτητι εφ ημας εν χριστω ιησου. τη γαρ

4 χριστον

3:17   εις τον εσω ανθρωπον. κατοικησαι τον χριστον δια της πιστεως εν ταις καρδιαις υμων.
6:24   των αγαπωντων τον κυριον ημων ιησουν χριστον εν αφθαρσια.
5:32   τουτο μεγα εστιν, εγω δε λεγω εις χριστον και εις την εκκλησιαν. πλην και υμεις
4:20   υμεις δε ουχ ουτως εμαθετε τον χριστον, ει γε αυτον ηκουσατε και εν αυτω

6 χριστος

5:2   και περιπατειτε εν αγαπη, καθως και ο χριστος ηγαπησεν ημας και παρεδωκεν εαυτον υπερ
5:25   αγαπατε τας γυναικας, καθως και ο χριστος ηγαπησεν την εκκλησιαν και εαυτον
5:23   εστιν κεφαλη της γυναικος ως και ο χριστος κεφαλη της εκκλησιας, αυτος σωτηρ του
5:29   εκτρεφει και θαλπει αυτην, καθως και ο χριστος την εκκλησιαν, οτι μελη εσμεν του
5:14   εκ των νεκρων, και επιφαυσει σοι ο χριστος. βλεπετε ουν ακριβως πως περιπατειτε.
4:15   εις αυτον τα παντα, ος εστιν η κεφαλη, χριστος. εξ ου παν το σωμα συναρμολογουμενον

20 χριστου

1:5   προορισας ημας εις υιοθεσιαν δια ιησου χριστου εις αυτον, κατα την ευδοκιαν του
1:1   παυλος αποστολος χριστου ιησου δια θεληματος θεου τοις αγιοις
2:20   και προφητων, οντος ακρογωνιαιου αυτου χριστου ιησου, εν ω πασα οικοδομη
5:5   εχει κληρονομιαν εν τη βασιλεια του χριστου και θεου. μηδεις υμας απατατω κενοις
6:6   ως ανθρωπαρεσκοι αλλ ως δουλοι χριστου ποιουντες το θελημα του θεου εκ ψυχης.
5:20   εν ονοματι του κυριου ημων ιησου χριστου τω θεω και πατρι. υποτασσομενοι

3:1	τουτου χαριν εγω παυλος ο δεσμιος του	χριστου	(ιησου) υπερ υμων των εθνων- ει γε
5:21	πατρι. υποτασσομενοι αλληλοις εν φοβω	χριστου.	αι γυναικες τοις ιδιοις ανδρασιν ως
2:13	εγενηθητε εγγυς εν τω αιματι του	χριστου.	αυτος γαρ εστιν η ειρηνη ημων, ο
4:7	η χαρις κατα το μετρον της δωρεας του	χριστου.	διο λεγει. αναβας εις υψος
1:2	απο θεου πατρος ημων και κυριου ιησου	χριστου.	ευλογητος ο θεος και πατηρ του κυριου
6:23	απο θεου πατρος και κυριου ιησου	χριστου.	η χαρις μετα παντων των αγαπωντων τον
4:13	εις μετρον ηλικιας του πληρωματος του	χριστου,	ινα μηκετι ωμεν νηπιοι.
3:8	το ανεξιχνιαστον πλουτος του	χριστου.	και φωτισαι (παντας) τις η οικονομια
4:12	εις οικοδομην του σωματος του	χριστου.	μεχρι καταντησωμεν οι παντες εις την
3:4	την συνεσιν μου εν τω μυστηριω του	χριστου.	ο ετεραις γενεαις ουκ εγνωρισθη τοις
2:12	οτι ητε τω καιρω εκεινω χωρις	χριστου.	απηλλοτριωμενοι της πολιτειας
3:19	υπερβαλλουσαν της γνωσεως αγαπην του	χριστου.	ινα πληρωθητε εις παν το πληρωμα του
1:3	ο θεος και πατηρ του κυριου ημων ιησου	χριστου.	ο ευλογησας ημας εν παση ευλογια
1:17	μου. ινα ο θεος του κυριου ημων ιησου	χριστου.	ο πατηρ της δοξης. δωη υμιν πνευμα

16 χριστω

1:20	της ισχυος αυτου ην ενηργησεν εν τω	χριστω	εγειρας αυτον εκ νεκρων. και καθισας εν
4:32	εαυτοις καθως και ο θεος εν	χριστω	εχαρισατο υμιν. γινεσθε ουν μιμηται
3:6	και συμμετοχα της επαγγελιας εν	χριστω	ιησου δια του ευαγγελιου. ου εγενηθην
3:21	αυτω η δοξα εν τη εκκλησια και εν	χριστω	ιησου εις πασας τας γενεας του αιωνος
2:10	αυτου γαρ εσμεν ποιημα, κτισθεντες εν	χριστω	ιησου επι εργοις αγαθοις οις
3:11	προθεσιν των αιωνων ην εποιησεν εν τω	χριστω	ιησου τω κυριω ημων. εν ω εχομεν την
2:13	και αθεοι εν τω κοσμω. νυνι δε εν	χριστω	ιησου υμεις οι ποτε οντες μακραν
2:7	χαριτος αυτου (εν χρηστοτητι εφ ημας εν	χριστω	ιησου. τη γαρ χαριτι εστε σεσωσμενοι
1:1	τοις ουσιν (εν εφεσω) και πιστοις εν	χριστω	ιησου. χαρις υμιν και ειρηνη απο θεου
2:6	και συνεκαθισεν εν τοις επουρανιοις εν	χριστω	ιησου. ινα ενδειξηται εν τοις αιωσιν
2:5	τοις παραπτωμασιν συνεζωοποιησεν τω	χριστω	- χαριτι εστε σεσωσμενοι - και
1:12	δοξης αυτου τους προηλπικοτας εν τω	χριστω.	εν ω και υμεις ακουσαντες τον λογον
1:3	πνευματικη εν τοις επουρανιοις εν	χριστω.	καθως εξελεξατο ημας εν αυτω προ
6:5	εν απλοτητι της καρδιας υμων ως τω	χριστω,	μη κατ οφθαλμοδουλιαν ως ανθρωπαρεσκοι
5:24	αλλα ως η εκκλησια υποτασσεται τω	χριστω,	ουτως και αι γυναικες τοις ανδρασιν εν
1:10	ανακεφαλαιωσασθαι τα παντα εν τω	χριστω.	τα επι τοις ουρανοις και τα επι της

1 χωρις

2:12	χειροποιητου. οτι ητε τω καιρω εκεινω	χωρις	χριστου. απηλλοτριωμενοι της πολιτειας

1 ψαλλοντες

5:19	και ωδαις πνευματικαις. αδοντες και	ψαλλοντες	τη καρδια υμων τω κυριω.

1 ψαλμοις

5:19	εν πνευματι. λαλουντες εαυτοις (εν)	ψαλμοις	και υμνοις και ωδαις πνευματικαις.

1 ψευδος

4:25	της αληθειας. διο αποθεμενοι το	ψευδος	λαλειτε αληθειαν εκαστος μετα του

1 ψυχης

6:6	ποιουντες το θελημα του θεου εκ	ψυχης,	μετ ευνοιας δουλευοντες. ως τω κυριω

10 ω

6:16	αναλαβοντες τον θυρεον της πιστεως, εν	ω	δυνησεσθε παντα τα βελη του πονηρου (τα)
5:18	κυριου. και μη μεθυσκεσθε οινω, εν	ω	εστιν ασωτια. αλλα πληρουσθε εν πνευματι.
4:30	το πνευμα το αγιον του θεου, εν	ω	εσφραγισθητε εις ημεραν απολυτρωσεως. πασα
1:7	εχαριτωσεν ημας εν τω ηγαπημενω, εν	ω	εχομεν την απολυτρωσιν δια του αιματος αυτου.
3:12	εν τω χριστω ιησου τω κυριω ημων. εν	ω	εχομεν την παρρησιαν και προσαγωγην εν
1:11	και τα επι της γης. εν αυτω, εν	ω	και εκληρωθημεν προορισθεντες κατα προθεσιν
1:13	το ευαγγελιον της σωτηριας υμων. εν	ω	και πιστευσαντες εσφραγισθητε τω πνευματι της
1:13	τους προηλπικοτας εν τω χριστω. εν	ω	και υμεις ακουσαντες τον λογον της αληθειας.
2:22	αυξει εις ναον αγιον εν κυριω, εν	ω	και υμεις συνοικοδομεισθε εις κατοικητηριον
2:21	ακρογωνιαιου αυτου χριστου ιησου, εν	ω	πασα οικοδομη συναρμολογουμενη αυξει εις ναον

1 ωδαις

5:19	εαυτοις (εν) ψαλμοις και υμνοις και	ωδαις	πνευματικαις. αδοντες και ψαλλοντες τη

1 ωμεν

4:14	πληρωματος του χριστου, ινα μηκετι	ωμεν	νηπιοι. κλυδωνιζομενοι και περιφερομενοι

2 ων

3:20	υπερ παντα ποιησαι υπερεκπερισσου	ων	αιτουμεθα η νοουμεν κατα την δυναμιν την
2:4	ως και οι λοιποι. ο δε θεος πλουσιος	ων	εν ελεει. δια την πολλην αγαπην αυτου ην

16 ως

6:6	ως τω χριστω. μη κατ οφθαλμοδουλιαν	ως	ανθρωπαρεσκοι αλλ ως δουλοι χριστου
5:15	ουν ακριβως πως περιπατειτε, μη	ως	ασοφοι αλλ ως σοφοι. εξαγοραζομενοι τον

6:20	εν αλυσει. ινα εν αυτω παρρησιασωμαι	ως	δει με λαλησαι. ινα δε και υμεις ειδητε τα
6:6	οφθαλμοδουλιαν ως ανθρωπαρεσκοι αλλ	ως	δουλοι χριστου ποιουντες το θελημα του θεου
5:33	την εαυτου γυναικα ουτως αγαπατω	ως	εαυτον. η δε γυνη ινα φοβηται τον ανδρα.
5:24	αυτος σωτηρ του σωματος. αλλα	ως	η εκκλησια υποτασσεται τω χριστω. ουτως και
5:23	οτι ανηρ εστιν κεφαλη της γυναικος	ως	και ο χριστος κεφαλη της εκκλησιας, αυτος
2:3	διανοιων. και ημεθα τεκνα φυσει οργης	ως	και οι λοιποι. ο δε θεος πλουσιος ων εν
3:5	ουκ εγνωρισθη τοις υιοις των ανθρωπων	ως	νυν απεκαλυφθη τοις αγιοις αποστολοις αυτου
5:15	πως περιπατειτε, μη ως ασοφοι αλλ	ως	σοφοι. εξαγοραζομενοι τον καιρον. οτι αι
5:28	οι ανδρες αγαπαν τας εαυτων γυναικας	ως	τα εαυτων σωματα. ο αγαπων την εαυτου
5:1	υμιν. γινεσθε ουν μιμηται του θεου.	ως	τεκνα αγαπητα. και περιπατειτε εν αγαπη.
5:8	γαρ ποτε σκοτος νυν δε φως εν κυριω.	ως	τεκνα φωτος περιπατειτε - ο γαρ καρπος του
6:7	εκ ψυχης. μετ ευνοιας δουλευοντες.	ως	τω κυριω και ουκ ανθρωποις. ειδοτες οτι
5:22	αι γυναικες τοις ιδιοις ανδρασιν	ως	τω κυριω. οτι ανηρ εστιν κεφαλη της
6:5	τρομου εν απλοτητι της καρδιας υμων	ως	τω χριστω. μη κατ οφθαλμοδουλιαν ως

PART VI
REVERSE CONCORDANCE

5:4   αισχροτης και μωρολογια η ευτραπελια. α ουκ ανηκεν. αλλα μαλλον ευχαριστια.   τουτο γαρ

1 μεγα

5:32   σαρκα μιαν. το μυστηριον τουτο μεγα εστιν. εγω δε λεγω εις χριστον και εις την

1 ελπιδα

2:12   των διαθηκων της επαγγελιας. ελπιδα μη εχοντες και αθεοι εν τω κοσμω. νυνι δε εν

1 ρυτιδα

5:27   εκκλησιαν. μη εχουσαν σπιλον η ρυτιδα η τι των τοιουτων. αλλ ινα η αγια και αμωμος.

1 ημεθα

2:3   της σαρκος και των διανοιων. και ημεθα τεκνα φυσει οργης ως και οι λοιποι. ο δε θεος

1 αιτουμεθα

3:20   ποιησαι υπερεκπερισσου ων αιτουμεθα η νοουμεν κατα την δυναμιν την ενεργουμενην εν

1 ανακεφαλαιωσασθ

1 αγια

5:27   η τι των τοιουτων. αλλ ινα η αγια και αμωμος. ουτως οφειλουσιν και οι ανδρες

1 μωρολογια

5:4   αγιοις. και αισχροτης και μωρολογια η ευτραπελια. α ουκ ανηκεν. αλλα μαλλον

1 ευλογια

1:3   ο ευλογησας ημας εν παση ευλογια πνευματικη εν τοις επουρανιοις εν χριστω.

1 πανουργια

4:14   εν τη κυβεια των ανθρωπων εν πανουργια προς την μεθοδιαν της πλανης. αληθευοντες δε

20 δια

5:17   οτι αι ημεραι πονηραι εισιν. δια τουτο μη γινεσθε αφρονες, αλλα συνιετε τι το
6:13   της πονηριας εν τοις επουρανιοις. δια τουτο αναλαβετε την πανοπλιαν του θεου, ινα
1:15   εις επαινον της δοξης αυτου. δια τουτο καγω, ακουσας την καθ υμας πιστιν εν τω
6:18   του πνευματος. ο εστιν ρημα θεου. δια πασης προσευχης και δεησεως. προσευχομενοι εν
4:6   και πατηρ παντων. ο επι παντων και δια παντων και εν πασιν. ενι δε εκαστω ημων εδοθη
3:16   δοξης αυτου δυναμει κραταιωθηναι δια του πνευματος αυτου εις τον εσω ανθρωπον.
3:12   και προσαγωγην εν πεποιθησει δια της πιστεως αυτου. διο αιτουμαι μη εγκακειν
2:8   τη γαρ χαριτι εστε σεσωσμενοι δια πιστεως. και τουτο ουκ εξ υμων, θεου το δωρον.
1:5   προορισας ημας εις υιοθεσιαν δια ιησου χριστου εις αυτον κατα την ευδοκιαν του
1:7   εν ω εχομεν την απολυτρωσιν δια του αιματος αυτου, την αφεσιν των
4:16   και συμβιβαζομενον δια πασης αφης της επιχορηγιας κατ ενεργειαν εν
3:17   ανθρωπον. κατοικησαι τον χριστον δια της πιστεως εν ταις καρδιαις υμων. εν αγαπη
3:10   ταις εξουσιαις εν τοις επουρανιοις δια της εκκλησιας η πολυποικιλος σοφια του θεου.
1:1   παυλος αποστολος χριστου ιησου δια θεληματος θεου τοις αγιοις τοις ουσιν (εν
3:6   της επαγγελιας εν χριστω ιησου δια του ευαγγελιου. ου εγενηθην διακονος κατα την
2:16   αμφοτερους εν ενι σωματι τω θεω δια του σταυρου. αποκτεινας την εχθραν εν αυτω.
2:4   ο δε θεος πλουσιος ων εν ελεει. δια την πολλην αγαπην αυτου ην ηγαπησεν ημας. και
5:6   μηδεις υμας απατατω κενοις λογοις. δια ταυτα γαρ ερχεται η οργη του θεου επι τους
4:18   την αγνοιαν την ουσαν εν αυτοις. δια την πωρωσιν της καρδιας αυτων. οιτινες
4:18   απηλλοτριωμενοι της ζωης του θεου. δια την αγνοιαν την ουσαν εν αυτοις, δια την

1 καρδια

5:19   αδοντες και ψαλλοντες τη καρδια υμων τω κυριω. ευχαριστουντες παντοτε υπερ

1 κυβεια

4:14   ανεμω της διδασκαλιας εν τη κυβεια των ανθρωπων εν πανουργια προς την μεθοδιαν

1 ασελγεια

4:19   εαυτους παρεδωκαν τη ασελγεια εις εργασιαν ακαθαρσιας πασης εν πλεονεξια.

1 παιδεια

6:4   υμων. αλλα εκτρεφετε αυτα εν παιδεια και νουθεσια κυριου. οι δουλοι, υπακουετε

3 αληθεια

5:9   αγαθωσυνη και δικαιοσυνη και αληθεια - δοκιμαζοντες τι εστιν ευαρεστον τω κυριω.
6:14   περιζωσαμενοι την οσφυν υμων εν αληθεια και ενδυσαμενοι τον θωρακα της δικαιοσυνης.
4:21   εν αυτω εδιδαχθητε καθως εστιν αληθεια εν τω ιησου, αποθεσθαι υμας κατα την προτεραν

```
                                              1  βασιλεια
5:5      ουκ εχει κληρονομιαν εν τη βασιλεια  του χριστου και θεου.  μηδεις υμας απατατω

                                              1  πορνεια
5:3        τω θεω εις οσμην ευωδιας.  πορνεια  δε και ακαθαρσια πασα η πλεονεξια μηδε

                                              1  κακια
4:31     βλασφημια αρθητω αφ υμων συν παση κακια  γινεσθε εις αλληλους χρηστοι. ευσπλαγχνοι.

                                              1  επαγγελια
6:2        ητις εστιν εντολη πρωτη εν επαγγελια  ινα ευ σοι γενηται και εση μακροχρονιος επι

                                              1  ευτραπελια
5:4      αισχροτης και μωρολογια η ευτραπελια  α ουκ ανηκεν. αλλα μαλλον ευχαριστια.  τουτο

                                              2  μια
4:4       εν πνευμα, καθως και εκληθητε εν μια  ελπιδι της κλησεως υμων.  εις κυριος, μια
4:5        της κλησεως υμων.  εις κυριος, μια  πιστις, εν βαπτισμα.  εις θεος και πατηρ

                                              1  βλασφημια
4:31     θυμος και οργη και κραυγη και βλασφημια  αρθητω αφ υμων συν παση κακια.  γινεσθε εις

                                              1  οικονομια
3:9       και φωτισαι (παντας) τις η οικονομια  του μυστηριου του αποκεκρυμμενου απο των

                                              1  δεξια
1:20     αυτον εκ νεκρων, και καθισας εν δεξια  αυτου εν τοις επουρανιοις  υπερανω πασης αρχης

                                              2  πλεονεξια
5:3         δε και ακαθαρσια πασα η πλεονεξια  μηδε ονομαζεσθω εν υμιν, καθως πρεπει αγιοις,
4:19     εργασιαν ακαθαρσιας πασης εν πλεονεξια  υμεις δε ουχ ουτως εμαθετε τον χριστον.  ει

                                              1  διανοια
4:18     του νοος αυτων.  εσκοτωμενοι τη διανοια  οντες, απηλλοτριωμενοι της ζωης του θεου. δια

                                              1  πικρια
4:31      εις ημεραν απολυτρωσεως.  πασα πικρια  και θυμος και οργη και κραυγη και βλασφημια

                                              1  πατρια
3:15     μου προς τον πατερα.  εξ ου πασα πατρια  εν ουρανοις και ετι γης ονομαζεται.  ινα δω

                                              1  ετοιμασια
6:15      υποδησαμενοι τους ποδας εν ετοιμασια  του ευαγγελιου της ειρηνης.  εν πασιν

                                              1  νουθεσια
6:4       εκτρεφετε αυτα εν παιδεια και νουθεσια  κυριου.  οι δουλοι, υπακουετε τοις κατα σαρκα

                                              3  εκκλησια
5:24     σωτηρ του σωματος.  αλλα ως η εκκλησια  υποτασσεται τω χριστω, ουτως και αι γυναικες
1:22     εδωκεν κεφαλην υπερ παντα τη εκκλησια  ητις εστιν το σωμα αυτου. το πληρωμα του τα
3:21     εν ημιν,  αυτω η δοξα εν τη εκκλησια  και εν χριστω ιησου εις πασας τας γενεας του

                                              1  παρρησια
6:19      ανοιξει του στοματος μου, εν παρρησια  γνωρισαι το μυστηριον του ευαγγελιου  υπερ ου

                                              1  ακαθαρσια
5:3        ευωδιας.  πορνεια δε και ακαθαρσια  πασα η πλεονεξια μηδε ονομαζεσθω εν υμιν,

                                              1  αφθαρσια
6:24     κυριον ημων ιησουν χριστον εν αφθαρσια

                                              1  ευχαριστια
5:4        α ουκ ανηκεν. αλλα μαλλον ευχαριστια  τουτο γαρ ιστε γινωσκοντες οτι πας πορνος η

                                              1  ακροβυστια
2:11     εθνη εν σαρκι, οι λεγομενοι ακροβυστια  υπο της λεγομενης περιτομης εν σαρκι

                                              1  ασωτια
5:18     μη μεθυσκεσθε οινω, εν ω εστιν ασωτια  αλλα πληρουσθε εν πνευματι,  λαλουντες
```

2 σοφια

1:8   ης επερισσευσεν εις ημας εν παση σοφια   και φρονησει   γνωρισας ημιν το μυστηριον του
3:10   δια της εκκλησιας η πολυποικιλος σοφια του θεου.   κατα προθεσιν των αιωνων ην

1 προσωπολημψια

6:9   εστιν εν ουρανοις. και προσωπολημψια ουκ εστιν παρ αυτω.   του λοιπου ενδυναμουσθε

1 θωρακα

6:14   εν αληθεια. και ενδυσαμενοι τον θωρακα της δικαιοσυνης.   και υποδησαμενοι τους ποδας

3 γυναικα

5:31   και προσκολληθησεται προς την γυναικα αυτου. και εσονται οι δυο εις σαρκα μιαν.   το
5:28   σωματα. ο αγαπων την εαυτου γυναικα εαυτον αγαπα.   ουδεις γαρ ποτε την εαυτου
5:33   οι καθ ενα εκαστος την εαυτου γυναικα ουτως αγαπατω ως εαυτον. η δε γυνη ινα φοβηται

1 πνευματικα

6:12   του σκοτους τουτου. προς τα πνευματικα της πονηριας εν τοις επουρανιοις.   δια τουτο

4 σαρκα

6:5   οι δουλοι. υπακουετε τοις κατα σαρκα κυριοις μετα φοβου και τρομου εν απλοτητι της
6:12 εστιν ημιν η παλη προς αιμα και σαρκα αλλα προς τας αρχας. προς τας εξουσιας. προς
5:31   αυτου. και εσονται οι δυο εις σαρκα μιαν.   το μυστηριον τουτο μεγα εστιν. εγω δε
5:29   ουδεις γαρ ποτε την εαυτου σαρκα εμισησεν. αλλα εκτρεφει και θαλπει αυτην.

10 αλλα

5:24   αυτος σωτηρ του σωματος. αλλα ως η εκκλησια υποτασσεται τω χριστω. ουτως και
1:21   οι μονον εν τω αιωνι τουτο αλλα και εν τω μελλοντι. και παντα υπεταξεν υπο
5:18   οινω, εν ω εστιν ασωτια, αλλα πληρουσθε εν πνευματι. λαλουντες εαυτοις (εν)
6:12 ημιν η παλη προς αιμα και σαρκα, αλλα προς τας αρχας. προς τας εξουσιας, προς τους
2:19   ουκετι εστε ξενοι και παροικοι, αλλα εστε συμπολιται των αγιων και οικειοι του
5:4   η ευτραπελια. α ουκ ανηκεν, αλλα μαλλον ευχαριστια. τουτο γαρ ιστε γινωσκοντες
5:29   ποτε την εαυτου σαρκα εμισησεν, αλλα εκτρεφει και θαλπει αυτην. καθως και ο χριστος
6:4   μη παροργιζετε τα τεκνα υμων. αλλα εκτρεφετε αυτα εν παιδεια και νουθεσια κυριου.
5:17   δια τουτο μη γινεσθε αφρονες. αλλα συνιετε τι το θελημα του κυριου.   και μη
4:29   του στοματος υμων μη εκπορευεσθω, αλλα ει τις αγαθος προς οικοδομην της χρειας. ινα

1 ποιημα

2:10 τις καυχησηται.   αυτου γαρ εσμεν ποιημα κτισθεντες εν χριστω ιησου επι εργοις αγαθοις

2 θελημα

5:17   αφρονες. αλλα συνιετε τι το θελημα του κυριου.   και μη μεθυσκεσθε οινω, εν ω
6:6   ως δουλοι χριστου ποιουντες το θελημα του θεου εκ ψυχης. μετ ευνοιας δουλευοντες.

1 ρημα

6:17   μαχαιραν του πνευματος. ο εστιν ρημα θεου. δια πασης προσευχης και δεησεως.

1 αιμα

6:12   οτι ουκ εστιν ημιν η παλη προς αιμα και σαρκα, αλλα προς τας αρχας. προς τας

1 τιμα

6:2   κυριω. τουτο γαρ εστιν δικαιον. τιμα τον πατερα σου και την μητερα. ητις εστιν

1 συνκληρονομα

3:6   πνευματι. ειναι τα εθνη συνκληρονομα και συσσωμα και συμμετοχα της επαγγελιας εν

1 βαπτισμα

4:5   εις κυριος, μια πιστις, εν βαπτισμα εις θεος και πατηρ παντων. ο επι παντων και

3 πνευμα

4:4   της ειρηνης. εν σωμα και εν πνευμα καθως και εκληθητε εν μια ελπιδι της κλησεως
1:17   ο πατηρ της δοξης. δωη υμιν πνευμα σοφιας και αποκαλυψεως εν επιγνωσει αυτου.
4:30   ακουουσιν.   και μη λυπειτε το πνευμα το αγιον του θεου. εν ω εσφραγισθητε εις

2 πληρωμα

3:19   ινα πληρωθητε εις παν το πληρωμα του θεου. τω δε δυναμενω υπερ παντα ποιησαι
1:23   ητις εστιν το σωμα αυτου. το πληρωμα του τα παντα εν πασιν πληρουμενου.   και υμας

3 σωμα

4:4   εν τω συνδεσμω της ειρηνης. εν σωμα και εν πνευμα. καθως και εκληθητε εν μια
4:16   η κεφαλη. χριστος. εξ ου παν το σωμα συναρμολογουμενον και συμβιβαζομενον δια πασης
1:23   παντα τη εκκλησια. ητις εστιν το σωμα αυτου. το πληρωμα του τα παντα εν πασιν

1 συσσωμα

3:6　　ειναι τα εθνη συνκληρονομα και συσσωμα και συμμετοχα της επαγγελιας εν χριστω ιησου

2 ενα

5:33　　εκκλησιαν. πλην και υμεις οι καθ ενα εκαστος την εαυτου γυναικα ουτως αγαπατω ως
2:15　　　　ινα τους δυο κτιση εν αυτω εις ενα καινον ανθρωπον ποιων ειρηνην. και

1 γινομενα

5:12　　δε και ελεγχετε. τα γαρ κρυφη γινομενα υπ αυτων αισχρον εστιν και λεγειν. τα δε

1 ελεγχομενα

5:13　　και λεγειν. τα δε παντα ελεγχομενα υπο του φωτος φανερουται. παν γαρ το

1 πεπυρωμενα

6:16　　τα βελη του πονηρου (τα) πεπυρωμενα σβεσαι. και την περικεφαλαιαν του σωτηριου

23 ινα

6:21　　παρρησιασωμαι ως δει με λαλησαι. ινα δε και υμεις ειδητε τα κατ εμε, τι πρασσω.
6:3　　εστιν εντολη πρωτη εν επαγγελια. ινα ευ σοι γενηται και εση μακροχρονιος επι της
3:16　　ουρανοις και επι γης ονομαζεται. ινα δω υμιν κατα το πλουτος της δοξης αυτου
3:18　　ερριζωμενοι και τεθεμελιωμενοι. ινα εξισχυσητε καταλαβεσθαι συν πασιν τοις αγιοις
5:27　　τω λουτρω του υδατος εν ρηματι. ινα παραστηση αυτος εαυτω ενδοξον την εκκλησιαν.
3:10　　εν τω θεω τω τα παντα κτισαντι. ινα γνωρισθη νυν ταις αρχαις και ταις εξουσιαις εν
5:26　　και εαυτον παρεδωκεν υπερ αυτης. ινα αυτην αγιαση καθαρισας τω λουτρω του υδατος εν
1:17　　ποιουμενος επι των προσευχων μου. ινα ο θεος του κυριου ημων ιησου χριστου. ο πατηρ
2:7　　τοις επουρανιοις εν χριστω ιησου. ινα ενδειξηται εν τοις αιωσιν τοις επερχομενοις το
4:14　　του πληρωματος του χριστου. ινα μηκετι ωμεν νηπιοι, κλυδωνιζομενοι και
5:33　　ουτως αγαπατω ως εαυτον, η δε γυνη ινα φοβηται τον ανδρα. τα τεκνα, υπακουετε τοις
5:27　　η ρυτιδα η τι των τοιουτων, αλλ ινα η αγια και αμωμος. ουτως οφειλουσιν και οι
6:22　　ον επεμψα προς υμας εις αυτο τουτο ινα γνωτε τα περι ημων και παρακαλεση τας καρδιας
2:10　　αγαθοις οις προητοιμασεν ο θεος ινα εν αυτοις περιπατησωμεν. διο μνημονευετε οτι
6:20　　υπερ ου πρεσβευω εν αλυσει. ινα εν αυτω παρρησιασωμαι ως δει με λαλησαι. ινα
4:28　　ταις ιδιαις χερσιν το αγαθον. ινα εχη μεταδιδοναι τω χρειαν εχοντι. πας λογος
2:9　　υμων, θεου το δωρον. ουκ εξ εργων, ινα μη τις καυχησηται. αυτου γαρ εσμεν ποιημα.
4:10　　αναβας υπερανω παντων των ουρανων, ινα πληρωση τα παντα. και αυτος εδωκεν τους μεν
4:29　　αγαθος προς οικοδομην της χρειας, ινα δω χαριν τοις ακουουσιν. και μη λυπειτε το
2:15　　των εντολων εν δογμασιν καταργησας, ινα τους δυο κτιση εν αυτω εις ενα καινον ανθρωπον
6:13　　αναλαβετε την πανοπλιαν του θεου. ινα δυνηθητε αντιστηναι εν τη ημερα τη πονηρα και
6:19　　παντων των αγιων, και υπερ εμου, ινα μοι δοθη λογος εν ανοιξει του στοματος μου. εν
3:19　　της γνωσεως αγαπην του χριστου, ινα πληρωθητε εις παν το πληρωμα του θεου. τω δε

5 τεκνα

2:3　　και των διανοιων, και ημεθα τεκνα φυσει οργης ως και οι λοιποι. ο δε θεος
6:1　　γυνη ινα φοβηται τον ανδρα. τα τεκνα υπακουετε τοις γονευσιν υμων εν κυριω, τουτο
6:4　　και οι πατερες, μη παροργιζετε τα τεκνα υμων, αλλα εκτρεφετε αυτα εν παιδεια και
5:8　　σκοτος νυν δε φως εν κυριω. ως τεκνα φωτος περιπατειτε - ο γαρ καρπος του φωτος εν
5:1　　γινεσθε ουν μιμηται του θεου. ως τεκνα αγαπητα. και περιπατειτε εν αγαπη, καθως και

1 αιωνα

2:2　　αις ποτε περιεπατησατε κατα τον αιωνα του κοσμου τουτου, κατα τον αρχοντα της

2 δοξα

3:21　　την ενεργουμενην εν ημιν. αυτω η δοξα εν τη εκκλησια και εν χριστω ιησου εις πασας
3:13　　θλιψεσιν μου υπερ υμων, ητις εστιν δοξα υμων. τουτου χαριν καμπτω τα γονατα μου προς

1 αγαπα

5:28　　αγαπων την εαυτου γυναικα εαυτον αγαπα ουδεις γαρ ποτε την εαυτου σαρκα εμισησεν.

1 αρα

2:19　　εν ενι πνευματι προς τον πατερα. αρα ουν ουκετι εστε ξενοι και παροικοι, αλλα εστε

1 παρα

6:8　　τι ποιηση αγαθον, τουτο κομισεται παρα κυριου. ειτε δουλος ειτε ελευθερος. και οι

2 ανδρα

5:33　　εαυτον. η δε γυνη ινα φοβηται τον ανδρα τα τεκνα, υπακουετε τοις γονευσιν υμων εν
4:13　　επιγνωσεως του υιου του θεου. εις ανδρα τελειον. εις μετρον ηλικιας του πληρωματος του

1 ημερα

6:13　　ινα δυνηθητε αντιστηναι εν τη ημερα τη πονηρα και απαντα κατεργασαμενοι στηναι.

```
                                              4  πατερα
6:2        γαρ εστιν δικαιον.  τιμα τον πατερα σου και την μητερα, ητις εστιν εντολη πρωτη εν
5:31   τουτου καταλειψει ανθρωπος τον πατερα και την μητερα και προσκολληθησεται προς την
2:18           εν ενι πνευματι προς τον πατερα αρα ουν ουκετι εστε ξενοι και παροικοι. αλλα
3:14     καμπτω τα γονατα μου προς τον πατερα εξ ου πασα πατρια εν ουρανοις και επι γης

                                              2  μητερα
5:31        ανθρωπος τον πατερα και την μητερα και προσκολληθησεται προς την γυναικα αυτου,
6:2         τιμα τον πατερα σου και την μητερα ητις εστιν εντολη πρωτη εν επαγγελια.  ινα ευ

                                              1  αμφοτερα
2:14     η ειρηνη ημων, ο ποιησας τα αμφοτερα εν και το μεσοτοιχον του φραγμου λυσας, την

                                              1  κατωτερα
4:9       ει μη οτι και κατεβη εις τα κατωτερα (μερη) της γης;  ο καταβας αυτος εστιν και ο

                                              1  πονηρα
6:13        αντιστηναι εν τη ημερα τη πονηρα και απαντα κατεργασαμενοι στηναι.  στητε ουν

                                              4  πασα
4:31            εις ημεραν απολυτρωσεως.  πασα πικρια και θυμος και οργη και κραυγη και
5:3      ευωδιας.  πορνεια δε και ακαθαρσια πασα η πλεονεξια μηδε ονομαζεσθω εν υμιν, καθως
3:15   γονατα μου προς τον πατερα.  εξ ου πασα πατρια εν ουρανοις και επι γης ονομαζεται.
2:21        αυτου χριστου ιησου,  εν ω πασα οικοδομη συναρμολογουμενη αυξει εις ναον αγιον

                                              25 τα
6:1        η δε γυνη ινα φοβηται τον ανδρα. τα τεκνα, υπακουετε τοις γονευσιν υμων εν κυριω,
5:12        σκοτους, μαλλον δε και ελεγχετε. τα γαρ κρυφη γινομενα υπ αυτων αισχρον εστιν και
6:16        της πιστεως, εν ω δυνησεσθε παντα τα βελη του πονηρου (τα) πεπυρωμενα σβεσαι.  και
6:4        γης. και οι πατερες, μη παροργιζετε τα τεκνα υμων, αλλα εκτρεφετε αυτα εν παιδεια και
6:21       με λαλησαι.  ινα δε και υμεις ειδητε τα κατ εμε, τι πρασσω, παντα γνωρισει υμιν
6:22     προς υμας εις αυτο τουτο ινα γνωτε τα περι ημων και παρακαλεση τας καρδιας υμων.
4:10       παντων των ουρανων, ινα πληρωση τα παντα.  και αυτος εδωκεν τους μεν αποστολους,
1:10      των καιρων, ανακεφαλαιωσασθαι τα παντα εν τω χριστω, τα επι τοις ουρανοις και
1:10   τω χριστω, τα επι τοις ουρανοις και τα επι της γης. εν αυτω.  εν ω και εκληρωθημεν
4:17        μηκετι υμας περιπατειν καθως και τα εθνη περιπατει εν ματαιοτητι του νοος αυτων.
3:6          και προφηταις εν πνευματι. ειναι τα εθνη συνκληρονομα και συσσωμα και συμμετοχα
4:15        δε εν αγαπη αυξησωμεν εις αυτον τα παντα, ος εστιν η κεφαλη, χριστος.  εξ ου παν
2:14     γαρ εστιν η ειρηνη ημων, ο ποιησας τα αμφοτερα εν και το μεσοτοιχον του φραγμου
2:3             της σαρκος ημων. ποιουντες τα θεληματα της σαρκος και των διανοιων. και
4:9         τι εστιν ει μη οτι και κατεβη εις τα κατωτερα (μερη) της γης;  ο καταβας αυτος
2:11         διο μνημονευετε οτι ποτε υμεις τα εθνη εν σαρκι, οι λεγομενοι ακροβυστια υπο της
6:12           του σκοτους τουτου, προς τα πνευματικα της πονηριας εν τοις επουρανιοις.
5:28    ανδρες αγαπαν τας εαυτων γυναικας ως τα εαυτων σωματα. ο αγαπων την εαυτου γυναικα
1:23      εστιν το σωμα αυτου, το πληρωμα του τα παντα εν πασιν πληρουμενου.  και υμας οντας
1:11       προορισθεντες κατα προθεσιν του τα παντα ενεργουντος κατα την βουλην του
3:9         απο των αιωνων εν τω θεω τω τα παντα κτισαντι, ινα γνωρισθη νυν ταις αρχαις
3:14        δοξα υμων.  τουτου χαριν καμπτω τα γονατα μου προς τον πατερα.  εξ ου πασα πατρια
5:12     υπ αυτων αισχρον εστιν και λεγειν. τα δε παντα ελεγχομενα υπο του φωτος φανερουται.
6:9          ειτε ελευθερος.  και οι κυριοι. τα αυτα ποιειτε προς αυτους, ανιεντες την
1:10           τα παντα εν τω χριστω. τα επι τοις ουρανοις και τα επι της γης. εν αυτω.

                                              19 κατα
3:11      η πολυποικιλος σοφια του θεου, κατα προθεσιν των αιωνων ην εποιησεν εν τω χριστω
2:2        υμων, εν αις ποτε περιεπατησατε κατα τον αιωνα του κοσμου τουτου, κατα τον αρχοντα
3:7      χαριτος του θεου της δοθεισης μοι κατα την ενεργειαν της δυναμεως αυτου. εμοι τω
3:20          ων αιτουμεθα η νοουμεν κατα την δυναμιν την ενεργουμενην εν ημιν, αυτω η
3:16      επι γης ονομαζεται.  ινα δω υμιν κατα το πλουτος της δοξης αυτου δυναμει
4:22      παλαιον ανθρωπον τον φθειρομενον κατα τας επιθυμιας της απατης, ανανεουσθαι δε τω
4:24   ενδυσασθαι τον καινον ανθρωπον τον κατα θεον κτισθεντα εν δικαιοσυνη και οσιοτητι της
4:22          εν τω ιησου, αποθεσθαι υμας κατα την προτεραν αναστροφην τον παλαιον ανθρωπον
1:19     αυτου εις ημας τους πιστευοντας κατα την ενεργειαν του κρατους της ισχυος αυτου  ην
1:11    εν ω και εκληρωθημεν προορισθεντες κατα προθεσιν του τα παντα ενεργουντος κατα την
6:5       κυριου.  οι δουλοι, υπακουετε τοις κατα σαρκα κυριοις μετα φοβου και τρομου εν
4:7       ενι δε εκαστω ημων εδοθη η χαρις κατα το μετρον της δωρεας του χριστου.  διο λεγει.
3:7      ευαγγελιου.  ου εγενηθην διακονος κατα την δωρεαν της χαριτος του θεου της δοθεισης
1:11     προθεσιν του τα παντα ενεργουντος κατα την βουλην του θεληματος αυτου.  εις το ειναι
3:3         της δοθεισης μοι εις υμας. (οτι) κατα αποκαλυψιν εγνωρισθη μοι το μυστηριον, καθως
1:5           δια ιησου χριστου εις αυτον. κατα την ευδοκιαν του θεληματος αυτου.  εις επαινον
1:7          την αφεσιν των παραπτωματων. κατα το πλουτος της χαριτος αυτου.  ης επερισσευσεν
1:9       το μυστηριον του θεληματος αυτου. κατα την ευδοκιαν αυτου ην προεθετο εν αυτω εις
2:2         κατα τον αιωνα του κοσμου τουτου. κατα τον αρχοντα της εξουσιας του αερος, του
```

```
                                          1  θεληματα
2:3      της σαρκος ημων. ποιουντες τα θεληματα  της σαρκος και των διανοιων. και ημεθα τεκνα

                                          1  δοματα
4:8      ηχμαλωτευσεν αιχμαλωσιαν. εδωκεν δοματα  τοις ανθρωποις.   το δε ανεβη τι εστιν ει μη

                                          1  σωματα
5:28     τας εαυτων γυναικας ως τα εαυτων σωματα  ο αγαπων την εαυτου γυναικα εαυτον αγαπα.

                                          1  γονατα
3:14     υμων.   τουτου χαριν καμπτω τα γονατα  μου προς τον πατερα.   εξ ου πασα πατρια εν

                                          6  μετα
4:2            της κλησεως ης εκληθητε.  μετα  πασης ταπεινοφροσυνης και πραυτητος. μετα
6:23      ειρηνη τοις αδελφοις και αγαπη μετα  πιστεως απο θεου πατρος και κυριου ιησου
6:5       υπακουετε τοις κατα σαρκα κυριοις μετα  φοβου και τρομου εν απλοτητι της καρδιας υμων
6:24      και κυριου ιησου χριστου. η χαρις μετα  παντων των αγαπωντων τον κυριον ημων ιησουν
4:25      το ψευδος λαλειτε αληθειαν εκαστος μετα  του πλησιον αυτου. οτι εσμεν αλληλων μελη.
4:2        ταπεινοφροσυνης και πραυτητος. μετα  μακροθυμιας, ανεχομενοι αλληλων εν αγαπη.

                                          1  αγαπητα
5:1       ουν μιμηται του θεου, ως τεκνα αγαπητα  και περιπατειτε εν αγαπη, καθως και ο

                                          2  ενοτητα
4:3      αγαπη.  σπουδαζοντες τηρειν την ενοτητα  του πνευματος εν τω συνδεσμω της ειρηνης.   εν
4:13      καταντησωμεν οι παντες εις την ενοτητα  της πιστεως και της επιγνωσεως του υιου του

                                          12  παντα
4:10          των ουρανων. ινα πληρωση τα παντα  και αυτος εδωκεν τους μεν αποστολους, τους
1:10      των καιρων, ανακεφαλαιωσασθαι τα παντα  εν τω χριστω, τα επι τοις ουρανοις και τα επι
4:15      εν αγαπη αυξησωμεν εις αυτον τα παντα  ος εστιν η κεφαλη. χριστος.   εξ ου παν το
1:23      το σωμα αυτου. το πληρωμα του τα παντα  εν πασιν πληρουμενου.   και υμας οντας νεκρους
1:11           κατα προθεσιν του τα παντα  ενεργουντος κατα την βουλην του θεληματος
3:9       απο των αιωνων εν τω θεω τω τα παντα  κτισαντι,   ινα γνωρισθη νυν ταις αρχαις και
5:13      αισχρον εστιν και λεγειν. τα  δε  παντα  ελεγχομενα υπο του φωτος φανερουται.   παν γαρ
6:16      της πιστεως, εν ω δυνησεσθε παντα  τα βελη του πονηρου (τα) πεπυρωμενα σβεσαι.
1:22      αλλα και εν τω μελλοντι.  και παντα  υπεταξεν υπο τους ποδας αυτου. και αυτον
1:22      και αυτον εδωκεν κεφαλην υπερ παντα  τη εκκλησια, ητις εστιν το σωμα αυτου, το
3:20      του θεου.  τω δε δυναμενω υπερ παντα  ποιησαι υπερεκπερισσου ων αιτουμεθα η νοουμεν
6:21      ειδητε τα κατ εμε, τι πρασσω. παντα  γνωρισει υμιν τυχικος ο αγαπητος αδελφος και

                                          1  απαντα
6:13      εν τη ημερα τη πονηρα και απαντα  κατεργασαμενοι στηναι.   στητε ουν

                                          1  κτισθεντα
4:24     καινον ανθρωπον τον κατα θεον κτισθεντα  εν δικαιοσυνη και οσιοτητι της αληθειας.   διο

                                          1  αρχοντα
2:2       του κοσμου τουτου, κατα τον αρχοντα  της εξουσιας του αερος. του πνευματος του νυν

                                          1  αναστα
5:14      λεγει, εγειρε, ο καθευδων, και αναστα  εκ των νεκρων, και επιφαυσει σοι ο χριστος.

                                          2  αυτα
6:9      ειτε ελευθερος.  και οι κυριοι, τα αυτα  ποιειτε προς αυτους, ανιεντες την απειλην,
6:4        τα τεκνα υμων, αλλα εκτρεφετε αυτα  εν παιδεια και νουθεσια κυριου.   οι δουλοι,

                                          1  ταυτα
5:6       υμας απατατω κενοις λογοις, δια ταυτα  γαρ ερχεται η οργη του θεου επι τους υιους της

                                          1  συμμετοχα
3:6     συνκληρονομα και συσσωμα και συμμετοχα  της επαγγελιας εν χριστω ιησου δια του

                                          1  προεγραψα
3:3       μοι το μυστηριον, καθως προεγραψα  εν ολιγω.   προς ο δυνασθε αναγινωσκοντες

                                          1  επεμψα
6:22     πιστος διακονος εν κυριω.   ον επεμψα  προς υμας εις αυτο τουτο ινα γνωτε τα περι

                                          2  γε
4:21      ουχ ουτως εμαθετε τον χριστον. ει γε  αυτον ηκουσατε και εν αυτω εδιδαχθητε καθως
3:2       (ιησου) υπερ υμων των εθνων· ει γε  ηκουσατε την οικονομιαν της χαριτος του θεου
```

19 δε

5:13	αυτων αισχρον εστιν και λεγειν. τα	δε	παντα ελεγχομενα υπο του φωτος φανερουται.
5:3	τω θεω εις οσμην ευωδιας. πορνεια	δε	και ακαθαρσια πασα η πλεονεξια μηδε ονομαζεσθω
6:21	ως δει με λαλησαι. ινα	δε	και υμεις ειδητε τα κατ εμε. τι πρασσω. παντα
5:33	γυναικα ουτως αγαπατω ως εαυτον. η	δε	γυνη ινα φοβηται τον ανδρα. τα τεκνα.
4:23	επιθυμιας της απατης, ανανεουσθαι	δε	τω πνευματι του νοος υμων. και ενδυσασθαι τον
4:7	και δια παντων και εν πασιν. ενι	δε	εκαστω ημων εδοθη η χαρις κατα το μετρον της
2:13	εχοντες και αθεοι εν τω κοσμω. νυνι	δε	εν χριστω ιησου υμεις οι ποτε οντες μακραν
5:11	τοις ακαρποις του σκοτους, μαλλον	δε	και ελεγχετε. τα γαρ κρυφη γινομενα υπ αυτων
4:28	ο κλεπτων μηκετι κλεπτετω, μαλλον	δε	κοπιατω εργαζομενος ταις ιδιαις χερσιν το
5:8	αυτων. ητε γαρ ποτε σκοτος νυν	δε	φως εν κυριω. ως τεκνα φωτος περιπατειτε - ο
2:4	φυσει οργης ως και οι λοιποι. ο	δε	θεος πλουσιος ων εν ελεει. δια την πολλην
4:9	εδωκεν δοματα τοις ανθρωποις. το	δε	ανεβη τι εστιν ει μη οτι και κατεβη εις τα
4:15	μεθοδιαν της πλανης, αληθευοντες	δε	εν αγαπη αυξησωμεν εις αυτον τα παντα, ος
4:20	πασης εν πλεονεξια. υμεις	δε	ουχ ουτως εμαθετε τον χριστον. ει γε αυτον
4:11	αποστολους. τους δε προφητας. τους	δε	ευαγγελιστας. τους δε ποιμενας και
4:11	προφητας. τους δε ευαγγελιστας. τους	δε	ποιμενας και διδασκαλους. προς τον
4:11	εδωκεν τους μεν αποστολους. τους	δε	προφητας. τους δε ευαγγελιστας. τους δε
5:32	το μυστηριον τουτο μεγα εστιν. εγω	δε	λεγω εις χριστον και εις την εκκλησιαν. πλην
3:20	εις παν το πληρωμα του θεου. τω	δε	δυναμενω υπερ παντα ποιησαι υπερεκπερισσου ων

2 μηδε

| 4:27 | ετι (τω) παροργισμω υμων, | μηδε | διδοτε τοπον τω διαβολω. ο κλεπτων μηκετι |
| 5:3 | δε και ακαθαρσια πασα η πλεονεξια | μηδε | ονομαζεσθω εν υμιν, καθως πρεπει αγιοις. και |

1 δυνασθε

| 3:4 | προεγραψα εν ολιγω. προς ο | δυνασθε | αναγινωσκοντες νοησαι την συνεσιν μου εν τω |

1 δεξασθε

| 6:17 | την περικεφαλαιαν του σωτηριου | δεξασθε | και την μαχαιραν του πνευματος. ο εστιν ρημα |

1 ενδυσασθε

| 6:11 | τω κρατει της ισχυος αυτου. | ενδυσασθε | την πανοπλιαν του θεου προς το δυνασθαι υμας |

1 οργιζεσθε

| 4:26 | οτι εσμεν αλληλων μελη. | οργιζεσθε | και μη αμαρτανετε. ο ηλιος μη επιδυετω επι |

1 μεθυσκεσθε

| 5:18 | θελημα του κυριου. και μη | μεθυσκεσθε | οινω, εν ω εστιν ασωτια. αλλα πληρουσθε εν |

4 γινεσθε

5:1	εν χριστω εχαρισατο υμιν.	γινεσθε	ουν μιμηται του θεου. ως τεκνα αγαπητα. και
4:32	αρθητω αφ υμων συν παση κακια.	γινεσθε	εις αλληλους χρηστοι. ευσπλαγχνοι. χαριζομενοι
5:17	πονηραι εισιν. δια τουτο μη	γινεσθε	αφρονες, αλλα συνιετε τι το θελημα του κυριου.
5:7	υιους της απειθειας. μη ουν	γινεσθε	συμμετοχοι αυτων. ητε γαρ ποτε σκοτος νυν δε

1 δυνησεσθε

| 6:16 | τον θυρεον της πιστεως. εν ω | δυνησεσθε | παντα τα βελη του πονηρου (τα) πεπυρωμενα |

1 συνοικοδομεισθε

| 2:22 | κυριω, εν ω και υμεις | συνοικοδομεισθε | εις κατοικητηριον του θεου εν πνευματι. |

1 ενδυναμουσθε

| 6:10 | παρ αυτω. του λοιπου | ενδυναμουσθε | εν κυριω και εν τω κρατει της ισχυος αυτου. |

1 πληρουσθε

| 5:18 | οινω, εν ω εστιν ασωτια, αλλα | πληρουσθε | εν πνευματι. λαλουντες εαυτοις (εν) ψαλμοις |

1 με

| 6:20 | ινα εν αυτω παρρησιασωμαι ως δει | με | λαλησαι. ινα δε και υμεις ειδητε τα κατ εμε. |

1 εμε

| 6:21 | ινα δε και υμεις ειδητε τα κατ | εμε | τι πρασσω. παντα γνωρισει υμιν τυχικος ο |

1 εγειρε

| 5:14 | φως εστιν. διο λεγει, εγειρε | ο | καθευδων, και αναστα εκ των νεκρων. και |

1 τε

| 3:19 | μηκος και υψος και βαθος. | γνωναι τε | την υπερβαλλουσαν της γνωσεως αγαπην του |

		1 αγαπατε
5:25	ανδρασιν εν παντι. οι ανδρες, αγαπατε τας γυναικας, καθως και ο χριστος ηγαπησεν την	

		1 περιεπατησατε
2:2	υμων, εν αις ποτε περιεπατησατε κατα τον αιωνα του κοσμου τουτου, κατα τον	

		2 ηκουσατε
3:2	υπερ υμων των εθνων- ει γε ηκουσατε την οικονομιαν της χαριτος του θεου της	
4:21	τον χριστον. ει γε αυτον ηκουσατε και εν αυτω εδιδαχθητε καθως εστιν αληθεια εν	

		1 αναλαβετε
6:13	τοις επουρανιοις. δια τουτο αναλαβετε την πανοπλιαν του θεου. ινα δυνηθητε	

		1 παροργιζετε
6:4	γης. και οι πατερες, μη παροργιζετε τα τεκνα υμων, αλλα εκτρεφετε αυτα εν παιδεια	

		1 εμαθετε
4:20	πλεονεξια. υμεις δε ουχ ουτως εμαθετε τον χριστον. ει γε αυτον ηκουσατε και εν αυτω	

		1 συνιετε
5:17	τουτο μη γινεσθε αφρονες, αλλα συνιετε τι το θελημα του κυριου. και μη μεθυσκεσθε	

		1 αμαρτανετε
4:26	μελη. οργιζεσθε και μη αμαρτανετε ο ηλιος μη επιδυετω επι (τω) παροργισμω υμων.	

		1 βλεπετε
5:15	και επιφαυσει σοι ο χριστος. βλεπετε ουν ακριβως πως περιπατειτε, μη ως ασοφοι αλλ	

		1 μνημονευετε
2:11	αυτοις περιπατησωμεν. διο μνημονευετε οτι ποτε υμεις τα εθνη εν σαρκι, οι λεγομενοι	

		2 υπακουετε
6:1	τον ανδρα. τα τεκνα, υπακουετε τοις γονευσιν υμων εν κυριω, τουτο γαρ εστιν	
6:5	νουθεσια κυριου. οι δουλοι, υπακουετε τοις κατα σαρκα κυριοις μετα φοβου και τρομου	

		1 εκτρεφετε
6:4	τα τεκνα υμων, αλλα εκτρεφετε αυτα εν παιδεια και νουθεσια κυριου. οι	

		1 ελεγχετε
5:11	του σκοτους. μαλλον δε και ελεγχετε τα γαρ κρυφη γινομενα υπ αυτων αισχρον εστιν	

		2 ητε
5:8	μη ουν γινεσθε συμμετοχοι αυτων. ητε γαρ ποτε σκοτος νυν δε φως εν κυριω. ως τεκνα	
2:12	εν σαρκι χειροποιητου, οτι ητε τω καιρω εκεινω χωρις χριστου. απηλλοτριωμενοι	

		1 ειδητε
6:21	με λαλησαι. ινα δε και υμεις ειδητε τα κατ εμε, τι πρασσω, παντα γνωρισει υμιν	

		2 εκληθητε
4:4	σωμα. και εν πνευμα, καθως και εκληθητε εν μια ελπιδι της κλησεως υμων. εις κυριος,	
4:1	περιπατησαι της κλησεως ης εκληθητε μετα πασης ταπεινοφροσυνης και πραυτητος,	

		1 εγενηθητε
2:13	υμεις οι τοτε οντες μακραν εγενηθητε εγγυς εν τω αιματι του χριστου. αυτος γαρ	

		1 δυνηθητε
6:13	την πανοπλιαν του θεου. ινα δυνηθητε αντιστηναι εν τη ημερα τη πονηρα και απαντα	

		2 εσφραγισθητε
1:13	εν ω και πιστευσαντες εσφραγισθητε τω πνευματι της επαγγελιας τω αγιω. ος εστιν	
4:30	το αγιον του θεου. εν ω εσφραγισθητε εις ημεραν απολυτρωσεως. πασα πικρια και	

		1 εδιδαχθητε
4:21	αυτον ηκουσατε και εν αυτω εδιδαχθητε καθως εστιν αληθεια εν τω ιησου. αποθεσθαι	

		1 πληρωθητε
3:19	αγαπην του χριστου. ινα πληρωθητε εις παν το πληρωμα του θεου. τω δε δυναμενω	

		1 εξισχυσητε
3:18	και τεθεμελιωμενοι. ινα εξισχυσητε καταλαβεσθαι συν πασιν τοις αγιοις τι το	

		1	στητε
6:14	απαντα κατεργασαμενοι στηναι.	στητε ουν περιζωσαμενοι την οσφυν υμων εν αληθεια.

		2	ειτε
6:8	κομισεται παρα κυριου. ειτε δουλος ειτε	ελευθερος. και οι κυριοι, τα αυτα ποιειτε
6:8	τουτο κομισεται παρα κυριου, ειτε	δουλος ειτε ελευθερος. και οι κυριοι, τα αυτα

		1	ποιειτε
6:9	και οι κυριοι, τα αυτα ποιειτε	προς αυτους, ανιεντες την απειλην, ειδοτες οτι

		1	λαλειτε
4:25	διο αποθεμενοι το ψευδος λαλειτε	αληθειαν εκαστος μετα του πλησιον αυτου, οτι

		1	συγκοινωνειτε
5:11	τω κυριω. και μη συγκοινωνειτε	τοις εργοις τοις ακαρποις του σκοτους, μαλλον

		1	λυπειτε
4:30	χαριν τοις ακουουσιν. και μη λυπειτε	το πνευμα το αγιον του θεου, εν ω εσφραγισθητε

		3	περιπατειτε
5:2	ως τεκνα αγαπητα, και περιπατειτε	εν αγαπη, καθως και ο χριστος ηγαπησεν ημας
5:8	εν κυριω. ως τεκνα φωτος περιπατειτε	- ο γαρ καρπος του φωτος εν παση αγαθωσυνη
5:15	βλεπετε ουν ακριβως πως περιπατειτε	μη ως ασοφοι αλλ ως σοφοι, εξαγοραζομενοι

		1	διδοτε
4:27	επι (τω) παροργισμω υμων. μηδε διδοτε	τοπον τω διαβολω. ο κλεπτων μηκετι κλεπτετω,

		6	ποτε
2:13	νυνι δε εν χριστω ιησου υμεις οι ποτε	οντες μακραν εγενηθητε εγγυς εν τω αιματι. του
2:11	διο μνημονευετε οτι ποτε	υμεις τα εθνη εν σαρκι. οι λεγομενοι
2:3	οις και ημεις παντες ανεστραφημεν ποτε	εν ταις επιθυμιαις της σαρκος ημων, ποιουντες
5:8	γινεσθε συμμετοχοι αυτων. ητε γαρ ποτε	σκοτος νυν δε φως εν κυριω. ως τεκνα φωτος
5:29	γυναικα εαυτον αγατα, ουδεις γαρ ποτε	την εαυτου σαρκα εμισησεν, αλλα εκτρεφει και
2:2	και ταις αμαρτιαις υμων. εν αις ποτε	περιεπατησατε κατα τον αιωνα του κοσμου

		1	παντοτε
5:20	υμων τω κυριω. ευχαριστουντες παντοτε	υπερ παντων εν ονοματι του κυριου ημων ιησου

		4	εστε
2:19	εστε ξενοι και παροικοι, αλλα εστε	συμπολιται των αγιων και οικειοι του θεου.
2:19	προς τον πατερα. αρα ουν ουκετι εστε	ξενοι και παροικοι, αλλα εστε συμπολιται των
2:8	εν χριστω ιησου. τη γαρ χαριτι εστε	σεσωσμενοι δια πιστεως. και τουτο ουκ εξ υμων.
2:5	συνεζωοποιησεν τω χριστω - χαριτι εστε	σεσωσμενοι - και συνηγειρεν και συνεκαθισεν

		1	ιστε
5:5	αλλα μαλλον ευχαριστια. τουτο γαρ ιστε	γινωσκοντες οτι πας πορνος η ακαθαρτος η

		1	γνωτε
6:22	προς υμας εις αυτο τουτο ινα γνωτε	τα περι ημων και παρακαλεση τας καρδιας υμων.

		21	η
6:24	πατρος και κυριου ιησου χριστου.	η χαρις μετα παντων των αγαπωντων τον κυριον
5:27	εκκλησιαν, μη εχουσαν σπιλον η ρυτιδα	η τι των τοιουτων, αλλ ινα η αγια και αμωμος.
3:20	ποιησαι υπερεκπερισσου ων αιτουμεθα	η νοουμεν κατα την δυναμιν την ενεργουμενην εν
5:4	αγιοις. και αισχροτης και μωρολογια	η ευτραπελια, α ουκ ανηκεν, αλλα μαλλον
5:27	η ρυτιδα η τι των τοιουτων, αλλ ινα	η αγια και αμωμος. ουτως οφειλουσιν και οι
5:3	πορνεια δε και ακαθαρσια πασα	η πλεονεξια μηδε ονομαζεσθω εν υμιν, καθως
3:8	τω ελαχιστοτερω παντων αγιων εδοθη	η χαρις αυτη, τοις εθνεσιν ευαγγελισασθαι το
4:7	εν πασιν. ενι δε εκαστω ημων εδοθη	η χαρις κατα το μετρον της δωρεας του χριστου.
5:6	κενοις λογοις, δια ταυτα γαρ ερχεται	η οργη του θεου επι τους υιους της απειθειας.
6:12	του διαβολου. οτι ουκ εστιν ημιν	η παλη προς αιμα και σαρκα, αλλα προς τας αρχας,
2:14	αιματι του χριστου. αυτος γαρ εστιν	η ειρηνη ημων, ο ποιησας τα αμφοτερα εν και το
1:18	(υμων) εις το ειδεναι υμας τις εστιν	η ελπις της κλησεως αυτου. τις ο πλουτος της
4:15	εις αυτον τα παντα. ος εστιν	η κεφαλη. χριστος. εξ ου παν το σωμα
5:27	την εκκλησιαν, μη εχουσαν σπιλον	η ρυτιδα η τι των τοιουτων, αλλ ινα η αγια και
3:10	εν τοις επουρανιοις δια της εκκλησιας	η πολυποικιλος σοφια του θεου, κατα προθεσιν
3:9	χριστου. και φωτισαι (παντας) τις	η οικονομια του μυστηριου του αποκεκρυμμενου απο
5:5	γαρ ιστε γινωσκοντες οτι πας πορνος	η ακαθαρτος η πλεονεκτης. ο εστιν ειδωλολατρης.
5:5	οτι πας πορνος η ακαθαρτος	η πλεονεκτης. ο εστιν ειδωλολατρης, ουκ εχει
5:24	αυτος σωτηρ του σωματος. αλλα ως	η εκκλησια υποτασσεται τω χριστω, ουτως και αι
3:21	την ενεργουμενην εν ημιν. αυτω	η δοξα εν τη εκκλησια και εν χριστω ιησου εις
5:33	γυναικα ουτως αγαπατω ως εαυτον.	η δε γυνη ινα φοβηται τον ανδρα. τα τεκνα.

		1 ανεβη
4:9	δοματα τοις ανθρωποις. το δε ανεβη	τι εστιν ει μη οτι και κατεβη εις τα κατωτερα

		1 κατεβη
4:9	δε ανεβη τι εστιν ει μη οτι και κατεβη	εις τα κατωτερα (μερη) της γης· ο καταβας

		2 οργη
5:6	λογοις. δια ταυτα γαρ ερχεται η οργη	του θεου επι τους υιους της απειθειας. μη ουν
4:31	πασα πικρια και θυμος και οργη	και κραυγη και βλασφημια αρθητω αφ υμων συν

		1 κραυγη
4:31	πικρια και θυμος και οργη και κραυγη	και βλασφημια αρθητω αφ υμων συν παση κακια.

		1 δοθη
6:19	των αγιων. και υπερ εμου, ινα μοι δοθη	λογος εν ανοιξει του στοματος μου. εν παρρησια

		2 εδοθη
3:8	εμοι τω ελαχιστοτερω παντων αγιων εδοθη	η χαρις αυτη. τοις εθνεσιν ευαγγελισασθαι το
4:7	και εν πασιν. ενι δε εκαστω ημων εδοθη	η χαρις κατα το μετρον της δωρεας του χριστου.

		1 γνωρισθη
3:10	θεω τω τα παντα κτισαντι. ινα γνωρισθη	νυν ταις αρχαις και ταις εξουσιαις εν τοις

		2 εγνωρισθη
3:5	ο ετεραις γενεαις ουκ εγνωρισθη	τοις υιοις των ανθρωπων ως νυν απεκαλυφθη τοις
3:3	υμας. (οτι) κατα αποκαλυψιν εγνωρισθη	μοι το μυστηριον. καθως προεγραψα εν ολιγω.

		1 απεκαλυφθη
3:5	υιοις των ανθρωπων ως νυν απεκαλυφθη	τοις αγιοις αποστολοις αυτου και προφηταις εν

		1 πνευματικη
1:3	ημας εν παση ευλογια πνευματικη	εν τοις επουρανιοις εν χριστω. καθως

		1 παλη
6:12	διαβολου. οτι ουκ εστιν ημιν η παλη	προς αιμα και σαρκα. αλλα προς τας αρχας, προς

		3 κεφαλη
4:15	εις αυτον τα παντα, ος εστιν η κεφαλη	χριστος. εξ ου παν το σωμα συναρμολογουμενον
5:23	ως τω κυριω. οτι ανηρ εστιν κεφαλη	της γυναικος ως και ο χριστος κεφαλη της
5:23	της γυναικος ως και ο χριστος κεφαλη	της εκκλησιας. αυτος σωτηρ του σωματος. αλλα

		1 βελη
6:16	πιστεως, εν ω δυνησεσθε παντα τα βελη	του πονηρου (τα) πεπυρωμενα σβεσαι. και την

		2 μελη
5:30	και ο χριστος την εκκλησιαν, οτι μελη	εσμεν του σωματος αυτου. αντι τουτου
4:25	πλησιον αυτου, οτι εσμεν αλληλων μελη	οργιζεσθε και μη αμαρτανετε. ο ηλιος μη

		1 εντολη
6:2	σου και την μητερα, ητις εστιν εντολη	πρωτη εν επαγγελια. ινα ευ σοι γενηται και

		16 μη
5:7	θεου επι τους υιους της απειθειας. μη	ουν γινεσθε συμμετοχοι αυτων. ητε γαρ ποτε
6:6	της καρδιας υμων ως τω χριστω. μη	κατ οφθαλμοδουλιαν ως ανθρωπαρεσκοι αλλ ως
2:12	των διαθηκων της επαγγελιας, ελπιδα μη	εχοντες και αθεοι εν τω κοσμω. νυνι δε εν
2:9	θεου το δωρον. ουκ εξ εργων, ινα μη	τις καυχησηται. αυτου γαρ εσμεν ποιημα,
4:30	ινα δω χαριν τοις ακουουσιν. και μη	λυπειτε το πνευμα το αγιον του θεου. εν ω
5:18	τι το θελημα του κυριου. και μη	μεθυσκεσθε οινω, εν ω εστιν ασωτια. αλλα
5:11	τι εστιν ευαρεστον τω κυριω. και μη	συγκοινωνειτε τοις εργοις τοις ακαρποις του
4:26	εσμεν αλληλων μελη. οργιζεσθε και μη	αμαρτανετε. ο ηλιος μη επιδυετω επι (τω)
3:13	δια της πιστεως εγκοπτεσθαι. διο αιτουμαι μη	εγκακειν εν ταις θλιψεσιν μου υπερ υμων, ητις
4:9	ανθρωποις. το δε ανεβη τι εστιν ει μη	οτι και κατεβη εις τα κατωτερα (μερη) της γης·
4:29	λογος σαπρος εκ του στοματος υμων μη	εκπορευεσθω, αλλα ει τις αγαθος προς οικοδομην
5:17	αι ημεραι πονηραι εισιν. δια τουτο μη	γινεσθε αφρονες, αλλα συνιετε τι το θελημα του
4:26	οργιζεσθε και μη αμαρτανετε. ο ηλιος μη	επιδυετω επι (τω) παροργισμω υμων, μηδε
5:15	βλεπετε ουν ακριβως πως περιπατειτε, μη	ως ασοφοι αλλ ως σοφοι. εξαγοραζομενοι τον
5:27	αυτος εαυτω ενδοξον την εκκλησιαν, μη	εχουσαν σπιλον η ρυτιδα η τι των τοιουτων. αλλ
6:4	επι της γης. και οι πατερες, μη	παροργιζετε τα τεκνα υμων, αλλα εκτρεφετε αυτα

		1 οικοδομη
2:21	χριστου ιησου. εν ω πασα οικοδομη	συναρμολογουμενη αυξει εις ναον αγιον εν

ανεβη

78

οικοδομη

```
                                              1  συναρμολογουμεν
2:21    εν ω πασα οικοδομη συναρμολογουμενη  αυξει εις ναον αγιον εν κυριω.   εν ω και υμεις

                                              3  ειρηνη
6:23       παρακαλεση τας καρδιας υμων.  ειρηνη  τοις αδελφοις και αγαπη μετα πιστεως απο θεου
2:14    του χριστου.  αυτος γαρ εστιν η ειρηνη  ημων, ο ποιησας τα αμφοτερα εν και το
1:2     εν χριστω ιησου.  χαρις υμιν και ειρηνη  απο θεου πατρος ημων και κυριου ιησου χριστου.

                                              3  εθνη
4:17         υμας περιπατειν καθως και τα εθνη  περιπατει εν ματαιοτητι του νοος αυτων,
3:6        προφηταις εν πνευματι,  ειναι τα εθνη  συνκληρονομα και συσσωμα και συμμετοχα της
2:11    διο μνημονευετε οτι ποτε υμεις τα εθνη  εν σαρκι, οι λεγομενοι ακροβυστια υπο της

                                              1  γυνη
5:33     ουτως αγαπατω ως εαυτον. η δε γυνη  ινα φοβηται τον ανδρα.   τα τεκνα, υπακουετε

                                              2  δικαιοσυνη
5:9     φωτος εν παση αγαθωσυνη και δικαιοσυνη  και αληθεια -  δοκιμαζοντες τι εστιν ευαρεστον
4:24    τον κατα θεον κτισθεντα εν δικαιοσυνη  και οσιοτητι της αληθειας.   διο αποθεμενοι το

                                              1  αγαθωσυνη
5:9     γαρ καρπος του φωτος εν παση αγαθωσυνη  και δικαιοσυνη και αληθεια -  δοκιμαζοντες τι

                                              1  αποκαταλλαξη
2:16         ποιων ειρηνην.  και αποκαταλλαξη  τους αμφοτερους εν ενι σωματι τω θεω δια του

                                              7  αγαπη
6:23    υμων.  ειρηνη τοις αδελφοις και αγαπη  μετα πιστεως απο θεου πατρος και κυριου ιησου
4:15    της πλανης,  αληθευοντες δε εν αγαπη  αυξησωμεν εις αυτον τα παντα, ος εστιν η
5:2       αγαπητα,  και περιπατειτε εν αγαπη  καθως και ο χριστος ηγαπησεν ημας και
4:2          ανεχομενοι αλληλων εν αγαπη  σπουδαζοντες τηρειν την ενοτητα του
1:4     και αμωμους κατενωπιον αυτου εν αγαπη  προορισας ημας εις υιοθεσιαν δια ιησου
4:16    ποιειται εις οικοδομην εαυτου εν αγαπη  τουτο ουν λεγω και μαρτυρομαι εν κυριω.
3:17    πιστεως εν ταις καρδιαις υμων, εν αγαπη  ερριζωμενοι και τεθεμελιωμενοι,   ινα

                                              1  αγιαση
5:26    παρεδωκεν υπερ αυτης,  ινα αυτην αγιαση  καθαρισας τω λουτρω του υδατος εν ρηματι.   ινα

                                              5  παση
1:3     ιησου χριστου. ο ευλογησας ημας εν παση  ευλογια πνευματικη εν τοις επουρανιοις εν
1:10       ης επερισσευσεν εις ημας εν παση  σοφια και φρονησει  γνωρισας ημιν το μυστηριον
6:18    και αυτο αγρυπνουντες εν παση  προσκαρτερησει και δεησει περι παντων των
5:9     - ο γαρ καρπος του φωτος εν παση  αγαθωσυνη και δικαιοσυνη και αληθεια -
4:31    και βλασφημια αρθητω αφ υμων συν παση  κακια.  γινεσθε εις αλληλους χρηστοι.

                                              1  εση
6:3     επαγγελια,  ινα ευ σοι γενηται και εση  μακροχρονιος επι της γης.  και οι πατερες, μη

                                              1  παρακαλεση
6:22    ινα γνωτε τα περι ημων και παρακαλεση  τας καρδιας υμων.   ειρηνη τοις αδελφοις και

                                              1  ποιηση
6:8       ειδοτες οτι εκαστος, εαν τι ποιηση  αγαθον, τουτο κομισεται παρα κυριου.  ειτε

                                              1  παραστηση
5:27    του υδατος εν ρηματι,  ινα παραστηση  αυτος εαυτω ενδοξον την εκκλησιαν, μη εχουσαν

                                              1  κτιση
2:15    δογμασιν καταργησας, ινα τους δυο κτιση  εν αυτω εις ενα καινον ανθρωπον ποιων ειρηνην.

                                              1  πληρωση
4:10    υπερανω παντων των ουρανων, ινα πληρωση  τα παντα.  και αυτος εδωκεν τους μεν

                                              11  τη
2:8     χρηστοτητι εφ ημας εν χριστω ιησου.  τη  γαρ χαριτι εστε σεσωσμενοι δια πιστεως. και
6:13    ινα δυνηθητε αντιστηναι εν τη ημερα τη  πονηρα και απαντα κατεργασαμενοι στηναι.
1:22    και αυτον εδωκεν κεφαλην υπερ παντα τη  εκκλησια.  ητις εστιν το σωμα αυτου. το
4:18       του νοος αυτων.  εσκοτωμενοι τη  διανοια οντες, απηλλοτριωμενοι της ζωης του
4:19       απηλγηκοτες εαυτους παρεδωκαν τη  ασελγεια εις εργασιαν ακαθαρσιας πασης εν
3:21       εν ημιν,  αυτω η δοξα εν τη  εκκλησια και εν χριστω ιησου εις πασας τας
6:13    του θεου, ινα δυνηθητε αντιστηναι εν τη  ημερα τη πονηρα και απαντα κατεργασαμενοι
5:5         ουκ εχει κληρονομιαν εν τη  βασιλεια του χριστου και θεου.  μηδεις υμας
```

```
4:14        παντι ανεμω της διδασκαλιας εν τη κυβεια των ανθρωπων εν πανουργια προς την
2:14        του φραγμου λυσας, την εχθραν. εν τη σαρκι αυτου,   τον νομον των εντολων εν
5:19        πνευματικαις, αδοντες και ψαλλοντες τη καρδια υμων τω κυριω,   ευχαριστουντες παντοτε

                                              1 αυτη
3:8             παντων αγιων εδοθη η χαρις αυτη τοις εθνεσιν ευαγγελισασθαι το ανεξιχνιαστον

                                              1 πρωτη
6:2        και την μητερα. ητις εστιν εντολη πρωτη εν επαγγελια.  ινα ευ σοι γενηται και εση

                                              1 κρυφη
5:12       μαλλον δε και ελεγχετε.  τα γαρ κρυφη γινομενα υπ αυτων αισχρον εστιν και λεγειν. τα

                                              1 εχη
4:28       ταις ιδιαις χερσιν το αγαθον. ινα εχη μεταδιδοναι τω χρειαν εχοντι.  πας λογος

                                              1 δων
1:17       ιησου χριστου. ο πατηρ της δοξης. δων υμιν πνευμα σοφιας και αποκαλυψεως εν

                                              2 καθ
5:33       την εκκλησιαν.  πλην και υμεις οι καθ ενα εκαστος την εαυτου γυναικα ουτως αγαπατω
1:15       αυτου.  δια τουτο καγω, ακουσας την καθ υμας πιστιν εν τω κυριω ιησου και την αγαπην

                                              3 αι
5:22           αλληλοις εν φοβω χριστου.  αι γυναικες τοις ιδιοις ανδρασιν ως τω κυριω.
5:24       υποτασσεται τω χριστω. ουτως και αι γυναικες τοις ανδρασιν εν παντι.  οι ανδρες.
5:16       εξαγοραζομενοι τον καιρον, οτι αι ημεραι πονηραι εισιν.  δια τουτο μη γινεσθε

                                              1 δυνασθαι
6:11       την πανοπλιαν του θεου προς το δυνασθαι υμας στηναι προς τας μεθοδειας του διαβολου.
3:8        χαρις αυτη. τοις εθνεσιν ευαγγελισασθαι το ανεξιχνιαστον πλουτος του χριστου.  και

                                              1 ενδυσασθαι
4:24       πνευματι του νοος υμων,  και ενδυσασθαι τον καινον ανθρωπον τον κατα θεον κτισθεντα εν
1:10        των καιρων. ανακεφαλαιωσασθαι τα παντα εν τω χριστω. τα επι τοις ουρανοις

                                              1 καταλαβεσθαι
3:18           ινα εξισχυσητε καταλαβεσθαι συν πασιν τοις αγιοις τι το πλατος και μηκος

                                              1 αποθεσθαι
4:22       εστιν αληθεια εν τω ιησου.  αποθεσθαι υμας κατα την προτεραν αναστροφην τον παλαιον

                                              1 ανανεουσθαι
4:23       τας επιθυμιας της απατης.  ανανεουσθαι δε τω πνευματι του νοος υμων.  και ενδυσασθαι

                                              :37 και
2:1         τα παντα εν πασιν πληρουμενου.  και υμας οντας νεκρους τοις παραπτωμασιν και ταις
4:11       των ουρανων. ινα πληρωση τα παντα.  και αυτος εδωκεν τους μεν αποστολους, τους δε
6:17       πονηρου (τα) πεπυρωμενα σβεσαι.  και την περικεφαλαιαν του σωτηριου δεξασθε. και
1:22       τουτου αλλα και εν τω μελλοντι.  και παντα υπεταξεν υπο τους ποδας αυτου. και αυτον
4:30          ινα δω χαριν τοις ακουουσιν.  και μη λυπειτε το πνευμα το αγιον του θεου. εν ω
6:4        και εση μακροχρονιος επι της γης.  και οι πατερες, μη παροργιζετε τα τεκνα υμων. αλλα
6:9            ειτε δουλος ειτε ελευθερος.  και οι κυριοι. τα αυτα ποιειτε προς αυτους.
5:18       συνιετε τι το θελημα του κυριου.  και μη μεθυσκεσθε οινω, εν ω εστιν ασωτια. αλλα
5:11          τι εστιν ευαρεστον τω κυριω.  και μη συγκοινωνειτε τοις εργοις τοις ακαρποις του
2:17       αποκτεινας την εχθραν εν αυτω.  και ελθων ευηγγελισατο ειρηνην υμιν τοις μακραν
2:6        χριστω - χαριτι εστε σεσωσμενοι  και συνηγειρεν και συνεκαθισεν εν τοις επουρανιοις
5:2            του θεου, ως τεκνα αγαπητα.  και περιπατειτε εν αγαπη, καθως και ο χριστος
2:16       ενα καινον ανθρωπον ποιων ειρηνην,  και αποκαταλλαξη τους αμφοτερους εν ενι σωματι τω
6:19       και δεησει περι παντων των αγιων.  και υπερ εμου. ινα μοι δοθη λογος εν ανοιξει του
4:24          δε τω πνευματι του νοος υμων.  και ενδυσασθαι τον καινον ανθρωπον τον κατα θεον
2:5        αγαπην αυτου ην ηγαπησεν ημας.  και οντας ημας νεκρους τοις παραπτωμασιν
6:15          τον θωρακα της δικαιοσυνης.  και υποδησαμενοι τους ποδας εν ετοιμασια του
5:4        εν υμιν, καθως πρεπει αγιοις.  και αισχροτης και μωρολογια η ευτραπελια. α ουκ
1:19       κληρονομιας αυτου εν τοις αγιοις.  και τι το υπερβαλλον μεγεθος της δυναμεως αυτου
3:9        ανεξιχνιαστον πλουτος του χριστου.  και φωτισαι (παντας) τις η οικονομια του μυστηριου
5:27       η τι των τοιουτων, αλλ ινα η αγια  και αμωμος.  ουτως οφειλουσιν και οι ανδρες αγαπαν
6:4        αλλα εκτρεφετε αυτα εν παιδεια  και νουθεσια κυριου.  οι δουλοι, υπακουετε τοις
4:31       ημεραν απολυτρωσεως.  πασα πικρια  και θυμος και οργη και κραυγη και βλασφημια αρθητω
3:21       ημιν.  αυτω η δοξα εν τη εκκλησια  και εν χριστω ιησου εις πασας τας γενεας του
1:8        επερισσευσεν εις ημας εν παση σοφια  και φρονησει γνωρισας ημιν το μυστηριον και
1:21          ου μονον εν τω αιωνι τουτω αλλα και  και εν τω μελλοντι.  και παντα υπεταξεν υπο τους
6:12       οτι ουκ εστιν ημιν η παλη προς αιμα  και σαρκα, αλλα προς τας αρχας. προς τας εξουσιας.
```

Ref		και	
3:6	ειναι τα εθνη συνκληρονομα	και	σισσωμα και συμμετοχα της επαγγελιας εν χριστω
4:4	τω συνδεσμω της ειρηνης. εν σωμα	και	εν πνευμα. καθως και εκληθητε εν μια ελπιδι
3:6	τα εθνη συνκληρονομα και συσσωμα	και	συμμετοχα της επαγγελιας εν χριστω ιησου δια
5:31	καταλειψει ανθρωπος τον πατερα	και	την μητερα και προσκολληθησεται προς την
5:31	ανθρωπος τον πατερα και την μητερα	και	προσκολληθησεται προς την γυναικα αυτου, και
6:13	αντιστηναι εν τη ημερα τη πονηρα	και	απαντα κατεργασαμενοι στηναι. στητε ουν
5:3	θεω εις οσμην ευωδιας. πορνεια δε	και	ακαθαρσια πασα η πλεονεξια μηδε ονομαζεσθω εν
6:21	ως δει με λαλησαι. ινα δε	και	υμεις ειδητε τα κατ εμε, τι πρασσω, παντα
5:11	ακαρπους του σκοτους. μαλλον δε	και	ελεγχετε. τα γαρ κρυφη γινομενα υπ αυτων
4:26	οτι εσμεν αλληλων μελη. οργιζεσθε	και	μη αμαρτανετε. ο ηλιος μη επιδυετω επι (τω)
4:21	τον χριστον. ει γε αυτον ηκουσατε	και	εν αυτω εδιδαχθητε καθως εστιν αληθεια εν τω
4:31	πασα πικρια και θυμος και οργη	και	κραυγη και βλασφημια αρθητω αφ υμων συν παση
4:31	και θυμος και οργη και κραυγη	και	βλασφημια αρθητω αφ υμων συν παση κακια.
5:9	εν παση αγαθωσυνη και δικαιοσυνη	και	αληθεια - δοκιμαζοντες τι εστιν ευαρεστον τω
4:24	κατα θεον κτισθεντα εν δικαιοσυνη	και	οσιοτητι της αληθειας. διο αποθεμενοι το
5:9	καρπος του φωτος εν παση αγαθωσυνη	και	δικαιοσυνη και αληθεια - δοκιμαζοντες τι
6:3	εν επαγγελια. ινα ευ σοι γενηται	και	εση μακροχρονιος επι της γης. και οι πατερες,
6:18	αγρυπνουντες εν παση προσκαρτερησει	και	δεησει περι παντων των αγιων. και υπερ εμου,
5:29	σαρκα εμισησεν, αλλα εκτρεφει	και	θαλπει αυτην, καθως και ο χριστος την
4:14	μηκετι ωμεν νηπιοι, κλυδωνιζομενοι	και	περιφερομενοι παντι ανεμω της διδασκαλιας εν
3:17	καρδιαις υμων, εν αγαπη ερριζωμενοι	και	τεθεμελιωμενοι, ινα εξισχυσητε καταλαβεσθαι
2:19	πατερα. αρα ουν ουκετι εστε ξενοι	και	παροικοι, αλλα εστε συμπολιται των αγιων και
4:9	το δε ανεβη τι εστιν ει μη οτι	και	κατεβη εις τα κατωτερα (μερη) της γης; ο
6:9	ανιεντες την απειλην, ειδοτες οτι	και	αυτων και υμων ο κυριος εστιν εν ουρανοις. και
2:12	της πολιτειας του ισραηλ	και	ξενοι των διαθηκων της επαγγελιας, ελπιδα μη
5:25	ο χριστος ηγαπησεν την εκκλησιαν	και	εαυτον παρεδωκεν υπερ αυτης, ινα αυτην αγιαση
3:12	ημων, εν ω εχομεν την παρρησιαν	και	προσαγωγην εν πεποιθησει δια της πιστεως
2:17	ειρηνην υμιν τοις μακραν	και	ειρηνην τοις εγγυς· οτι δι αυτου εχομεν την
5:2	εαυτον υπερ ημων προσφοραν	και	θυσιαν τω θεω εις οσμην ευωδιας. πορνεια δε
2:14	ημων, ο ποιησας τα αμφοτερα εν	και	το μεσοτοιχον του φραγμου λυσας, την εχθραν,
2:6	εστε σεσωσμενοι - και συνηγειρεν	και	συνεκαθισεν εν τοις επουρανιοις εν χριστω
5:33	και εις την εκκλησιαν. πλην	και	υμεις οι καθ ενα εκαστος την εαυτου γυναικα
1:2	εν χριστω ιησου. χαρις υμιν	και	ειρηνη απο θεου πατρος ημων και κυριου ιησου
2:1	οντας νεκρους τοις παραπτωμασιν	και	ταις αμαρτιαις υμων, εν αις ποτε
5:28	αγια και αμωμος. ουτως οφειλουσιν	και	οι ανδρες αγαπαν τας εαυτων γυναικας ως τα
5:12	γινομενα υπ αυτων αισχρον εστιν	και	λεγειν. τα δε παντα ελεγχομενα υπο του φωτος
4:10	ης γης; ο καταβας αυτος εστιν	και	ο αναβας υπερανω παντων των ουρανων, ινα
4:16	εξ ου παν το σωμα συναρμολογουμενον	και	συμβιβαζομενον δια πασης αφης της επιχορηγιας
5:32	μεγα εστιν, εγω δε λεγω εις χριστον	και	εις την εκκλησιαν. πλην και υμεις οι καθ ενα
2:19	αλλα εστε συμπολιται των αγιων	και	οικειοι του θεου. εποικοδομηθεντες επι τω
2:20	επι τω θεμελιω των αποστολων	και	προφητων, οντος ακρογωνιαιου αυτου χριστου
6:22	αυτο τουτο ινα γνωτε τα περι ημων	και	παρακαλεση τας καρδιας υμων. ειρηνη τοις
1:2	και ειρηνη απο θεου πατρος ημων	και	κυριου ιησου χριστου. ευλογητος ο θεος και
4:6	παντων, ο επι παντων και δια παντων	και	εν πασιν. ενι δε εκαστω ημων εδοθη η χαρις
4:6	θεος και πατηρ παντων. ο επι παντων	και	δια παντων και εν πασιν. ενι δε εκαστω ημων
6:9	την απειλην, ειδοτες οτι και αυτων	και	υμων ο κυριος εστιν εν ουρανοις, και
1:21	υπερανω πασης αρχης και εξουσιας	και	δυναμεως και κυριοτητος και παντος ονοματος
1:17	της δοξης, δωη υμιν πνευμα σοφιας	και	αποκαλυψεως εν επιγνωσει αυτου. πεφωτισμενους
5:2	καθως και ο χριστος ηγαπησεν ημας	και	παρεδωκεν εαυτον υπερ ημων προσφοραν και
4:11	δε ευαγγελιστας, τους δε ποιμενας	και	διδασκαλους, προς τον καταρτισμον των αγιων
5:19	και ωδαις πνευματικαις, αδοντες	και	ψαλλοντες τη καρδια υμων τω κυριω,
2:12	της επαγγελιας, ελπιδα μη εχοντες	και	αθεοι εν τω κοσμω. νυνι δε εν χριστω ιησου
4:2	μετα πασης ταπεινοφροσυνης	και	πραυτητος, μετα μακροθυμιας, ανεχομενοι
5:4	καθως πρεπει αγιοις, και αισχροτης	και	μωρολογια η ευτραπελια, α ουκ ανηκεν, αλλα
1:21	επουρανιοις υπερανω πασης αρχης	και	εξουσιας και δυναμεως και κυριοτητος και
6:18	ρημα θεου, δια πασης προσευχης	και	δεησεως, προσευχομενοι εν παντι καιρω εν
3:10	ινα γνωρισθη νυν ταις αρχαις	και	ταις εξουσιαις εν τοις επουρανιοις δια της
2:3	τοις υιοις της απειθειας. εν οις	και	ημεις παντες ανεστραφημεν ποτε εν ταις
5:19	λαλουντες εαυτοις (εν) ψαλμοις	και	υμνοις και ωδαις πνευματικαις, αδοντες και
3:15	εξ ου πασα πατρια εν ουρανοις	και	επι γης ονομαζεται. ινα δω υμιν κατα το
1:10	εν τω χριστω, τα επι τοις ουρανοις	και	τα επι της γης. εν αυτω, εν ω και εκληρωθημεν
5:19	εαυτοις (εν) ψαλμοις και υμνοις	και	ωδαις πνευματικαις, αδοντες και ψαλλοντες τη
6:23	καρδιας υμων. ειρηνη τοις αδελφοις	και	αγαπη μετα πιστεως απο θεου πατρος και κυριου
1:3	ιησου χριστου. ευλογητος ο θεος	και	πατηρ του κυριου ημων ιησου χριστου. ο
4:6	μια πιστις, εν βαπτισμα. εις θεος	και	πατηρ παντων, ο επι παντων και δια παντων και
3:18	τοις αγιοις τι το πλατος και μηκος	και	υψος και βαθος, γνωναι τε την υπερβαλλουσαν
2:3	ποιουντες τα θεληματα της σαρκος	και	των διανοιων, και ημεθα τεκνα φυσει οργης ως
4:31	πασα πικρια και θυμος	και	οργη και κραυγη και βλασφημια αρθητω αφ υμων
6:23	αγαπη μετα πιστεως απο θεου πατρος	και	κυριου ιησου χριστου. η χαρις μετα παντων των
3:18	συν πασιν τοις αγιοις τι το πλατος	και	μηκος και υψος και βαθος, γνωναι τε την
1:21	και δυναμεως και κυριοτητος	και	παντος ονοματος ονομαζομενου ου μονον εν τω
6:21	υμιν τυχικος ο αγαπητος αδελφος	και	πιστος διακονος εν κυριω, ον επεμψα προς υμας
3:18	τι το πλατος και μηκος και υψος	και	βαθος, γνωναι τε την υπερβαλλουσαν της

1:4	καταβολης κοσμου. ειναι ημας αγιους	και	αμωμους κατενωπιον αυτου εν αγαπη. προορισας
2:3	και ημεθα τεκνα φυσει οργης ως	και	οι λοιποι. ο δε θεος πλουσιος ων εν ελεει.
5:23	ανηρ εστιν κεφαλη της γυναικος ως	και	ο χριστος κεφαλη της εκκλησιας. αυτος σωτηρ
1:21	αρχης και εξουσιας και δυναμεως	και	κυριοτητος και παντος ονοματος ονομαζομενου ου
4:13	παντες εις την ενοτητα της πιστεως	και	της επιγνωσεως του υιου του θεου. εις ανδρα
4:17	κυριω. μηκετι υμας περιπατειν καθως	και	τα εθνη περιπατει εν ματαιοτητι του νοος
4:32	χαριζομενοι εαυτοις καθως	και	ο θεος εν χριστω εχαρισατο υμιν. γινεσθε ουν
4:4	εν σωμα και εν πνευμα, καθως	και	εκληθητε εν μια ελπιδι της κλησεως υμων. εις
5:2	και περιπατειτε εν αγαπη, καθως	και	ο χριστος ηγαπησεν ημας και παρεδωκεν εαυτον
5:29	εκτρεφει και θαλπει αυτην, καθως	και	ο χριστος την εκκλησιαν, οτι μελη εσμεν του
5:25	ανδρες. αγαπατε τας γυναικας, καθως	και	ο χριστος ηγαπησεν την εκκλησιαν και εαυτον
5:24	υποτασσεται τω χριστω. ουτως	και	αι γυναικες τοις ανδρασιν εν παντι. οι
6:5	τοις κατα σαρκα κυριοις μετα φοβου	και	τρομου εν απλοτητι της καρδιας υμων ως τω
6:2	εστιν δικαιον. τιμα τον πατερα σου	και	την μητερα, ητις εστιν εντολη πρωτη εν
1:15	καθ υμας πιστιν εν τω κυριω ιησου	και	την αγαπην την εις παντας τους αγιους. ου
5:5	εν τη βασιλεια του χριστου	και	θεου. μηδεις υμας απατατω κενοις λογοις. δια
3:5	τοις αγιοις αποστολοις αυτου	και	προφηταις εν πνευματι. ειναι τα εθνη
1:13	προηλπικοτας εν τω χριστω. εν ω	και	υμεις ακουσαντες τον λογον της αληθειας. το
2:22	εις ναον αγιον εν κυριω. εν ω	και	υμεις συνοικοδομεισθε εις κατοικητηριον του
1:11	και τα επι της γης. εν αυτω. εν ω	και	εκληρωθημεν προορισθεντες κατα προθεσιν του τα
1:13	ευαγγελιον της σωτηριας υμων. εν ω	και	πιστευσαντες εσφραγισθητε τω πνευματι της
4:17	εαυτου εν αγαπη. τουτο ουν λεγω	και	μαρτυρομαι εν κυριω, μηκετι υμας περιπατειν
5:20	κυριου ημων ιησου χριστου τω θεω	και	πατρι. υποτασσομενοι αλληλοις εν φοβω
6:10	του λοιπου ενδυναμουσθε εν κυριω	και	εν τω κρατει της ισχυος αυτου. ενδυσασθε την
6:7	ευνοιας δουλευοντες, ως τω κυριω	και	ουκ ανθρωποις, ειδοτες οτι εκαστος, εαν τι
2:8	χαριτι εστε σεσωσμενοι δια πιστεως.	και	τουτο ουκ εξ υμων. θεου το δωρον. ουκ εξ
1:1	τοις αγιοις τοις ουσιν (εν εφεσω)	και	πιστοις εν χριστω ιησου. χαρις υμιν και
6:14	την οσφυν υμων εν αληθεια.	και	ενδυσαμενοι τον θωρακα της δικαιοσυνης. και
6:17	περικεφαλαιαν του σωτηριου δεξασθε.	και	την μαχαιραν του πνευματος, ο εστιν ρημα θεου.
6:18	εν παντι καιρω εν πνευματι.	και	εις αυτο αγρυπνουντες εν παση προσκαρτερησει
5:14	διο λεγει. εγειρε, ο καθευδων,	και	αναστα εκ των νεκρων. και επιφαυσει σοι ο
2:3	της σαρκος και των διανοιων.	και	ημεθα τεκνα φυσει οργης ως και οι λοιποι. ο
1:20	τω χριστω εγειρας αυτον εκ νεκρων.	και	καθισας εν δεξια αυτου εν τοις επουρανιοις
5:14	καθευδων, και αναστα εκ των νεκρων.	και	επιφαυσει σοι ο χριστος. βλεπετε ουν ακριβως
6:9	υμων ο κυριος εστιν εν ουρανοις.	και	προσωπολημψια ουκ εστιν παρ αυτω. του λοιπου
5:31	προς την γυναικα αυτου,	και	εσονται οι δυο εις σαρκα μιαν. το μυστηριον
1:22	υπεταξεν υπο τους ποδας αυτου.	και	αυτον εδωκεν κεφαλην υπερ παντα τη εκκλησια.

		1 μαρτυρομαι	
4:17	αγαπη. τουτο ουν λεγω και	μαρτυρομαι	εν κυριω, μηκετι υμας περιπατειν καθως και τα

		1 παυομαι	
1:16	την εις παντας τους αγιους. ου	παυομαι	ευχαριστων υπερ υμων μνειαν ποιουμενος επι των

		1 αιτουμαι	
3:13	δια της πιστεως αυτου. διο	αιτουμαι	μη εγκακειν εν ταις θλιψεσιν μου υπερ υμων.

		1 παρρησιασωμαι	
6:20	εν αλυσει. ινα εν αυτω	παρρησιασωμαι	ως δει με λαλησαι. ινα δε και υμεις ειδητε τα

		1 ειδεναι	
1:18	της καρδιας (υμων) εις το	ειδεναι	υμας τις εστιν η ελπις της κλησεως αυτου. τις

		1 κραταιωθηναι	
3:16	της δοξης αυτου δυναμει	κραταιωθηναι	δια του πνευματος αυτου εις τον εσω ανθρωπον.

		2 στηναι	
6:13	πονηρα και απαντα κατεργασαμενοι	στηναι	στητε ουν περιζωσαμενοι την οσφυν υμων εν
6:11	του θεου προς το δυνασθαι υμας	στηναι	προς τας μεθοδειας του διαβολου. οτι ουκ

		1 αντιστηναι	
6:13	του θεου. ινα δυνηθητε	αντιστηναι	εν τη ημερα τη πονηρα και απαντα

		3 ειναι	
3:6	αυτου και προφηταις εν πνευματι.	ειναι	τα εθνη συνκληρονομα και συσσωμα και συμμετοχα
1:12	του θεληματος αυτου. εις το	ειναι	ημας εις επαινον δοξης αυτου τους προηλπικοτας
1:4	εν αυτω προ καταβολης κοσμου,	ειναι	ημας αγιους και αμωμους κατενωπιον αυτου εν

		1 μεταδιδοναι	
4:28	χερσιν το αγαθον. ινα εχη	μεταδιδοναι	τω χρειαν εχοντι. πας λογος σαπρος εκ του

		1	γνωναι
3:19	και μηκος και υψος και βαθος. γνωναι	τε την υπερβαλλουσαν της γνωσεως αγαπην του

		1	ημεραι
5:16	τον καιρον, οτι αι ημεραι πονηραι εισιν.	δια τουτο μη γινεσθε αφρονες,

		1	πονηραι
5:16	τον καιρον, οτι αι ημεραι πονηραι εισιν.	δια τουτο μη γινεσθε αφρονες, αλλα

		1	σβεσαι
6:16	βελη του πονηρου (τα) πεπυρωμενα σβεσαι	και την περικεφαλαιαν του σωτηριου δεξασθε,

		1	ποιησαι
3:20	τω δε δυναμενω υπερ παντα ποιησαι	υπερεκπερισσου ων αιτουμεθα η νοουμεν κατα την

		1	κατοικησαι
3:17	αυτου εις τον εσω ανθρωπον, κατοικησαι	τον χριστον δια της πιστεως εν ταις καρδιαις

		1	λαλησαι
6:20	εν αυτω παρρησιασωμαι ως δει με λαλησαι	ινα δε και υμεις ειδητε τα κατ εμε, τι

		1	νοησαι
3:4	προς ο δυνασθε αναγινωσκοντες νοησαι	την συνεσιν μου εν τω μυστηριω του χριστου. ο

		1	περιπατησαι
4:1	ο δεσμιος εν κυριω αξιως περιπατησαι	της κλησεως ης εκληθητε. μετα πασης

		1	γνωρισαι
6:19	του στοματος μου, εν παρρησια γνωρισαι	το μυστηριον του ευαγγελιου υπερ ου πρεσβευω

		1	φωτισαι
3:9	πλουτος του χριστου. και φωτισαι	(παντας) τις η οικονομια του μυστηριου του

		1	ονομαζεται
3:15	εν ουρανοις και επι γης ονομαζεται	ινα δω υμιν κατα το πλουτος της δοξης αυτου

		1	προσκολληθησετα
5:31	και την μητερα και προσκολληθησεται	προς την γυναικα αυτου, και εσονται οι δυο εις

		1	κομισεται
6:8	εαν τι ποιηση αγαθον, τουτο κομισεται	παρα κυριου, ειτε δουλος ειτε ελευθερος. και

		1	υποτασσεται
5:24	αλλα ως η εκκλησια υποτασσεται	τω χριστω, ουτως και αι γυναικες τοις ανδρασιν

		1	ερχεται
5:6	κενοις λογοις. δια ταυτα γαρ ερχεται	η οργη του θεου επι τους υιους της απειθειας.

		1	φοβηται
5:33	ως εαυτον. η δε γυνη ινα φοβηται	τον ανδρα. τα τεκνα, υπακουετε τοις γονευσιν

		1	μιμηται
5:1	εχαρισατο υμιν. γινεσθε ουν μιμηται	του θεου, ως τεκνα αγαπητα, και περιπατειτε

		1	γενηται
6:3	πρωτη εν επαγγελια, ινα ευ σοι γενηται	και εση μακροχρονιος επι της γης. και οι

		1	ενδειξηται
2:7	εν χριστω ιησου. ινα ενδειξηται	εν τοις αιωσιν τοις επερχομενοις το υπερβαλλον

		1	καυχησηται
2:9	ουκ εξ εργων, ινα μη τις καυχησηται	αυτου γαρ εσμεν ποιημα, κτισθεντες εν χριστω

		1	ποιειται
4:16	μερους την αυξησιν του σωματος ποιειται	εις οικοδομην εαυτου εν αγαπη. τουτο ουν λεγω

		1	συμπολιται
2:19	και παροικοι, αλλα εστε συμπολιται	των αγιων και οικειοι του θεου.

		1	εσονται
5:31	προς την γυναικα αυτου, και εσονται	οι δυο εις σαρκα μιαν. το μυστηριον τουτο

5:13	1 φανερουται	ελεγχομενα υπο του φωτος φανερουται παν γαρ το φανερουμενον φως εστιν. διο
2:18	1 δι	μακραν και ειρηνην τοις εγγυς. οτι δι αυτου εχομεν την προσαγωγην οι αμφοτεροι εν
4:4	1 ελπιδι	καθως και εκληθητε εν μια ελπιδι της κλησεως υμων. εις κυριος, μια πιστις, εν
4:21	4 ει	δε ουχ ουτως εμαθετε τον χριστον. ει γε αυτον ηκουσατε και εν αυτω εδιδαχθητε καθως
4:29		στοματος υμων μη εκπορευεσθω. αλλα ει τις αγαθος προς οικοδομην της χρειας, ινα δω
4:9		ανθρωποις. το δε ανεβη τι εστιν ει μη οτι και κατεβη εις τα κατωτερα (μερη) της
3:2		χριστου (ιησου) υπερ υμων των εθνων- ει γε ηκουσατε την οικονομιαν της χαριτος του
4:8	2 λεγει	της δωρεας του χριστου. διο λεγει αναβας εις υψος ηχμαλωτευσεν αιχμαλωσιαν,
5:14		το φανερουμενον φως εστιν. διο λεγει εγειρε, ο καθευδων, και αναστα εκ των νεκρων.
6:20	1 δει	ινα εν αυτω παρρησιασωμαι ως δει με λαλησαι. ινα δε και υμεις ειδητε τα κατ
2:4	1 ελεει	λοιποι. ο δε θεος πλουσιος ων εν ελεει δια την πολλην αγαπην αυτου ην ηγαπησεν ημας.
3:16	1 δυναμει	κατα το πλουτος της δοξης αυτου δυναμει κραταιωθηναι δια του πνευματος αυτου εις τον
6:19	1 ανοιξει	εμου. ινα μοι δοθη λογος εν ανοιξει του στοματος μου. εν παρρησια γνωρισαι το
2:21	1 αυξει	ω πασα οικοδομη συναρμολογουμενη αυξει εις ναον αγιον εν κυριω. εν ω και υμεις
5:3	1 πρεπει	μηδε ονομαζεσθω εν υμιν. καθως πρεπει αγιοις. και αισχροτης και μωρολογια η
5:29	1 θαλπει	εμισησεν. αλλα εκτρεφει και θαλπει αυτην. καθως και ο χριστος την εκκλησιαν. οτι
6:18	1 δεησει	εν παση προσκαρτερησει και δεησει περι παντων των αγιων. και υπερ εμου. ινα μοι
3:12	1 πεποιθησει	παρρησιαν και προσαγωγην εν πεποιθησει δια της πιστεως αυτου. διο αιτουμαι μη
1:8	1 φρονησει	εις ημας εν παση σοφια και φρονησει γνωρισας ημιν το μυστηριον του θεληματος
6:18	1 προσκαρτερησει	αγρυπνουντες εν παση προσκαρτερησει και δεησει περι παντων των αγιων. και υπερ
6:21	1 γνωρισει	τα κατ εμε, τι πρασσω. παντα γνωρισει υμιν τυχικος ο αγαπητος αδελφος και πιστος
5:14	1 επιφαυσει	και αναστα εκ των νεκρων. και επιφαυσει σοι ο χριστος. βλεπετε ουν ακριβως πως
6:20	1 αλυσει	ευαγγελιου υπερ ου πρεσβευω εν αλυσει ινα εν αυτω παρρησιασωμαι ως δει με λαλησαι.
2:3	1 φυσει	και των διανοιων. και ημεθα τεκνα φυσει οργης ως και οι λοιποι. ο δε θεος πλουσιος ων
1:17	1 επιγνωσει	σοφιας και αποκαλυψεως εν επιγνωσει αυτου. πεφωτισμενους τους οφθαλμους της
4:17	1 περιπατει	περιπατειν καθως και τα εθνη περιπατει εν ματαιοτητι του νοος αυτων. εσκοτωμενοι τη

		1 κρατει

6:10　ενδυναμουσθε εν κυριω και εν τω κρατει της ισχυος αυτου.　ενδυσασθε την πανοπλιαν του

1 εκτρεφει

5:29　εαυτου σαρκα εμισησεν. αλλα εκτρεφει και θαλπει αυτην, καθως και ο χριστος την

1 εχει

5:5　ο εστιν ειδωλολατρης. ουκ εχει κληρονομιαν εν τη βασιλεια του χριστου και

1 καταλειψει

5:31　σωματος αυτου. αντι τουτου καταλειψει ανθρωπος τον πατερα και την μητερα και

3 σαρκι

2:14　φραγμου λυσας, την εχθραν, εν τη σαρκι αυτου.　τον νομον των εντολων εν δογμασιν
2:11　οτι ποτε υμεις τα εθνη εν σαρκι οι λεγομενοι ακροβυστια υπο της λεγομενης
2:11　υπο της λεγομενης περιτομης εν σαρκι χειροποιητου.　οτι ητε τω καιρω εκεινω χωρις

3 ενι

4:7　και δια παντων και εν πασιν.　ενι δε εκαστω ημων εδοθη η χαρις κατα το μετρον
2:18　την προσαγωγην οι αμφοτεροι εν ενι πνευματι προς τον πατερα.　αρα ουν ουκετι εστε
2:16　και αποκαταλλαξη τους αμφοτερους εν ενι σωματι τω θεω δια του σταυρου. αποκτεινας την

1 νυνι

2:13　μη εχοντες και αθεοι εν τω κοσμω.　νυνι δε εν χριστω ιησου υμεις οι ποτε οντες μακραν

1 αιωνι

1:21　ονομαζομενου ου μονον εν τω αιωνι τουτω αλλα και εν τω μελλοντι.　και παντα

12 οι

5:25　αι γυναικες τοις ανδρασιν εν παντι.　οι ανδρες, αγαπατε τας γυναικας. καθως και ο
6:5　εν παιδεια και νουθεσια κυριου.　οι δουλοι, υπακουετε τοις κατα σαρκα κυριοις μετα
6:4　εση μακροχρονιος επι της γης.　και οι πατερες, μη παροργιζετε τα τεκνα υμων. αλλα
6:9　ειτε δουλος ειτε ελευθερος.　και οι κυριοι, τα αυτα ποιειτε προς αυτους. ανιεντες
5:28　και αμωμος.　ουτως οφειλουσιν και οι ανδρες αγαπαν τας εαυτων γυναικας ως τα εαυτων
2:3　και ημεθα τεκνα φυσει οργης ως και οι λοιποι.　ο δε θεος πλουσιος ων εν ελεει. δια
5:31　προς την γυναικα αυτου, και εσονται οι δυο εις σαρκα μιαν.　το μυστηριον τουτο μεγα
4:13　του χριστου.　μεχρι καταντησωμεν οι παντες εις την ενοτητα της πιστεως και της
2:18　οτι δι αυτου εχομεν την προσαγωγην οι αμφοτεροι εν ενι πνευματι προς τον πατερα.
5:33　εις την εκκλησιαν.　πλην και υμεις οι καθ ενα εκαστος την εαυτου γυναικα ουτως
2:13　νυνι δε εν χριστω ιησου υμεις οι ποτε οντες μακραν εγενηθητε εγγυς εν τω αιματι
2:11　οτι ποτε υμεις τα εθνη εν σαρκι οι λεγομενοι ακροβυστια υπο της λεγομενης

1 αθεοι

2:12　επαγγελιας. ελπιδα μη εχοντες και αθεοι εν τω κοσμω.　νυνι δε εν χριστω ιησου υμεις οι

1 οικειοι

2:19　εστε συμπολιται των αγιων και οικειοι του θεου.　εποικοδομηθεντες επι τω θεμελιω των

1 νηπιοι

4:14　του χριστου,　ινα μηκετι ωμεν νηπιοι κλυδωνιζομενοι και περιφερομενοι παντι ανεμω

1 κυριοι

6:9　δουλος ειτε ελευθερος.　και οι κυριοι τα αυτα ποιειτε προς αυτους. ανιεντες την

1 παροικοι

2:19　αρα ουν ουκετι εστε ξενοι και παροικοι αλλα εστε συμπολιται των αγιων και οικειοι

1 ανθρωπαρεσκοι

6:6　μη κατ οφθαλμοδουλιαν ως ανθρωπαρεσκοι αλλ ως δουλοι χριστου ποιουντες το θελημα του

2 δουλοι

6:5　παιδεια και νουθεσια κυριου.　οι δουλοι υπακουετε τοις κατα σαρκα κυριοις μετα φοβου
6:6　ως ανθρωπαρεσκοι αλλ ως δουλοι χριστου ποιουντες το θελημα του θεου εκ ψυχης.

4 μοι

6:19　των αγιων.　και υπερ εμου, ινα μοι δοθη λογος εν ανοιξει του στοματος μου, εν
3:3　(οτι) κατα αποκαλυψιν εγνωρισθη μοι το μυστηριον, καθως προεγραψα εν ολιγω.　προς
3:2　της χαριτος του θεου της δοθεισης μοι εις υμας.　(οτι) κατα αποκαλυψιν εγνωρισθη μοι
3:7　της χαριτος του θεου της δοθεισης μοι κατα την ενεργειαν της δυναμεως αυτου.　εμοι

			1 εμοι	
3:8	την ενεργειαν της δυναμεως αυτου. εμοι	τω ελαχιστοτερω παντων αγιων εδοθη η χαρις
6:13	τη πονηρα και απαντα κατεργασαμενοι	στηναι. στητε ουν περιζωσαμενοι την οσφυν

		1 υποδησαμενοι
6:15	της δικαιοσυνης. και υποδησαμενοι	τους ποδας εν ετοιμασια του ευαγγελιου της

		1 ενδυσαμενοι
6:14	οσφυν υμων εν αληθεια. και ενδυσαμενοι	τον θωρακα της δικαιοσυνης. και υποδησαμενοι

		1 περιζωσαμενοι
6:14	στηναι. στητε ουν περιζωσαμενοι	την οσφυν υμων εν αληθεια. και ενδυσαμενοι τον

		1 αποθεμενοι
4:25	οσιοτητι της αληθειας. διο αποθεμενοι	το ψευδος λαλειτε αληθειαν εκαστος μετα του

		1 λεγομενοι
2:11	υμεις τα εθνη εν σαρκι, οι λεγομενοι	ακροβυστια υπο της λεγομενης περιτομης εν
5:16	ως ασοφοι αλλ ως σοφοι, εξαγοραζομενοι	τον καιρον, οτι αι ημεραι πονηραι εισιν. δια
4:14	ινα μηκετι ωμεν νηπιοι, κλυδωνιζομενοι	και περιφερομενοι παντι ανεμω της διδασκαλιας

		1 χαριζομενοι
4:32	χρηστοι, ευσπλαγχνοι, χαριζομενοι	εαυτοις καθως και ο θεος εν χριστω εχαρισατο

		1 περιφερομενοι
4:14	κλυδωνιζομενοι και περιφερομενοι	παντι ανεμω της διδασκαλιας εν τη κυβεια των

		1 υποτασσομενοι
5:21	τω θεω και πατρι, υποτασσομενοι	αλληλοις εν φοβω χριστου. αι γυναικες τοις

		1 ανεχομενοι
4:2	πραυτητος, μετα μακροθυμιας, ανεχομενοι	αλληλων εν αγαπη, σπουδαζοντες τηρειν την

		1 προσευχομενοι
6:18	προσευχης και δεησεως, προσευχομενοι	εν παντι καιρω εν πνευματι. και εις αυτο

		2 σεσωσμενοι
2:8	ιησου. τη γαρ χαριτι εστε σεσωσμενοι	δια πιστεως. και τουτο ουκ εξ υμων, θεου το
2:5	τω χριστω - χαριτι εστε σεσωσμενοι	- και συνηγειρεν και συνεκαθισεν εν τοις

		1 ερριζωμενοι
3:17	καρδιαις υμων, εν αγαπη ερριζωμενοι	και τεθεμελιωμενοι, ινα εξισχυσητε
3:17	εν αγαπη ερριζωμενοι και τεθεμελιωμενοι	ινα εξισχυσητε καταλαβεσθαι συν πασιν τοις

		2 απηλλοτριωμενοι
4:18	τη διανοια οντες, απηλλοτριωμενοι	της ζωης του θεου. δια την αγνοιαν την ουσαν
2:12	εκεινω χωρις χριστου, απηλλοτριωμενοι	της πολιτειας του ισραηλ και ξενοι των

		1 εσκοτωμενοι
4:18	ματαιοτητι του νοος αυτων, εσκοτωμενοι	τη διανοια οντες, απηλλοτριωμενοι της ζωης του

		2 ξενοι
2:19	τον πατερα. αρα ουν ουκετι εστε ξενοι	και παροικοι, αλλα εστε συμπολιται των αγιων
2:12	της πολιτειας του ισραηλ και ξενοι	των διαθηκων της επαγγελιας, ελπιδα μη εχοντες

		1 ευσπλαγχνοι
4:32	εις αλληλους χρηστοι, ευσπλαγχνοι	χαριζομενοι εαυτοις καθως και ο θεος εν

		1 λοιποι
2:3	τεκνα φυσει οργης ως και οι λοιποι	ο δε θεος πλουσιος ων εν ελεει, δια την

		1 αμφοτεροι
2:18	εχομεν την προσαγωγην οι αμφοτεροι	εν ενι πνευματι προς τον πατερα. αρα ουν

		2 σοι
5:14	αναστα εκ των νεκρων, και επιφαυσει σοι	ο χριστος. βλεπετε ουν ακριβως πως
6:3	εντολη πρωτη εν επαγγελια, ινα ευ σοι	γενηται και εση μακροχρονιος επι της γης. και

		1 χρηστοι
4:32	κακια. γινεσθε εις αλληλους χρηστοι	ευσπλαγχνοι, χαριζομενοι εαυτοις καθως και ο

		1 σοφοι
5:15	περιπατειτε. μη ως ασοφοι αλλ ως σοφοι	εξαγοραζομενοι τον καιρον. οτι αι ημεραι

		1 ασοφοι
5:15	ακριβως πως περιπατειτε, μη ως ασοφοι	αλλ ως σοφοι. εξαγοραζομενοι τον καιρον, οτι

		1 συμμετοχοι
5:7	απειθειας. μη ουν γινεσθε συμμετοχοι	αυτων. ητε γαρ ποτε σκοτος νυν δε φως εν

		10 επι
1:10	χριστω. τα επι τοις ουρανοις και τα επι	της γης. εν αυτω, εν ω και εκληρωθημεν
1:10	τα παντα εν τω χριστω, τα επι	τοις ουρανοις και τα επι της γης. εν αυτω, εν
3:15	εξ ου πασα πατρια εν ουρανοις και επι	γης ονομαζεται. ινα δω υμιν κατα το πλουτος
4:6	εις θεος και πατηρ παντων, ο επι	παντων και δια παντων και εν πασιν. ενι δε
2:20	οικειοι του θεου. εποικοδομηθεντες επι	τω θεμελιω των αποστολων και προφητων, οντος
6:3	ευ σοι γενηται και εση μακροχρονιος επι	της γης. και οι πατερες, μη παροργιζετε τα
1:16	υπερ υμων μνειαν ποιουμενος επι	των προσευχων μου. ινα ο θεος του κυριου ημων
5:6	ταυτα γαρ ερχεται η οργη του θεου επι	τους υιους της απειθειας. μη ουν γινεσθε
2:10	ποιημα, κτισθεντες εν χριστω ιησου επι	εργοις αγαθοις οις προητοιμασεν ο θεος ινα εν
4:26	μη αμαρτανετε. ο ηλιος μη επιδυετω επι	(τω) παροργισμω υμων. μηδε διδοτε τοπον τω

		2 περι
6:22	υμας εις αυτο τουτο ινα γνωτε τα περι	ημων και παρακαλεση τας καρδιας υμων. ειρηνη
6:18	εν παση προσκαρτερησει και δεησει περι	παντων των αγιων, και υπερ εμου, ινα μοι δοθη

		1 πατρι
5:20	ημων ιησου χριστου τω θεω και πατρι	υποτασσομενοι αλληλοις εν φοβω χριστου. αι

		1 μεχρι
4:13	του σωματος του χριστου. μεχρι	καταντησωμεν οι παντες εις την ενοτητα της

		8 τι
5:17	μη γινεσθε αφρονες. αλλα συνιετε τι	το θελημα του κυριου. και μη μεθυσκεσθε οινω.
5:27	μη εχουσαν σπιλον η ρυτιδα η τι	των τοιουτων. αλλ ινα η αγια και αμωμος.
4:9	δοματα τοις ανθρωποις. το δε ανεβη τι	εστιν ει μη οτι και κατεβη εις τα κατωτερα
1:19	αυτου εν τοις αγιοις, και τι	το υπερβαλλον μεγεθος της δυναμεως αυτου εις
6:8	ανθρωποις, ειδοτες οτι εκαστος, εαν τι	ποιηση αγαθον. τουτο κομισεται παρα κυριου.
5:10	και αληθεια - δοκιμαζοντες τι	εστιν ευαρεστον τω κυριω. και μη
3:18	καταλαβεσθαι συν πασιν τοις αγιοις τι	το πλατος και μηκος και υψος και βαθος.
6:21	ινα δε και υμεις ειδητε τα κατ εμε, τι	πρασσω, παντα γνωρισει υμιν τυχικος ο αγαπητος

		1 ρηματι
5:26	τω λουτρω του υδατος εν ρηματι	ινα παραστηση αυτος εαυτω ενδοξον την

		1 αιματι
2:13	μακραν εγενηθητε εγγυς εν τω αιματι	του χριστου. αυτος γαρ εστιν η ειρηνη ημων. ο

		1 ονοματι
5:20	παντοτε υπερ παντων εν ονοματι	του κυριου ημων ιησου χριστου τω θεω και

		7 πνευματι
2:18	προσαγωγην οι αμφοτεροι εν ενι πνευματι	προς τον πατερα. αρα ουν ουκετι εστε ξενοι
5:18	ασωτια, αλλα πληρουσθε εν πνευματι	λαλουντες εαυτοις (εν) ψαλμοις και υμνοις
3:5	αυτου και προφηταις εν πνευματι	ειναι τα εθνη συνκληρονομα και συσσωμα και
2:22	εις κατοικητηριον του θεου εν πνευματι	τουτου χαριν εγω παυλος ο δεσμιος του
6:18	εν παντι καιρω εν πνευματι	και εις αυτο αγρυπνουντες εν παση
4:23	της απατης. ανανεουσθαι δε τω πνευματι	του νοος υμων. και ενδυσασθαι τον καινον
1:13	πιστευσαντες εσφραγισθητε τω πνευματι	της επαγγελιας τω αγιω. ος εστιν αρραβων της

		1 σωματι
2:16	τους αμφοτερους εν ενι σωματι	τω θεω δια του σταυρου, αποκτεινας την εχθραν

		3 μηκετι
4:14	του πληρωματος του χριστου. ινα μηκετι	ωμεν νηπιοι, κλυδωνιζομενοι και περιφερομενοι
4:28	τοπον τω διαβολω. ο κλεπτων μηκετι	κλεπτετω. μαλλον δε κοπιατω εργαζομενος ταις
4:17	λεγω και μαρτυρομαι εν κυριω, μηκετι	υμας περιπατειν καθως και τα εθνη περιπατει εν

		1 ουκετι
2:19	προς τον πατερα. αρα ουν ουκετι	εστε ξενοι και παροικοι, αλλα εστε συμπολιται

		1 ματαιοτητι
4:17	και τα εθνη περιπατει εν ματαιοτητι	του νοος αυτων. εσκοτωμενοι τη διανοια οντες.

		1 οσιοτητι
4:24	κτισθεντα εν δικαιοσυνη και οσιοτητι	της αληθειας. διο αποθεμενοι το ψευδος

		1 απλοτητι
6:5	μετα φοβου και τρομου εν απλοτητι	της καρδιας υμων ως τω χριστω. μη κατ

		1 χρηστοτητι
2:7	πλουτος της χαριτος αυτου εν χρηστοτητι	εφ ημας εν χριστω ιησου. τη γαρ χαριτι εστε

		2 χαριτι
2:8	εφ ημας εν χριστω ιησου. τη γαρ χαριτι	εστε σεσωσμενοι δια πιστεως. και τουτο ουκ εξ
2:5	συνεζωοποιησεν τω χριστω - χαριτι	εστε σεσωσμενοι - και συνηγειρεν και

		1 αντι
5:31	οτι μελη εσμεν του σωματος αυτου. αντι	τουτου καταλειψει ανθρωπος τον πατερα και την

		3 παντι
4:14	κλυδωνιζομενοι και περιφερομενοι παντι	ανεμω της διδασκαλιας εν τη κυβεια των
6:18	και δεησεως. προσευχομενοι εν παντι	καιρω εν πνευματι, και εις αυτο αγρυπνουντες
5:24	και αι γυναικες τοις ανδρασιν εν παντι	οι ανδρες, αγαπατε τας γυναικας, καθως και ο

		1 κτισαντι
3:9	αιωνων εν τω θεω τω τα παντα κτισαντι	ινα γνωρισθη νυν ταις αρχαις και ταις

		1 μελλοντι
1:21	τω αιωνι τουτω αλλα και εν τω μελλοντι	και παντα υπεταξεν υπο τους ποδας αυτου. και

		1 εχοντι
4:28	ινα εχη μεταδιδοναι τω χρειαν εχοντι	πας λογος σαπρος εκ του στοματος υμων μη

		12 οτι
2:18	μακραν και ειρηνην τοις εγγυς.	οτι δι αυτου εχομεν την προσαγωγην οι αμφοτεροι εν
6:12	προς τας μεθοδειας του διαβολου.	οτι ουκ εστιν ημιν η παλη προς αιμα και σαρκα,
5:30	καθως και ο χριστος την εκκλησιαν.	οτι μελη εσμεν του σωματος αυτου. αντι τουτου
2:12	περιτομης εν σαρκι χειροποιητου.	οτι ητε τω καιρω εκεινω χωρις χριστου.
5:23	τοις ιδιοις ανδρασιν ως τω κυριω,	οτι ανηρ εστιν κεφαλη της γυναικος ως και ο
2:11	περιπατησωμεν. διο μνημονευετε	οτι ποτε υμεις τα εθνη εν σαρκι, οι λεγομενοι
4:9	το δε ανεβη τι εστιν ει μη	οτι και κατεβη εις τα κατωτερα (μερη) της γης; ο
5:5	τουτο γαρ ιστε γινωσκοντες	οτι πας πορνος η ακαθαρτος η πλεονεκτης. ο εστιν
6:8	κυριω και ουκ ανθρωποις. ειδοτες	οτι εκαστος, εαν τι ποιηση αγαθον, τουτο κομισεται
6:9	ανιεντες την απειλην. ειδοτες	οτι και αυτων και υμων ο κυριος εστιν εν ουρανοις.
5:16	σοφοι, εξαγοραζομενοι τον καιρον,	οτι αι ημεραι πονηραι εισιν. δια τουτο μη γινεσθε
4:25	εκαστος μετα του πλησιον αυτου.	οτι εσμεν αλληλων μελη. οργιζεσθε και μη

		4 εκ
5:14	εγειρε, ο καθευδων. και αναστα εκ	των νεκρων. και επιφαυσει σοι ο χριστος.
1:20	ενηργησεν εν τω χριστω εγειρας αυτον εκ	νεκρων. και καθισας εν δεξια αυτου εν τοις
4:29	τω χρειαν εχοντι. πας λογος σαπρος εκ	του στοματος υμων μη εκπορευεσθω, αλλα ει τις
6:6	χριστου ποιουντες το θελημα του θεου εκ	ψυχης. μετ ευνοιας δουλευοντες, ως τω κυριω

		8 ουκ
2:9	τουτο ουκ εξ υμων. θεου το δωρον.	ουκ εξ εργων. ινα μη τις καυχησηται. αυτου γαρ
5:4	και μωρολογια η ευτραπελια. α	ουκ ανηκεν. αλλα μαλλον ευχαριστια. τουτο γαρ
6:9	εν ουρανοις. και προσωπολημψια	ουκ εστιν παρ αυτω. του λοιπου ενδυναμουσθε εν
6:7	δουλευοντες. ως τω κυριω και	ουκ ανθρωποις. ειδοτες οτι εκαστος. εαν τι ποιηση
6:12	τας μεθοδειας του διαβολου. οτι	ουκ εστιν ημιν η παλη προς αιμα και σαρκα, αλλα
2:8	σεσωσμενοι δια πιστεως. και τουτο	ουκ εξ υμων. θεου το δωρον. ουκ εξ εργων, ινα μη
3:5	του χριστου, ο ετεραις γενεαις	ουκ εγνωρισθη τοις υιοις των ανθρωπων ως νυν
5:5	η πλεονεκτης. ο εστιν ειδωλολατρης,	ουκ εχει κληρονομιαν εν τη βασιλεια του χριστου

		1 ισραηλ
2:12	της πολιτειας του ισραηλ	και ξενοι των διαθηκων της επαγγελιας. ελπιδα

		3 αλλ
6:6	κατ οφθαλμοδουλιαν ως ανθρωπαρεσκοι αλλ	ως δουλοι χριστου ποιουντες το θελημα του θεου
5:15	πως περιπατειτε, μη ως ασοφοι αλλ	ως σοφοι. εξαγοραζομενοι τον καιρον, οτι αι
5:27	σπιλον η ρυτιδα η τι των τοιουτων, αλλ	ινα η αγια και αμωμος. ουτως οφειλουσιν και

		1 εαν
6:8	ανθρωποις. ειδοτες οτι εκαστος. εαν	τι ποιηση αγαθον. τουτο κομισεται παρα κυριου.

		1 δωρεαν
3:7	ου εγενηθην διακονος κατα την δωρεαν	της χαριτος του θεου της δοθεισης μοι κατα την

		1 περικεφαλαιαν
6:17	σβεσαι. και την περικεφαλαιαν	του σωτηριου δεξασθε. και την μαχαιραν του

		1 μεθοδιαν
4:14	ανθρωπων εν πανουργια προς την μεθοδιαν	της πλανης. αληθευοντες δε εν αγαπη αυξησωμεν

		3 ενεργειαν
3:7	της δοθεισης μοι κατα την ενεργειαν	της δυναμεως αυτου. εμοι τω ελαχιστοτερω
1:19	τους πιστευοντας κατα την ενεργειαν	του κρατους της ισχυος αυτου ην ενηργησεν εν
4:16	αφης της επιχορηγιας κατ ενεργειαν	εν μετρω ενος εκαστου μερους την αυξησιν του

		1 αληθειαν
4:25	αποθεμενοι το ψευδος λαλειτε αληθειαν	εκαστος μετα του πλησιον αυτου. οτι εσμεν

		1 μνειαν
1:16	ου παυομαι ευχαριστων υπερ υμων μνειαν	ποιουμενος επι των προσευχων μου, ινα ο θεος

		1 χρειαν
4:28	αγαθον. ινα εχη μεταδιδοναι τω χρειαν	εχοντι. πας λογος σαπρος εκ του στοματος υμων

		2 ευδοκιαν
1:5	χριστου εις αυτον. κατα την ευδοκιαν	του θεληματος αυτου, εις επαινον δοξης της
1:9	του θεληματος αυτου. κατα την ευδοκιαν	αυτου ην προεθετο εν αυτω εις οικονομιαν του

		2 πανοπλιαν
6:11	ισχυος αυτου. ενδυσασθε την πανοπλιαν	του θεου προς το δυνασθαι υμας στηναι προς τας
6:13	δια τουτο αναλαβετε την πανοπλιαν	του θεου. ινα δυνηθητε αντιστηναι εν τη ημερα

		1 οφθαλμοδουλιαν
6:6	ως τω χριστω, μη κατ οφθαλμοδουλιαν	ως ανθρωπαρεσκοι αλλ ως δουλοι χριστου

		1 μιαν
5:31	και εσονται οι δυο εις σαρκα μιαν	το μυστηριον τουτο μεγα εστιν. εγω δε λεγω

		2 οικονομιαν
3:2	εθνων- ει γε ηκουσατε την οικονομιαν	της χαριτος του θεου της δοθεισης μοι εις
1:10	ην προεθετο εν αυτω εις οικονομιαν	του πληρωματος των καιρων. ανακεφαλαιωσασθαι

		1 κληρονομιαν
5:5	ειδωλολατρης. ουκ εχει κληρονομιαν	εν τη βασιλεια του χριστου και θεου. μηδεις

		1 αγνοιαν
4:18	της ζωης του θεου. δια την αγνοιαν	την ουσαν εν αυτοις. δια την πωρωσιν της

		1 εργασιαν
4:19	παρεδωκαν τη ασελγεια εις εργασιαν	ακαθαρσιας πασης εν πλεονεξια. υμεις δε ουχ

		1 υιοθεσιαν
1:5	εν αγαπη. προορισας ημας εις υιοθεσιαν	δια ιησου χριστου εις αυτον. κατα την ευδοκιαν

		4 εκκλησιαν
5:25	και ο χριστος ηγαπησεν την εκκλησιαν	και εαυτον παρεδωκεν υπερ αυτης, ινα αυτην
5:27	αυτος εαυτω ενδοξον την εκκλησιαν	μη εχουσαν σπιλον η ρυτιδα η τι των τοιουτων,
5:32	λεγω εις χριστον και εις την εκκλησιαν	πλην και υμεις οι καθ ενα εκαστος την εαυτου
5:29	καθως και ο χριστος την εκκλησιαν	οτι μελη εσμεν του σωματος αυτου. αντι

		1 παρρησιαν
3:12	κυριω ημων. εν ω εχομεν την παρρησιαν	και προσαγωγην εν πεποιθησει δια της πιστεως

		1 θυσιαν
5:2	εαυτον υπερ ημων προσφοραν και θυσιαν	τω θεω εις οσμην ευωδιας. πορνεια δε και

		1 αιχμαλωσιαν
4:8	εις υψος ηχμαλωτευσεν αιχμαλωσιαν	εδωκεν δοματα τοις ανθρωποις. το δε ανεβη τι

		1 παρεδωκαν
4:19	οιτινες απηλγηκοτες εαυτους παρεδωκαν	τη ασελγεια εις εργασιαν ακαθαρσιας πασης εν

		3 παν
5:14	υπο του φωτος φανερουται, παν	γαρ το φανερουμενον φως εστιν. διο λεγει,
3:19	του χριστου, ινα πληρωθητε εις παν	το πληρωμα του θεου. τω δε δυναμενω υπερ
4:16	ος εστιν η κεφαλη, χριστος, εξ ου παν	το σωμα συναρμολογουμενον και συμβιβαζομενον

		1 αγαπαν
5:28	ουτως οφειλουσιν και οι ανδρες αγαπαν	τας εαυτων γυναικας ως τα εαυτων σωματα. ο

		1 ημεραν
4:30	του θεου, εν ω εσφραγισθητε εις ημεραν	απολυτρωσεως. πασα πικρια και θυμος και οργη

		1 προτεραν
4:22	αποθεσθαι υμας κατα την προτεραν	αναστροφην τον παλαιον ανθρωπον τον

		2 εχθραν
2:16	δια του σταυρου, αποκτεινας την εχθραν	εν αυτω. και ελθων ευηγγελισατο ειρηνην υμιν
2:14	του φραγμου λυσας, την εχθραν	εν τη σαρκι αυτου. τον νομον των εντολων εν

		1 μαχαιραν
6:17	του σωτηριου δεξασθε. και την μαχαιραν	του πνευματος, ο εστιν ρημα θεου. δια πασης

		2 μακραν
2:13	χριστω ιησου υμεις οι ποτε οντες μακραν	εγενηθητε εγγυς εν τω αιματι του χριστου.
2:17	ευηγγελισατο ειρηνην υμιν τοις μακραν	και ειρηνην τοις εγγυς. οτι δι αυτου εχομεν

		1 προσφοραν
5:2	παρεδωκεν εαυτον υπερ ημων προσφοραν	και θυσιαν τω θεω εις οσμην ευωδιας. πορνεια

		1 ουσαν
4:18	του θεου, δια την αγνοιαν την ουσαν	εν αυτοις, δια την πωρωσιν της καρδιας αυτων,

		1 υπερβαλλουσαν
3:19	και βαθος, γνωναι τε την υπερβαλλουσαν	της γνωσεως αγαπην του χριστου. ινα πληρωθητε

		1 εχουσαν
5:27	εαυτω ενδοξον την εκκλησιαν, μη εχουσαν	σπιλον η ρυτιδα η τι των τοιουτων. αλλ ινα η

		24 εν
2:3	εν τοις υιοις της απειθειας.	εν οις και ημεις παντες ανεστραφημεν ποτε εν ταις
4:4	εν τω συνδεσμω της ειρηνης.	εν σωμα και εν πνευμα, καθως και εκληθητε εν μια
1:13	τους προηλπικοτας εν τω χριστω.	εν ω και υμεις ακουσαντες τον λογον της αληθειας,
3:12	εν τω χριστω ιησου τω κυριω ημων,	εν ω εχομεν την παρρησιαν και προσαγωγην εν
2:2	και ταις αμαρτιαις υμων,	εν αις ποτε περιεπατησατε κατα τον αιωνα του
6:16	του ευαγγελιου της ειρηνης.	εν πασιν αναλαβοντες τον θυρεον της πιστεως. εν ω
2:21	ακρογωνιαιου αυτου χριστου ιησου,	εν ω πασα οικοδομη συναρμολογουμενη αυξει εις
2:22	αυξει εις ναον αγιον εν κυριω,	εν ω και υμεις συνοικοδομεισθε εις κατοικητηριον
1:7	ης εχαριτωσεν ημας εν τω ηγαπημενω,	εν ω εχομεν την απολυτρωσιν δια του αιματος
1:11	και τα επι της γης. εν αυτω,	εν ω και εκληρωθημεν προορισθεντες κατα προθεσιν
4:21	αυτω εδιδαχθητε καθως εστιν αληθεια	εν τω ιησου. αποθεσθαι υμας κατα την προτεραν
3:15	προς τον πατερα, εξ ου πασα πατρια	εν ουρανοις και επι γης ονομαζεται. ινα δω υμιν
2:10	αγαθοις οις προητοιμασεν ο θεος ινα	εν αυτοις περιπατησωμεν. διο μνημονευετε οτι
6:20	υπερ ου πρεσβευω εν αλυσει, ινα	εν αυτω παρρησιασωμαι ως δει με λαλησαι. ινα δε
3:21	ενεργουμενην εν ημιν, αυτω η δοξα	εν τη εκκλησια και εν χριστω ιησου εις πασας τας
2:14	η ειρηνη ημων, ο ποιησας τα αμφοτερα	εν και το μεσοτοιχον του φραγμου λυσας, την
1:10	καιρων, ανακεφαλαιωσασθαι τα παντα	εν τω χριστω, τα επι τοις ουρανοις και τα επι της
1:23	σωμα αυτου, το πληρωμα του τα παντα	εν πασιν πληρουμενου. και υμας οντας νεκρους
4:24	ανθρωπον τον κατα θεον κτισθεντα	εν δικαιοσυνη και οσιοτητι της αληθειας. διο
6:4	τα τεκνα υμων, αλλα εκτρεφετε αυτα	εν παιδεια και νουθεσια κυριου. οι δουλοι,
3:3	μοι το μυστηριον, καθως προεγραψα	εν ολιγω, προς ο δυνασθε αναγινωσκοντες νοησαι
2:13	και αθεοι εν τω κοσμω. νυνι δε	εν χριστω ιησου υμεις οι ποτε οντες μακραν
4:15	μεθοδιαν της πλανης, αληθευοντες δε	εν αγαπη αυξησωμεν εις αυτον τα παντα, ος εστιν η
6:10	παρ αυτω. του λοιπου ενδυναμουσθε	εν κυριω και εν τω κρατει της ισχυος αυτου.
5:18	εν ω εστιν ασωτια, αλλα πληρουσθε	εν πνευματι, λαλουντες εαυτοις (εν) ψαλμοις και
4:4	και εν πνευμα, καθως και εκληθητε	εν μια ελπιδι της κλησεως υμων. εις κυριος, μια
5:2	ως τεκνα αγαπητα. και περιπατειτε	εν αγαπη, καθως και ο χριστος ηγαπησεν ημας και
2:3	και ημεις παντες ανεστραφημεν ποτε	εν ταις επιθυμιαις της σαρκος ημων, ποιουντες τα
1:3	ημας εν παση ευλογια πνευματικη	εν τοις επουρανιοις εν χριστω. καθως εξελεξατο
2:11	μνημονευετε οτι ποτε υμεις τα εθνη	εν σαρκι, οι λεγομενοι ακροβυστια υπο της
2:15	καταργησας, ινα τους δυο κτιση	εν αυτω εις ενα καινον ανθρωπον ποιων ειρηνην.

		εν	
6:2	την μητερα. ητις εστιν εντολη πρωτη	εν	επαγγελια. ινα εν σοι γενηται και εση
3:21	αυτω η δοξα εν τη εκκλησια και	εν	χριστω ιησου εις πασας τας γενεας του αιωνος
1:21	ου μονον εν τω αιωνι τουτω αλλα και	εν	τω μελλοντι. και παντα υπεταξεν υπο τους
4:4	συνδεσμω της ειρηνης. εν σωμα και	εν	πνευμα. καθως και εκληθητε εν μια ελπιδι της
4:21	χριστον. ει γε αυτον ηκουσατε και	εν	αυτω εδιδαχθητε καθως εστιν αληθεια εν τω
4:6	ο επι παντων και δια παντων και	εν	πασιν. ενι δε εκαστω ημων εδοθη η χαρις κατα
6:10	του λοιπου ενδυναμουσθε εν κυριω και	εν	τω κρατει της ισχυος αυτου. ενδυσασθε την
4:17	τουτο ουν λεγω και μαρτυρομαι	εν	κυριω, μηκετι υμας περιπατειν καθως και τα
6:13	του θεου. ινα δυνηθητε αντιστηναι	εν	τη ημερα τη πονηρα και απαντα κατεργασαμενοι
2:7	εν χριστω ιησου. ινα ενδειξηται	εν	τοις αιωσιν τοις επερχομενοις το υπερβαλλον
4:17	καθως και τα εθνη περιπατει	εν	ματαιοτητι του νοος αυτων. εσκοτωμενοι τη
2:12	ελπιδα μη εχοντες και αθεοι	εν	τω κοσμω. νυνι δε εν χριστω ιησου υμεις οι
6:18	προσευχης και δεησεως, προσευχομενοι	εν	παντι καιρω εν πνευματι. και εις αυτο
2:18	εχομεν την προσαγωγην οι αμφοτεροι	εν	ενι πνευματι προς τον πατερα. αρα ουν ουκετι
4:16	αφης της επιχορηγιας κατ ενεργειαν	εν	μετρω ενος εκαστου μερους την αυξησιν του
5:5	ειδωλολατρης. ουκ εχει κληρονομιαν	εν	τη βασιλεια του χριστου και θεου. μηδεις υμας
2:16	του σταυρου. αποκτεινας την εχθραν	εν	αυτω. και ελθων ευηγγελισατο ειρηνην υμιν
4:18	του θεου. δια την αγνοιαν την ουσαν	εν	αυτοις, δια την πωρωσιν της καρδιας αυτων.
1:20	της ισχυος αυτου. ην ενηργησεν	εν	τω χριστω εγειρας αυτον εκ νεκρων, και καθισας
3:11	κατα προθεσιν των αιωνων ην εποιησεν	εν	τω χριστω ιησου τω κυριω ημων. εν ω εχομεν
2:6	- και συνηγειρεν και συνεκαθισεν	εν	τοις επουρανιοις εν χριστω ιησου, ινα
3:12	εχομεν την παρρησιαν και προσαγωγην	εν	πεποιθησει δια της πιστεως αυτου. διο
3:20	κατα την δυναμιν την ενεργουμενην	εν	ημιν. αυτω η δοξα εν τη εκκλησια και εν
3:13	αυτου. διο αιτουμαι μη εγκακειν	εν	ταις θλιψεσιν μου υπερ υμων. ητις εστιν δοξα
5:24	ουτως και αι γυναικες τοις ανδρασιν	εν	παντι. οι ανδρες, αγαπατε τας γυναικας. καθως
6:9	και αυτων και υμων ο κυριος εστιν	εν	ουρανοις. και προσωπολημψια ουκ εστιν παρ
1:15	καγω, ακουσας την καθ υμας πιστιν	εν	τω κυριω ιησου και την αγαπην την εις παντας
2:21	αυξει εις ναον αγιον	εν	κυριω. εν ω και υμεις συνοικοδομεισθε εις
1:21	ονοματος ονομαζομενου ου μονον	εν	τω αιωνι τουτω αλλα και εν τω μελλοντι. και
6:24	τον κυριον ημων ιησουν χριστον	εν	αφθαρσια.
2:4	οι λοιποι. ο δε θεος πλουσιος ων	εν	ελεει, δια την πολλην αγαπην αυτου ην ηγαπησεν
4:2	μετα μακροθυμιας, ανεχομενοι αλληλων	εν	αγαπη, σπουδαζοντες τηρειν την ενοτητα του
2:15	σαρκι αυτου. τον νομον των εντολων	εν	δογμασιν καταργησας. ινα τους δυο κτιση εν
6:1	τεκνα. υπακουετε τοις γονευσιν υμων	εν	κυριω, τουτο γαρ εστιν δικαιον. τιμα τον
6:14	ουν περιζωσαμενοι την οσφυν υμων	εν	αληθεια. και ενδυσαμενοι τον θωρακα της
3:9	του αποκεκρυμμενου απο των αιωνων	εν	τω θεω τω τα παντα κτισαντι. ινα γνωρισθη νυν
4:14	εν τη κυβεια των ανθρωπων	εν	πανουργια προς την μεθοδιαν της πλανης.
5:20	ευχαριστουντες παντοτε υπερ παντων	εν	ονοματι του κυριου ημων ιησου χριστου τω θεω
1:9	κατα την ευδοκιαν αυτου ην προεθετο	εν	αυτω εις οικονομιαν του πληρωματος των
6:15	και υποδησαμενοι τους ποδας	εν	ετοιμασια του ευαγγελιου της ειρηνης. εν
4:14	παντι ανεμω της διδασκαλιας	εν	τη κυβεια των ανθρωπων εν πανουργια προς την
3:6	συσσωμα και συμμετοχα της επαγγελιας	εν	χριστω ιησου δια του ευαγγελιου. ου εγενηθην
6:12	προς τα πνευματικα της πονηριας	εν	τοις επουρανιοις. δια τουτο αναλαβετε την
1:6	της χαριτος αυτου ης εχαριτωσεν ημας	εν	τω ηγαπημενω. εν ω εχομεν την απολυτρωσιν δια
1:4	εν χριστω. καθως εξελεξατο ημας	εν	αυτω προ καταβολης κοσμου. ειναι ημας αγιους
1:3	ημων ιησου χριστου. ο ευλογησας ημας	εν	παση ευλογια πνευματικη εν τοις επουρανιοις εν
1:8	αυτου. ης επερισσευσεν εις ημας	εν	παση σοφια και φρονησει γνωρισας ημιν το
2:7	χαριτος αυτου εν χρηστοτητι εφ ημας	εν	χριστω ιησου. τη γαρ χαριτι εστε σεσωσμενοι
1:20	εγειρας αυτον εκ νεκρων. και καθισας	εν	δεξια αυτου εν τοις επουρανιοις υπερανω πασης
1:12	δοξης αυτου τους προηλπικοτας	εν	τω χριστω. εν ω και υμεις ακουσαντες τον
2:10	αυτου γαρ εσμεν ποιημα. κτισθεντες	εν	χριστω ιησου επι εργοις αγαθοις οις
6:18	πνευματι. και εις αυτο αγρυπνουντες	εν	παση προσκαρτερησει και δεησει περι παντων των
2:11	υπο της λεγομενης περιτομης	εν	σαρκι χειροποιητου. οτι ητε τω καιρω εκεινω
4:19	εις εργασιαν ακαθαρσιας πασης	εν	πλεονεξια. υμεις δε ουχ ουτως εμαθετε τον
3:10	νυν ταις αρχαις και ταις εξουσιαις	εν	τοις επουρανιοις δια της εκκλησιας η
3:5	αποστολοις αυτου και προφηταις	εν	πνευματι. ειναι τα εθνη συνκληρονομα και
1:3	πνευματικη εν τοις επουρανιοις	εν	χριστω. καθως εξελεξατο ημας εν αυτω προ
2:6	και συνεκαθισεν εν τοις επουρανιοις	εν	χριστω ιησου, ινα ενδειξηται εν τοις αιωσιν
5:21	και πατρι, υποτασσομενοι αλληλοις	εν	φοβω χριστου. αι γυναικες τοις ιδιοις
1:1	τοις ουσιν (εν εφεσω) και πιστοις	εν	χριστω ιησου. χαρις υμιν και ειρηνη απο θεου
6:19	και υπερ εμου, ινα μοι δοθη λογος	εν	ανοιξει του στοματος μου. εν παρρησια γνωρισαι
4:32	χαριζομενοι εαυτοις καθως και ο θεος	εν	χριστω εχαρισατο υμιν. γινεσθε ουν μιμηται
4:1	παρακαλω ουν υμας εγω ο δεσμιος	εν	κυριω αξιως περιπατησαι της κλησεως ην
6:21	αγαπητος αδελφος και πιστος διακονος	εν	κυριω. ον επεμψα προς υμας εις αυτο τουτο ινα
5:26	καθαρισας τω λουτρω του υδατος	εν	ρηματι. ινα παραστηση αυτος εαυτω ενδοξον την
4:3	τηρειν την ενοτητα του πνευματος	εν	τω συνδεσμω της ειρηνης. εν σωμα και εν
2:2	του πνευματος του νυν ενεργουντος	εν	τοις υιοις της απειθειας. εν οις και ημεις
5:9	- ο γαρ καρπος του φωτος	εν	παση αγαθωσυνη και δικαιοσυνη και αληθεια -
2:13	οι ποτε οντες μακραν εγενηθητε εγγυς	εν	τω αιματι του χριστου. αυτος γαρ εστιν η
2:16	και αποκαταλλαξη τους αμφοτερους	εν	ενι σωματι τω θεω δια του σταυρου. αποκτεινας
3:17	τον χριστον δια της πιστεως	εν	ταις καρδιαις υμων. εν αγαπη ερριζωμενοι και
1:17	υμιν πνευμα σοφιας και αποκαλυψεως	εν	επιγνωσει αυτου. πεφωτισμενους τους οφθαλμους
5:8	ητε γαρ ποτε σκοτος νυν δε φως	εν	κυριω. ως τεκνα φωτος περιπατειτε - ο γαρ

2:22	εις κατοικητηριον του θεου εν	πνευματι.	τουτου χαριν εγω παυλος ο δεσμιος
3:4	νοησαι την συνεσιν μου εν	τω μυστηριω του χριστου,	ο ετεραις γενεαις
6:5	σαρκα κυριοις μετα φοβου και τρομου εν	απλοτητι της καρδιας υμων ως τω χριστω,	μη
1:20	νεκρων, και καθισας εν δεξια αυτου εν	τοις επουρανιοις	υπερανω πασης αρχης και
1:4	αγιους και αμωμους κατενωπιον αυτου εν	αγαπη.	προορισας ημας εις υιοθεσιαν δια ιησου
1:18	της δοξης της κληρονομιας αυτου εν	τοις αγιοις,	και τι το υπερβαλλον μεγεθος της
2:7	υπερβαλλον πλουτος της χαριτος αυτου εν	χρηστοτητι εφ ημας εν χριστω ιησου.	τη γαρ
4:16	ποιειται εις οικοδομην εαυτου εν	αγαπη.	τουτο ουν λεγω και μαρτυρομαι εν
5:3	πασα η πλεονεξια μηδε ονομαζεσθω εν	υμιν, καθως πρεπει αγιοις.	και αισχροτης και
6:18	προσευχομενοι εν παντι καιρω εν	πνευματι, και εις αυτο αγρυπνουντες εν παση
6:20	του ευαγγελιου υπερ ου πρεσβευω εν	αλυσει, ινα εν αυτω παρρησιασωμαι ως δει με
1:10	τοις ουρανοις και τα επι της γης. εν	αυτω, εν ω και εκληρωθημεν προορισθεντες κατα
2:14	του φραγμου λυσας, την εχθραν, εν	τη σαρκι αυτου, τον νομον των εντολων εν
1:13	το ευαγγελιον της σωτηριας υμων, εν	ω και πιστευσαντες εσφραγισθητε τω πνευματι
3:17	της πιστεως εν ταις καρδιαις υμων, εν	αγαπη ερριζωμενοι και τεθεμελιωμενοι. ινα
4:5	υμων. εις κυριος, μια πιστις, εν	βαπτισμα. εις θεος και πατηρ παντων, ο επι
6:16	αναλαβοντες τον θυρεον της πιστεως, εν	ω δυνησεσθε παντα τα βελη του πονηρου (τα)
4:30	λυπειτε το πνευμα το αγιον του θεου, εν	ω εσφραγισθητε εις ημεραν απολυτρωσεως. πασα
6:19	λογος εν ανοιξει του στοματος μου, εν	παρρησια γνωρισαι το μυστηριον του ευαγγελιου
5:18	του κυριου. και μη μεθυσκεσθε οινω, εν	ω εστιν ασωτια. αλλα πληρουσθε εν πνευματι.

	1	ανηκεν	
5:4	μωρολογια η ευτραπελια, α ουκ ανηκεν	αλλα μαλλον ευχαριστια.	τουτο γαρ ιστε

	3	εδωκεν	
1:22	υπο τους ποδας αυτου, και αυτον εδωκεν	κεφαλην υπερ παντα τη εκκλησια,	ητις εστιν το
4:11	ινα πληρωση τα παντα. και αυτος εδωκεν	τους μεν αποστολους, τους δε προφητας, τους δε
4:8	υψος ηχμαλωτευσεν αιχμαλωσιαν, εδωκεν	δοματα τοις ανθρωποις. το δε ανεβη τι εστιν

	2	παρεδωκεν	
5:2	ο χριστος ηγαπησεν ημας και παρεδωκεν	εαυτον υπερ ημων προσφοραν και θυσιαν τω θεω
5:25	την εκκλησιαν και εαυτον παρεδωκεν	υπερ αυτης, ινα αυτην αγιαση καθαρισας τω

	1	μεν	
4:11	τα παντα. και αυτος εδωκεν τους μεν	αποστολους, τους δε προφητας, τους δε

	1	εκληρωθημεν	
1:11	της γης. εν αυτω, εν ω και εκληρωθημεν	προορισθεντες κατα προθεσιν του τα παντα

	1	ανεστραφημεν	
2:3	εν οις και ημεις παντες ανεστραφημεν	ποτε εν ταις επιθυμιαις της σαρκος ημων.

	3	εχομεν	
2:18	τοις εγγυς. οτι δι αυτου εχομεν	την προσαγωγην οι αμφοτεροι εν ενι πνευματι
3:12	ιησου τω κυριω ημων, εν ω εχομεν	την παρρησιαν και προσαγωγην εν πεποιθησει δια
1:7	ημας εν τω ηγαπημενω, εν ω εχομεν	την απολυτρωσιν δια του αιματος αυτου. την

	3	εσμεν	
5:30	χριστος την εκκλησιαν, οτι μελη εσμεν	του σωματος αυτου. αντι τουτου καταλειψει
4:25	μετα του πλησιον αυτου, οτι εσμεν	αλληλων μελη. οργιζεσθε και μη αμαρτανετε. ο
2:10	ινα μη τις καυχησηται. αυτου γαρ εσμεν	ποιημα, κτισθεντες εν χριστω ιησου επι εργοις

	1	νοουμεν	
3:20	υπερεκπερισσου ων αιτουμεθα η νοουμεν	κατα την δυναμιν την ενεργουμενην εν ημιν.

	1	ωμεν	
4:14	του χριστου, ινα μηκετι ωμεν	νηπιοι, κλυδωνιζομενοι και περιφερομενοι παντι

	1	αυξησωμεν	
4:15	αληθευοντες δε εν αγαπη αυξησωμεν	εις αυτον τα παντα, ος εστιν η κεφαλη,

	1	περιπατησωμεν	
2:10	ο θεος ινα εν αυτοις περιπατησωμεν	διο μνημονευετε οτι ποτε υμεις τα εθνη εν

	1	καταντησωμεν	
4:13	του χριστου, μεχρι καταντησωμεν	οι παντες εις την ενοτητα της πιστεως και της

	1	υπεταξεν	
1:22	και εν τω μελλοντι. και παντα υπεταξεν	υπο τους ποδας αυτου, και αυτον εδωκεν κεφαλην

	1	συνηγειρεν	
2:6	εστε σεσωσμενοι - και συνηγειρεν	και συνεκαθισεν εν τοις επουρανιοις εν χριστω

```
                                            1  προητοιμασεν
2:10      επι εργοις αγαθοις οις προητοιμασεν  ο θεος ινα εν αυτοις περιπατησωμεν.   διο

                                            1  ενηργησεν
1:20    κρατους της ισχυος αυτου    ην ενηργησεν  εν τω χριστω εγειρας αυτον εκ νεκρων. και

                                            1  εποιησεν
3:11    κατα προθεσιν των αιωνων  ην εποιησεν  εν τω χριστω ιησου τω κυριω ημων.   εν ω εχομεν

                                            1  συνεζωοποιησεν
2:5      τοις παραπτωμασιν συνεζωοποιησεν  τω χριστω - χαριτι εστε σεσωσμενοι -  και

                                            3  ηγαπησεν
2:4    δια την πολλην αγαπην αυτου ην ηγαπησεν  ημας,   και οντας ημας νεκρους τοις
5:2    εν αγαπη. καθως και ο χριστος ηγαπησεν  ημας και παρεδωκεν εαυτον υπερ ημων προσφοραν
5:25   γυναικας, καθως και ο χριστος ηγαπησεν  την εκκλησιαν και εαυτον παρεδωκεν υπερ αυτης.

                                            1  εμισησεν
5:29      γαρ ποτε την εαυτου σαρκα εμισησεν  αλλα εκτρεφει και θαλπει αυτην, καθως και ο

                                            1  συνεκαθισεν
2:6      - και συνηγειρεν και συνεκαθισεν  εν τοις επουρανιοις εν χριστω ιησου,   ινα

                                            1  επερισσευσεν
1:8      της χαριτος αυτου.   ης επερισσευσεν  εις ημας εν παση σοφια και φρονησει   γνωρισας

                                            1  ηχμαλωτευσεν
4:8    διο λεγει. αναβας εις υψος ηχμαλωτευσεν  αιχμαλωσιαν, εδωκεν δοματα τοις ανθρωποις.   το

                                            1  εχαριτωσεν
1:6      δοξης της χαριτος αυτου ης εχαριτωσεν  ημας εν τω ηγαπημενω.   εν ω εχομεν την

                                            4  ην
1:20      του κρατους της ισχυος αυτου   ην  ενηργησεν εν τω χριστω εγειρας αυτον εκ
3:11   του θεου.   κατα προθεσιν των αιωνων   ην  εποιησεν εν τω χριστω ιησου τω κυριω ημων,   εν
1:9    αυτου. κατα την ευδοκιαν αυτου   ην  προεθετο εν αυτω   εις οικονομιαν του
2:4    ελεει, δια την πολλην αγαπην αυτου   ην  ηγαπησεν ημας,   και οντας ημας νεκρους τοις

                                            2  προσαγωγην
3:12   ω εχομεν την παρρησιαν και προσαγωγην  εν πεποιθησει δια της πιστεως αυτου.   διο
2:18   οτι δι αυτου εχομεν την προσαγωγην  οι αμφοτεροι εν ενι πνευματι προς τον πατερα.

                                            1  εγενηθην
3:7    ιησου δια του ευαγγελιου,   ου εγενηθην  διακονος κατα την δωρεαν της χαριτος του θεου

                                            1  κεφαλην
1:22    ποδας αυτου. και αυτον εδωκεν κεφαλην  υπερ παντα τη εκκλησια,   ητις εστιν το σωμα

                                            1  απειλην
6:9      προς αυτους. ανιεντες την απειλην  ειδοτες οτι και αυτων και υμων ο κυριος εστιν

                                            1  πολλην
2:4      πλουσιος ων εν ελεει. δια την πολλην  αγαπην αυτου ην ηγαπησεν ημας,   και οντας ημας

                                            1  πλην
5:33    χριστον και εις την εκκλησιαν.   πλην  και υμεις οι καθ ενα εκαστος την εαυτου

                                            1  βουλην
1:11    τα παντα ενεργουντος κατα την βουλην  του θεληματος αυτου,   εις το ειναι ημας εις

                                            1  αμην
3:21    τας γενεας του αιωνος των αιωνων. αμην  παρακαλω ουν υμας εγω ο δεσμιος εν κυριω

                                            3  οικοδομην
4:16    του σωματος ποιειται εις οικοδομην  εαυτου εν αγαπη.   τουτο ουν λεγω και
4:12      εις εργον διακονιας, εις οικοδομην  του σωματος του χριστου.   μεχρι καταντησωμεν
4:29    αλλα ει τις αγαθος προς οικοδομην  της χρειας, ινα δω χαριν τοις ακουουσιν.   και

                                            1  οσμην
5:2    προσφοραν και θυσιαν τω θεω εις οσμην  ευωδιας.   πορνεια δε και ακαθαρσια πασα η
```

1 ενεργουμενην
3:20 κατα την δυναμιν την ενεργουμενην εν ημιν. αυτω η δοξα εν τη εκκλησια και εν

3 ειρηνην
2:17 ειρηνην υμιν τοις μακραν και ειρηνην τοις εγγυς· οτι δι αυτου εχομεν την
2:15 εις ενα καινον ανθρωπον ποιων ειρηνην και αποκαταλλαξη τους αμφοτερους εν ενι
2:17 αυτω· και ελθων ευηγγελισατο ειρηνην υμιν τοις μακραν και ειρηνην τοις εγγυς· οτι

3 αγαπην
2:4 ων εν ελεει, δια την πολλην αγαπην αυτου ην ηγαπησεν ημας, και οντας ημας
1:15 πιστιν εν τω κυριω ιησου και την αγαπην την εις παντας τους αγιους, ου παυομαι
3:19 τε την υπερβαλλουσαν της γνωσεως αγαπην του χριστου, ινα πληρωθητε εις παν το πληρωμα

45 την
2:4 ο δε θεος πλουσιος ων εν ελεει, δια την πολλην αγαπην αυτου ην ηγαπησεν ημας, και
4:18 αγνοιαν την ουσαν εν αυτοις, δια την πωρωσιν της καρδιας αυτων, οιτινες
4:18 της ζωης του θεου, δια την αγνοιαν την ουσαν εν αυτοις, δια την πωρωσιν
3:7 του θεου της δοθεισης μοι κατα την ενεργειαν της δυναμεως αυτου· εμοι τω
3:20 ων αιτουμεθα η νοουμεν κατα την δυναμιν την ενεργουμενην εν ημιν, αυτω η δοξα
4:22 εν τω ιησου, αποθεσθαι υμας κατα την προτεραν αναστροφην τον παλαιον ανθρωπον τον
1:19 εις ημας τους πιστευοντας κατα την ενεργειαν του κρατους της ισχυος αυτου ην
3:7 ου εγενηθην διακονος κατα την δωρεαν της χαριτος του θεου της δοθεισης μοι
1:11 του τα παντα ενεργουντος κατα την βουλην του θεληματος αυτου, εις το ειναι ημας
1:5 δια ιησου χριστου εις αυτον, κατα την ευδοκιαν του θεληματος αυτου, εις επαινον
1:9 μυστηριον του θεληματος αυτου, κατα την ευδοκιαν αυτου ην προεθετο εν αυτω εις
6:11 κρατει της ισχυος αυτου· ενδυσασθε την πανοπλιαν του θεου προς το δυνασθαι υμας
3:19 και υψος και βαθος, γνωναι τε την υπερβαλλουσαν της γνωσεως αγαπην του χριστου,
3:2 υπερ υμων των εθνων- ει γε ηκουσατε την οικονομιαν της χαριτος του θεου της δοθεισης
6:13 επουρανιοις· δια τουτο αναλαβετε την πανοπλιαν του θεου, ινα δυνηθητε αντιστηναι εν
5:29 εαυτον αγαπα, ουδεις γαρ ποτε την εαυτου σαρκα εμισησεν, αλλα εκτρεφει και
6:17 (τα) πεπυρωμενα σβεσαι· και την περικεφαλαιαν του σωτηριου δεξασθε, και την
5:31 καταλειψει ανθρωπος τον πατερα και την μητερα και προσκολληθησεται προς την γυναικα
6:2 δικαιον· τιμα τον πατερα σου και την μητερα, ητις εστιν εντολη πρωτη εν επαγγελια,
1:15 υμας πιστιν εν τω κυριω ιησου και την αγαπην την εις παντας τους αγιους, ου παυομαι
6:17 του σωτηριου δεξασθε, και την μαχαιραν του πνευματος, ο εστιν ρημα θεου,
3:4 ο δυνασθε αναγινωσκοντες νοησαι την συνεσιν μου εν τω μυστηριω του χριστου, ο
6:14 στηναι· στητε ουν περιζωσαμενοι την οσφυν υμων εν αληθεια, και ενδυσαμενοι τον
4:18 της ζωης του θεου, δια την αγνοιαν την ουσαν εν αυτοις, δια την πωρωσιν της καρδιας
2:18 τοις εγγυς· οτι δι αυτου εχομεν την προσαγωγην οι αμφοτεροι εν ενι πνευματι προς
3:12 ιησου τω κυριω ημων, εν ω εχομεν την παρρησιαν και προσαγωγην εν πεποιθησει δια της
1:7 ημας εν τω ηγαπημενω, εν ω εχομεν την απολυτρωσιν δια του αιματος αυτου, την αφεσιν
5:25 καθως και ο χριστος ηγαπησεν την εκκλησιαν και εαυτον παρεδωκεν υπερ αυτης,
1:15 εν τω κυριω ιησου και την αγαπην την εις παντας τους αγιους, ου παυομαι ευχαριστων
4:3 εν αγαπη, σπουδαζοντες τηρειν την ενοτητα του πνευματος εν τω συνδεσμω της
3:20 η νοουμεν κατα την δυναμιν την ενεργουμενην εν ημιν, αυτω η δοξα εν τη
5:27 ινα παραστηση αυτος εαυτω ενδοξον την εκκλησιαν, μη εχουσαν σπιλον η ρυτιδα η τι των
5:28 ως τα εαυτων σωματα· ο αγαπων την εαυτου γυναικα εαυτον αγαπα, ουδεις γαρ ποτε
2:16 τω θεω δια του σταυρου, αποκτεινας την εχθραν εν αυτω· και ελθων ευηγγελισατο
1:15 αυτου· δια τουτο καγω, ακουσας την καθ υμας πιστιν εν τω κυριω ιησου και την
6:9 αυτα ποιειτε προς αυτους, ανιεντες την απειλην, ειδοτες οτι και αυτων και υμων ο
5:32 εγω δε λεγω εις χριστον και εις την εκκλησιαν· πλην και υμεις οι καθ ενα εκαστος
4:13 μεχρι καταντησωμεν οι παντες εις την ενοτητα της πιστεως και της επιγνωσεως του
4:14 των ανθρωπων εν πανουργια προς την μεθοδιαν της πλανης, αληθευοντες δε εν αγαπη
5:31 μητερα και προσκολληθησεται προς την γυναικα αυτου, και εσονται οι δυο εις σαρκα
5:33 πλην και υμεις οι καθ ενα εκαστος την εαυτου γυναικα ουτως αγαπατω ως εαυτον, η δε
5:29 θαλπει αυτην, καθως και ο χριστος την εκκλησιαν, οτι μελη εσμεν του σωματος αυτου·
4:16 εν μετρω ενος εκαστου μερους την αυξησιν του σωματος ποιειται εις οικοδομην
2:14 το μεσοτοιχον του φραγμου λυσας, την εχθραν, εν τη σαρκι αυτου, τον νομον των
1:7 απολυτρωσιν δια του αιματος αυτου, την αφεσιν των παραπτωματων, κατα το πλουτος της

2 αυτην
5:26 εαυτον παρεδωκεν υπερ αυτης, ινα αυτην αγιαση καθαρισας τω λουτρω του υδατος εν
5:29 αλλα εκτρεφει και θαλπει αυτην καθως και ο χριστος την εκκλησιαν, οτι μελη

1 αναστροφην
4:22 υμας κατα την προτεραν αναστροφην τον παλαιον ανθρωπον τον φθειρομενον κατα τας

1 λεγειν
5:12 υπ αυτων αισχρον εστιν και λεγειν τα δε παντα ελεγχομενα υπο του φωτος

```
                                            1  εγκακειν
3:13        αυτου.    διο αιτουμαι μη εγκακειν εν ταις θλιψεσιν μου υπερ υμων. ητις εστιν

                                            1  τηρειν
4:3     αλληλων εν αγαπη,  σπουδαζοντες τηρειν την ενοτητα του πνευματος εν τω συνδεσμω της

                                            1  περιπατειν
4:17         εν κυριω, μηκετι υμας περιπατειν καθως και τα εθνη περιπατει εν ματαιοτητι του

                                            1  δυναμιν
3:20    ων αιτουμεθα η νοουμεν κατα την δυναμιν την ενεργουμενην εν ημιν.   αυτω η δοξα εν τη

                                            3  ημιν
3:20      την δυναμιν την ενεργουμενην εν ημιν αυτω η δοξα εν τη εκκλησια και εν χριστω
6:12      του διαβολου.  οτι ουκ εστιν ημιν η παλη προς αιμα και σαρκα. αλλα προς τας
1:9    παση σοφια και φρονησει  γνωρισας ημιν το μυστηριον του θεληματος αυτου. κατα την

                                            7  υμιν
1:17    χριστου. ο πατηρ της δοξης. δωη υμιν πνευμα σοφιας και αποκαλυψεως εν επιγνωσει
6:21    κατ εμε. τι πρασσω, παντα γνωρισει υμιν τυχικος ο αγαπητος αδελφος και πιστος διακονος
5:3      η πλεονεξια μηδε ονομαζεσθω εν υμιν καθως πρεπει αγιοις,  και αισχροτης και
2:17      και ελθων ευηγγελισατο ειρηνην υμιν τοις μακραν και ειρηνην τοις εγγυς.  οτι δι
4:32    και ο θεος εν χριστω εχαρισατο υμιν γινεσθε ουν μιμηται του θεου. ως τεκνα
1:2     πιστοις εν χριστω ιησου.  χαρις υμιν και ειρηνη απο θεου πατρος ημων και κυριου
3:16    και επι γης ονομαζεται,  ινα δω υμιν κατα το πλουτος της δοξης αυτου δυναμει

                                            3  χαριν
3:1     του θεου εν πνευματι.   τουτου χαριν εγω παυλος ο δεσμιος του χριστου (ιησου) υπερ
3:14       ητις εστιν δοξα υμων.  τουτου χαριν καμπτω τα γονατα μου προς τον πατερα.  εξ ου
4:29    προς οικοδομην της χρειας, ινα δω χαριν τοις ακουουσιν.  και μη λυπειτε το πνευμα το

                                            1  δογμασιν
2:15      τον νομον των εντολων εν δογμασιν καταργησας, ινα τους δυο κτιση εν αυτω εις ενα

                                            2  παραπτωμασιν
2:5      οντας ημας νεκρους τοις παραπτωμασιν συνεζωοποιησεν τω χριστω - χαριτι εστε
2:1      υμας οντας νεκρους τοις παραπτωμασιν και ταις αμαρτιαις υμων,  εν αις ποτε

                                            4  πασιν
6:16    του ευαγγελιου της ειρηνης,  εν πασιν αναλαβοντες τον θυρεον της πιστεως, εν ω
1:23    αυτου. το πληρωμα του τα παντα εν πασιν πληρουμενου.  και υμας οντας νεκρους τοις
4:6     επι παντων και δια παντων και εν πασιν ενι δε εκαστω ημων εδοθη η χαρις κατα το
3:18    ινα εξισχυσητε καταλαβεσθαι συν πασιν τοις αγιοις τι το πλατος και μηκος και υψος

                                            2  ανδρασιν
5:22       αι γυναικες τοις ιδιοις ανδρασιν ως τω κυριω.  οτι ανηρ εστιν κεφαλη της
5:24    ουτως και αι γυναικες τοις ανδρασιν εν παντι.  οι ανδρες, αγαπατε τας γυναικας.

                                            2  προθεσιν
3:11       σοφια του θεου.  κατα προθεσιν των αιωνων ην εποιησεν εν τω χριστω ιησου τω
1:11    εκληρωθημεν προορισθεντες κατα προθεσιν του τα παντα ενεργουντος κατα την βουλην του

                                            1  εθνεσιν
3:8     αγιων εδοθη η χαρις αυτη, τοις εθνεσιν ευαγγελισασθαι το ανεξιχνιαστον πλουτος του

                                            1  συνεσιν
3:4       αναγινωσκοντες νοησαι την συνεσιν μου εν τω μυστηριω του χριστου.  ο ετεραις

                                            1  αφεσιν
1:7       δια του αιματος αυτου, την αφεσιν των παραπτωματων. κατα το πλουτος της χαριτος

                                            1  θλιψεσιν
3:13    αιτουμαι μη εγκακειν εν ταις θλιψεσιν μου υπερ υμων. ητις εστιν δοξα υμων.  τουτου

                                            1  αυξησιν
4:16    μετρω ενος εκαστου μερους την αυξησιν του σωματος ποιειται εις οικοδομην εαυτου εν

                                            1  εισιν
5:16    τον καιρον, οτι αι ημεραι πονηραι εισιν δια τουτο μη γινεσθε αφρονες. αλλα συνιετε
```

```
                                                    1  χερσιν
4:28     κοπιατω εργαζομενος ταις ιδιαις χερσιν  το αγαθον. ινα εχη μεταδιδοναι τω χρειαν

                                                    1  γονευσιν
6:1           τα τεκνα. υπακουετε τοις γονευσιν  υμων εν κυριω. τουτο γαρ εστιν δικαιον.  τιμα

                                                    1  ουσιν
1:1      θεληματος θεου τοις αγιοις τοις ουσιν  (εν εφεσω) και πιστοις εν χριστω ιησου.    χαρις

                                                    1  οφειλουσιν
5:28     η αγια και αμωμος.  ουτως οφειλουσιν  και οι ανδρες αγαπαν τας εαυτων γυναικας ως τα

                                                    1  ακουουσιν
4:29     της χρειας. ινα δω χαριν τοις ακουουσιν  και μη λυπειτε το πνευμα το αγιον του θεου.

                                                    1  αιωσιν
2:7      ιησου. ινα ενδειξηται εν τοις αιωσιν  τοις επερχομενοις το υπερβαλλον πλουτος της

                                                    2  απολυτρωσιν
1:7      ηγαπημενω. εν ω εχομεν την απολυτρωσιν  δια του αιματος αυτου. την αφεσιν των
1:14     της κληρονομιας ημων εις απολυτρωσιν  της περιποιησεως. εις επαινον της δοξης αυτου.

                                                    1  πωρωσιν
4:18     την ουσαν εν αυτοις. δια την πωρωσιν  της καρδιας αυτων.   οιτινες απηλγηκοτες

                                                    22  εστιν
5:32     μιαν.  το μυστηριον τουτο μεγα εστιν  εγω δε λεγω εις χριστον και εις την
4:9      τοις ανθρωποις.   το δε ανεβη τι εστιν  ει μη οτι και κατεβη εις τα κατωτερα (μερη)
5:10     και αληθεια -  δοκιμαζοντες τι εστιν  ευαρεστον τω κυριω.  και μη συγκοινωνειτε τοις
6:9      ουρανοις. και προσωπολημψια ουκ εστιν  παρ αυτω.  του λοιπου ενδυναμουσθε εν κυριω
6:12     μεθοδειας του διαβολου.  οτι ουκ εστιν  ημιν η παλη προς αιμα και σαρκα. αλλα προς τας
5:12     κρυφη γινομενα υπ αυτων αισχρον εστιν  και λεγειν. τα  δε παντα ελεγχομενα υπο του
5:5          η ακαθαρτος η πλεονεκτης. ο εστιν  ειδωλολατρης. ουκ εχει κληρονομιαν εν τη
6:17     και την μαχαιραν του πνευματος. ο εστιν  ρημα θεου.  δια πασης προσευχης και δεησεως.
6:1      γονευσιν υμων εν κυριω. τουτο γαρ εστιν  δικαιον.  τιμα τον πατερα σου και την μητερα.
2:14     τω αιματι του χριστου.  αυτος γαρ εστιν  η ειρηνη ημων. ο ποιησας τα αμφοτερα εν και το
5:23     ανδρασιν ως τω κυριω.  οτι ανηρ εστιν  κεφαλη της γυναικος ως και ο χριστος κεφαλη
1:18     (υμων) εις το ειδεναι υμας τις εστιν  η ελπις της κλησεως αυτου. τις ο πλουτος της
1:23     υπερ παντα τη εκκλησια.  ητις εστιν  το σωμα αυτου. το πληρωμα του τα παντα εν
6:2      πατερα σου και την μητερα. ητις εστιν  εντολη πρωτη εν επαγγελια.  ινα ευ σοι γενηται
3:13     ταις θλιψεσιν μου υπερ υμων. ητις εστιν  δοξα υμων.  τουτου χαριν καμπτω τα γονατα μου
1:14     της επαγγελιας τω αγιω.  ος εστιν  αρραβων της κληρονομιας ημων εις απολυτρωσιν
4:15     αυξησωμεν εις αυτον τα παντα. ος εστιν  η κεφαλη. χριστος.  εξ ου παν το σωμα
6:9      οτι και αυτων και υμων ο κυριος εστιν  εν ουρανοις. και προσωπολημψια ουκ εστιν παρ
4:10     (μερη) της γης;  ο καταβας αυτος εστιν  και ο αναβας υπερανω παντων των ουρανων. ινα
4:21     και εν αυτω εδιδαχθητε καθως εστιν  αληθεια εν τω ιησου.  αποθεσθαι υμας κατα την
5:14     παν γαρ το φανερουμενον φως εστιν  διο λεγει. εγειρε. ο καθευδων. και αναστα εκ
5:18     και μη μεθυσκεσθε οινω. εν ω εστιν  ασωτια. αλλα πληρουσθε εν πνευματι.  λαλουντες

                                                    1  πιστιν
1:15   τουτο καγω. ακουσας την καθ υμας πιστιν  εν τω κυριω ιησου και την αγαπην την εις

                                                    1  αποκαλυψιν
3:3      μοι εις υμας.  (οτι) κατα αποκαλυψιν  εγνωρισθη μοι το μυστηριον. καθως προεγραψα εν

                                                    1  ον
6:22     και πιστος διακονος εν κυριω.  ον  επεμψα προς υμας εις αυτο τουτο ινα γνωτε τα

                                                    1  ναον
2:21     συναρμολογουμενη αυξει εις ναον  αγιον εν κυριω.  εν ω και υμεις

                                                    1  λογον
1:13     εν ω και υμεις ακουσαντες τον λογον  της αληθειας. το ευαγγελιον της σωτηριας υμων.

                                                    1  εργον
4:12     τον καταρτισμον των αγιων εις εργον  διακονιας. εις οικοδομην του σωματος του

                                                    1  θεον
4:24     τον καινον ανθρωπον τον κατα θεον  κτισθεντα εν δικαιοσυνη και οσιοτητι της
```

		1 θυρεον
6:16	εν πασιν αναλαβοντες τον θυρεον	της πιστεως, εν ω δυνησεσθε παντα τα βελη του

		2 αγαθον
6:8	οτι εκαστος, εαν τι ποιηση αγαθον	τουτο κομισεται παρα κυριου, ειτε δουλος ειτε
4:28	ταις ιδιαις χερσιν το αγαθον	ινα εχη μεταδιδοναι τω χρειαν εχοντι. πας

		1 δικαιον
6:1	υμων εν κυριω, τουτο γαρ εστιν δικαιον	τιμα τον πατερα σου και την μητερα, ητις

		1 παλαιον
4:22	την προτεραν αναστροφην τον παλαιον	ανθρωπον τον φθειρομενον κατα τας επιθυμιας

		2 αγιον
2:21	συναρμολογουμενη αυξει εις ναον αγιον	εν κυριω, εν ω και υμεις συνοικοδομεισθε εις
4:30	και μη λυπειτε το πνευμα το αγιον	του θεου, εν ω εσφραγισθητε εις ημεραν

		1 τελειον
4:13	του υιου του θεου, εις ανδρα τελειον	εις μετρον ηλικιας του πληρωματος του

		1 ευαγγελιον
1:13	τον λογον της αληθειας, το ευαγγελιον	της σωτηριας υμων, εν ω και πιστευσαντες

		1 κατενωπιον
1:4	ημας αγιους και αμωμους κατενωπιον	αυτου εν αγαπη. προορισας ημας εις υιοθεσιαν

		1 κατοικητηριον
2:22	υμεις συνοικοδομεισθε εις κατοικητηριον	του θεου εν πνευματι. τουτου χαριν εγω

		4 μυστηριον
5:32	οι δυο εις σαρκα μιαν. το μυστηριον	τουτο μεγα εστιν, εγω δε λεγω εις χριστον και
6:19	μου, εν παρρησια γνωρισαι το μυστηριον	του ευαγγελιου υπερ ου πρεσβευω εν αλυσει,
3:3	αποκαλυψιν εγνωρισθη μοι το μυστηριον	καθως προεγραψα εν ολιγω, προς ο δυνασθε
1:9	φρονησει γνωρισας ημιν το μυστηριον	του θεληματος αυτου, κατα την ευδοκιαν αυτου

		1 κυριον
6:24	μετα παντων των αγαπωντων τον κυριον	ημων ιησουν χριστον εν αφθαρσια.

		1 πλησιον
4:25	αληθειαν εκαστος μετα του πλησιον	αυτου, οτι εσμεν αλληλων μελη. οργιζεσθε και

		1 σπιλον
5:27	την εκκλησιαν, μη εχουσαν σπιλον	η ρυτιδα η τι των τοιουτων, αλλ ινα η αγια και

		2 υπερβαλλον
1:19	εν τοις αγιοις, και τι το υπερβαλλον	μεγεθος της δυναμεως αυτου εις ημας τους
2:7	αιωσιν τοις επερχομενοις το υπερβαλλον	πλουτος της χαριτος αυτου εν χρηστοτητι εφ

		3 μαλλον
5:4	η ευτραπελια, α ουκ ανηκεν, αλλα μαλλον	ευχαριστια. τουτο γαρ ιστε γινωσκοντες οτι
5:11	τοις ακαρποις του σκοτους, μαλλον	δε και ελεγχετε. τα γαρ κρυφη γινομενα υπ
4:28	ο κλεπτων μηκετι κλεπτετω, μαλλον	δε κοπιατω εργαζομενος ταις ιδιαις χερσιν το

		1 νομον
2:15	εχθραν, εν τη σαρκι αυτου, τον νομον	των εντολων εν δογμασιν καταργησας, ινα τους

		1 καταρτισμον
4:12	και διδασκαλους, προς τον καταρτισμον	των αγιων εις εργον διακονιας, εις οικοδομην

		1 συμβιβαζομενον
4:16	συναρμολογουμενον και συμβιβαζομενον	δια πασης αφης της επιχορηγιας κατ ενεργειαν

		1 φθειρομενον
4:22	τον παλαιον ανθρωπον τον φθειρομενον	κατα τας επιθυμιας της απατης. ανανεουσθαι δε
4:16	εξ ου παν το σωμα συναρμολογουμενον	και συμβιβαζομενον δια πασης αφης της

		1 φανερουμενον
5:14	φανερουται. παν γαρ το φανερουμενον	φως εστιν. διο λεγει, εγειρε, ο καθευδων, και

		2 καινον
2:15	τους δυο κτιση εν αυτω εις ενα καινον	ανθρωπον ποιων ειρηνην, και αποκαταλλαξη τους
4:24	νοος υμων, και ενδυσασθαι τον καινον	ανθρωπον τον κατα θεον κτισθεντα εν δικαιοσυνη

```
                                          3  επαινον
1:6      του θεληματος αυτου.  εις επαινον  δοξης της χαριτος αυτου ης εχαριτωσεν ημας εν
1:12  αυτου.  εις το ειναι ημας εις επαινον  δοξης αυτου τους προηλπικοτας εν τω χριστω.
1:14        της περιποιησεως, εις επαινον  της δοξης αυτου.  δια τουτο καγω, ακουσας την

                                          1  μονον
1:21   παντος ονοματος ονομαζομενου ου μονον  εν τω αιωνι τουτω αλλα και εν τω μελλοντι.

                                          1  ενδοξον
5:27     ινα παραστηση αυτος εαυτω ενδοξον  την εκκλησιαν, μη εχουσαν σπιλον η ρυτιδα η τι

                                          1  τοπον
4:27     παροργισμω υμων,  μηδε διδοτε τοπον  τω διαβολω.  ο κλεπτων μηκετι κλεττετω. μαλλον

                                          4  ανθρωπον
4:22       αναστροφην τον παλαιον ανθρωπον  τον φθειρομενον κατα τας επιθυμιας της απατης,
2:15   κτιση εν αυτω εις ενα καινον ανθρωπον  ποιων ειρηνην,  και αποκαταλλαξη τους
4:24    και ενδυσασθαι τον καινον ανθρωπον  τον κατα θεον κτισθεντα εν δικαιοσυνη και
3:16     πνευματος αυτου εις τον εσω ανθρωπον  κατοικησαι τον χριστον δια της πιστεως εν

                                          1  καιρον
5:16    ως σοφοι, εξαγοραζομενοι τον καιρον  οτι αι ημεραι πονηραι εισιν.  δια τουτο μη

                                          2  μετρον
4:7       ημων εδοθη η χαρις κατα το μετρον  της δωρεας του χριστου.  διο λεγει, αναβας εις
4:13    του θεου, εις ανδρα τελειον, εις μετρον  ηλικιας του πληρωματος του χριστου.  ινα

                                          1  αισχρον
5:12   τα γαρ κρυφη γινομενα υπ αυτων αισχρον  εστιν και λεγειν.  τα  δε παντα ελεγχομενα υπο

                                          1  δωρον
2:8    και τουτο ουκ εξ υμων, θεου το δωρον  ουκ εξ εργων, ινα μη τις καυχησηται.  αυτου

                                          21  τον
2:15     την εχθραν, εν τη σαρκι αυτου,  τον  νομον των εντολων εν δογμασιν καταργησας, ινα
6:2        τουτο γαρ εστιν δικαιον.  τιμα  τον  πατερα σου και την μητερα, ητις εστιν εντολη
2:2       εν αις ποτε περιεπατησατε κατα  τον  αιωνα του κοσμου τουτου, κατα τον αρχοντα της
2:2     τον αιωνα του κοσμου τουτου, κατα  τον  αρχοντα της εξουσιας του αερος, του πνευματος
4:20        υμεις δε ουχ ουτως εμαθετε  τον  χριστον.  ει γε αυτον ηκουσατε και εν αυτω
4:24     του νοος υμων,  και ενδυσασθαι  τον  καινον ανθρωπον τον κατα θεον κτισθεντα εν
3:17     εις τον εσω ανθρωπον,  κατοικησαι  τον  χριστον δια της πιστεως εν ταις καρδιαις υμων.
5:33     ως εαυτον, η δε γυνη ινα φοβηται  τον  ανδρα.  τα τεκνα, υπακουετε τοις γονευσιν
6:14      υμων εν αληθεια, και ενδυσαμενοι  τον  θωρακα της δικαιοσυνης.  και υποδησαμενοι τους
5:16       αλλ ως σοφοι, εξαγοραζομενοι  τον  καιρον, οτι αι ημεραι πονηραι εισιν.  δια
4:22    υμας κατα την προτεραν αναστροφην  τον  παλαιον ανθρωπον τον φθειρομενον κατα τας
4:22      αναστροφην τον παλαιον ανθρωπον  τον  φθειρομενον κατα τας επιθυμιας της απατης,
4:24    και ενδυσασθαι τον καινον ανθρωπον  τον  κατα θεον κτισθεντα εν δικαιοσυνη και οσιοτητι
6:24    η χαρις μετα παντων των αγαπωντων  τον  κυριον ημων ιησουν χριστον εν αφθαρσια.
1:13    χριστω.  εν ω και υμεις ακουσαντες  τον  λογον της αληθειας, το ευαγγελιον της σωτηριας
6:16    της ειρηνης,  εν πασιν αναλαβοντες  τον  θυρεον της πιστεως, εν ω δυνησεσθε παντα τα
3:16       δια του πνευματος αυτου εις  τον  εσω ανθρωπον,  κατοικησαι τον χριστον δια της
5:31       αντι τουτου καταλειψει ανθρωπος  τον  πατερα και την μητερα και προσκολληθησεται.
4:12    δε ποιμενας και διδασκαλους,  προς  τον  καταρτισμον των αγιων εις εργον διακονιας, εις
2:18     οι αμφοτεροι εν ενι πνευματι προς  τον  πατερα.  αρα ουν ουκετι εστε ξενοι και
3:14     χαριν καμπτω τα γονατα μου προς  τον  πατερα, εξ ου πασα πατρια εν ουρανοις και επι

                                          1  ανεξιχνιαστον
3:8    εθνεσιν ευαγγελισασθαι το ανεξιχνιαστον  πλουτος του χριστου.  και φωτισαι (παντας) τις

                                          1  ευαρεστον
5:10    -  δοκιμαζοντες τι εστιν ευαρεστον  τω κυριω.  και μη συγκοινωνειτε τοις εργοις

                                          4  χριστον
4:20    υμεις δε ουχ ουτως εμαθετε τον χριστον  ει γε αυτον ηκουσατε και εν αυτω εδιδαχθητε
3:17    εσω ανθρωπον,  κατοικησαι τον χριστον  δια της πιστεως εν ταις καρδιαις υμων. εν
6:24       τον κυριον ημων ιησουν χριστον  εν αφθαρσια.
5:32     μεγα εστιν, εγω δε λεγω εις χριστον  και εις την εκκλησιαν.  πλην και υμεις οι καθ

                                          5  αυτον
4:21   ουτως εμαθετε τον χριστον,  ει γε αυτον  ηκουσατε και εν αυτω εδιδαχθητε καθως εστιν
1:22        υπο τους ποδας αυτου. και αυτον  εδωκεν κεφαλην υπερ παντα τη εκκλησια, ητις
1:20   ην ενηργησεν εν τω χριστω εγειρας αυτον  εκ νεκρων, και καθισας εν δεξια αυτου εν τοις
```

4:15   δε εν αγαπη αυξησωμεν εις αυτον τα παντα, ος εστιν η κεφαλη, χριστος,   εξ ου
1:5   υιοθεσιαν δια ιησου χριστου εις αυτον κατα την ευδοκιαν του θεληματος αυτου, εις

4 εαυτον

5:28   ο αγαπων την εαυτου γυναικα εαυτον αγαπα, ουδεις γαρ ποτε την εαυτου σαρκα
5:25   ηγαπησεν την εκκλησιαν και εαυτον παρεδωκεν υπερ αυτης, ινα αυτην αγιαση
5:2   ηγαπησεν ημας και παρεδωκεν εαυτον υπερ ημων προσφοραν και θυσιαν τω θεω εις
5:33   εαυτου γυναικα ουτως αγαπατω ως εαυτον η δε γυνη ινα φοβηται τον ανδρα. τα τεκνα,

1 μεσοτοιχον

2:14   τα αμφοτερα εν και το μεσοτοιχον του φραγμου λυσας, την εχθραν, εν τη σαρκι

4 νυν

3:10   τω τα παντα κτισαντι, ινα γνωρισθη νυν ταις αρχαις και ταις εξουσιαις εν τοις
5:8   αυτων. ητε γαρ ποτε σκοτος νυν δε φως εν κυριω. ως τεκνα φωτος περιπατειτε -
3:5   τοις υιοις των ανθρωπων ως νυν απεκαλυφθη τοις αγιοις αποστολοις αυτου και
2:2   του αερος, του πνευματος του νυν ενεργουντος εν τοις υιοις της απειθειας. εν

7 ουν

2:19   ενι πνευματι προς τον πατερα. αρα ουν ουκετι εστε ξενοι και παροικοι, αλλα εστε
5:1   εν χριστω εχαρισατο υμιν. γινεσθε ουν μιμηται του θεου, ως τεκνα αγαπητα, και
5:15   επιφαυσει σοι ο χριστος. Βλεπετε ουν ακριβως πως περιπατειτε, μη ως ασοφοι αλλ ως
6:14   κατεργασαμενοι στηναι. στητε ουν περιζωσαμενοι την οσφυν υμων εν αληθεια, και
5:7   επι τους υιους της απειθειας. μη ουν γινεσθε συμμετοχοι αυτων. ητε γαρ ποτε σκοτος
4:17   οικοδομην εαυτου εν αγαπη. τουτο ουν λεγω και μαρτυρομαι εν κυριω, μηκετι υμας
4:1   αιωνος των αιωνων. αμην. παρακαλω ουν υμας εγω ο δεσμιος εν κυριω αξιως περιπατησαι

1 ιησουν

6:24   των αγαπωντων τον κυριον ημων ιησουν χριστον εν αφθαρσια.

2 συν

3:18   ινα εξισχυσητε καταλαβεσθαι συν πασιν τοις αγιοις τι το πλατος και μηκος και
4:31   κραυγη και βλασφημια αρθητω αφ υμων συν παση κακια. γινεσθε εις αλληλους χρηστοι,

1 οσφυν

6:14   στητε ουν περιζωσαμενοι την οσφυν υμων εν αληθεια, και ενδυσαμενοι τον θωρακα

2 ων

2:4   και οι λοιποι. ο δε θεος πλουσιος ων εν ελεει, δια την πολλην αγαπην αυτου ην
3:20   υπερ παντα ποιησαι υπερεκπερισσου ων αιτουμεθα η νοουμεν κατα την δυναμιν την

1 αρραβων

1:14   επαγγελιας τω αγιω, ος εστιν αρραβων της κληρονομιας ημων εις απολυτρωσιν της

1 εργων

2:9   εξ υμων, θεου το δωρον. ουκ εξ εργων ινα μη τις καυχησηται. αυτου γαρ εσμεν

1 καθευδων

5:14   εστιν. διο λεγει, εγειρε, ο καθευδων και αναστα εκ των νεκρων, και επιφαυσει σοι ο

1 ελθων

2:17   την εχθραν εν αυτω. και ελθων ευηγγελισατο ειρηνην υμιν τοις μακραν και

4 αγιων

2:19   αλλα εστε συμπολιται των αγιων και οικειοι του θεου, εποικοδομηθεντες επι τω
4:12   προς τον καταρτισμον των αγιων εις εργον διακονιας, εις οικοδομην του σωματος
6:18   και δεησει περι παντων των αγιων και υπερ εμου. ινα μοι δοθη λογος εν ανοιξει
3:8   εμοι τω ελαχιστοτερω παντων αγιων εδοθη η χαρις αυτη, τοις εθνεσιν

1 διανοιων

2:3   τα θεληματα της σαρκος και των διανοιων και ημεθα τεκνα φυσει οργης ως και οι λοιποι.

1 ποιων

2:15   εν αυτω εις ενα καινον ανθρωπον ποιων ειρηνην, και αποκαταλλαξη τους αμφοτερους εν

1 διαθηκων

2:12   του ισραηλ και ξενοι των διαθηκων της επαγγελιας, ελπιδα μη εχοντες και αθεοι εν

2 αλληλων

4:2   μετα μακροθυμιας, ανεχομενοι αλληλων εν αγαπη. σπουδαζοντες τηρειν την ενοτητα του
4:25   του πλησιον αυτου. οτι εσμεν αλληλων μελη. οργιζεσθε και μη αμαρτανετε. ο ηλιος μη

	1 εντολων		
2:15	τη σαρκι αυτου. τον νομον των εντολων	εν δογμασιν καταργησας, ινα τους δυο κτιση εν

	1 αποστολων
2:20	επι τω θεμελιω των αποστολων	και προφητων. οντος ακρογωνιαιου αυτου χριστου

	12 ημων
2:14	χριστου. αυτος γαρ εστιν η ειρηνη ημων	ο ποιησας τα αμφοτερα εν και το μεσοτοιχον
6:22	εις αυτο τουτο ινα γνωτε τα περι ημων	και παρακαλεση τας καρδιας υμων. ειρηνη τοις
6:24	παντων των αγαπωντων τον κυριον ημων	ιησουν χριστον εν αφθαρσια.
5:2	ημας και παρεδωκεν εαυτον υπερ ημων	προσφοραν και θυσιαν τω θεω εις οσμην ευωδιας.
1:14	ος εστιν αρραβων της κληρονομιας ημων	εις απολυτρωσιν της περιποιησεως, εις επαινον
2:3	ποτε εν ταις επιθυμιαις της σαρκος ημων	ποιουντες τα θεληματα της σαρκος και των
1:2	υμιν και ειρηνη απο θεου πατρος ημων	και κυριου ιησου χριστου. ευλογητος ο θεος
5:20	υπερ παντων εν ονοματι του κυριου ημων	ιησου χριστου τω θεω και πατρι. υποτασσομενοι
1:3	ο θεος και πατηρ του κυριου ημων	ιησου χριστου, ο ευλογησας ημας εν παση
1:17	μου, ινα ο θεος του κυριου ημων	ιησου χριστου, ο πατηρ της δοξης, δωη υμιν
3:11	εν τω χριστω ιησου τω κυριω ημων	εν ω εχομεν την παρρησιαν και προσαγωγην εν
4:7	και εν πασιν. ενι δε εκαστω ημων	εδοθη η χαρις κατα το μετρον της δωρεας του

	20 υμων
5:19	αδοντες και ψαλλοντες τη καρδια υμων	τω κυριω, ευχαριστουντες παντοτε υπερ παντων
6:4	πατερες, μη παροργιζετε τα τεκνα υμων	αλλα εκτρεφετε αυτα εν παιδεια και νουθεσια
3:13	μου υπερ υμων, ητις εστιν δοξα υμων	τουτου χαριν καμπτω τα γονατα μου προς τον
6:9	απειλην, ειδοτες οτι και αυτων και υμων	ο κυριος εστιν εν ουρανοις, και προσωπολημψια
6:1	τα τεκνα, υπακουετε τοις γονευσιν υμων	εν κυριω, τουτο γαρ εστιν δικαιον. τιμα τον
6:14	στητε ουν περιζωσαμενοι την οσφυν υμων	εν αληθεια, και ενδυσαμενοι τον θωρακα της
2:8	δια πιστεως. και τουτο ουκ εξ υμων	θεου το δωρον. ουκ εξ εργων, ινα μη τις
1:16	ου παυομαι ευχαριστων υπερ υμων	μνειαν ποιουμενος επι των προσευχων μου. ινα
3:13	εγκακειν εν ταις θλιψεσιν μου υπερ υμων	ητις εστιν δοξα υμων. τουτου χαριν καμπτω τα
3:1	ο δεσμιος του χριστου (ιησου) υπερ υμων	των εθνων· ει γε ηκουσατε την οικονομιαν της
6:22	ημων και παρακαλεση τας καρδιας υμων	ειρηνη τοις αδελφοις και αγαπη μετα πιστεως
6:5	και τρομου εν απλοτητι της καρδιας υμων	ως τω χριστω, μη κατ οφθαλμοδουλιαν ως
1:13	το ευαγγελιον της σωτηριας υμων	εν ω και πιστευσαντες εσφραγισθητε τω
3:17	δια της πιστεως εν ταις καρδιαις υμων	εν αγαπη ερριζωμενοι και τεθεμελιωμενοι. ινα
2:1	παραπτωμασιν και ταις αμαρτιαις υμων	εν αις τοτε περιεπατησατε κατα τον αιωνα του
4:23	δε τω πνευματι του νοος υμων	και ενδυσασθαι τον καινον ανθρωπον τον κατα
4:29	πας λογος σαπρος εκ του στοματος υμων	μη εκπορευεσθω, αλλα ει τις αγαθος προς
4:4	εκληθητε εν μια ελπιδι της κλησεως υμων	εις κυριος, μια πιστις, εν βαπτισμα. εις
4:31	και κραυγη και βλασφημια αρθητω αφ υμων	συν παση κακια. γινεσθε εις αλληλους χρηστοι.
4:26	μη επιδυετω επι (τω) παροργισμω υμων	μηδε διδοτε τοπον τω διαβολω. ο κλεπτων

	1 ουρανων
4:10	και ο αναβας υπερανω παντων των ουρανων	ινα πληρωση τα παντα. και αυτος εδωκεν τους

	1 εθνων
3:1	του χριστου (ιησου) υπερ υμων των εθνων	ει γε ηκουσατε την οικονομιαν της χαριτος του

	3 αιωνων
3:11	του θεου, κατα προθεσιν των αιωνων	ην εποιησεν εν τω χριστω ιησου τω κυριω ημων.
3:9	του αποκεκρυμμενου απο των αιωνων	εν τω θεω τω τα παντα κτισαντι. ινα γνωρισθη
3:21	πασας τας γενεας του αιωνος των αιωνων	αμην. παρακαλω ουν υμας εγω ο δεσμιος εν

	1 αγαπων
5:28	γυναικας ως τα εαυτων σωματα. ο αγαπων	την εαυτου γυναικα εαυτον αγαπα. ουδεις γαρ

	2 ανθρωπων
4:14	διδασκαλιας εν τη κυβεια των ανθρωπων	εν πανουργια προς την μεθοδιαν της πλανης,
3:5	ουκ εγνωρισθη τοις υιοις των ανθρωπων	ως νυν απεκαλυφθη τοις αγιοις αποστολοις αυτου

	1 καιρων
1:10	οικονομιαν του πληρωματος των καιρων	ανακεφαλαιωσασθαι τα παντα εν τω χριστω, τα

	2 νεκρων
1:20	εν τω χριστω εγειρας αυτον εκ νεκρων	και καθισας εν δεξια αυτου εν τοις
5:14	ο καθευδων, και αναστα εκ των νεκρων	και επιφαυσει σοι ο χριστος. βλεπετε ουν

	20 των
4:14	ανεμω της διδασκαλιας εν τη κυβεια των	ανθρωπων εν πανουργια προς την μεθοδιαν της
2:3	τα θεληματα της σαρκος και των	διανοιων. και ημεθα τεκνα φυσει οργης ως και
2:19	και παροικοι, αλλα εστε συμπολιται των	αγιων και οικειοι του θεου. εποικοδομηθεντες
2:12	της πολιτειας του ισραηλ και ξενοι των	διαθηκων της επαγγελιας, ελπιδα μη εχοντες και

```
1:16   υπερ υμων μνειαν ποιουμενος επι των   προσευχων μου. ινα ο θεος του κυριου ημων
5:27   μη εχουσαν σπιλον η ρυτιδα η τι των    τοιουτων. αλλ ινα η αγια και αμωμος. ουτως
5:14   εγειρε, ο καθευδων, και αναστα εκ των  νεκρων. και επιφαυσει σοι ο χριστος. βλεπετε
3:11   σοφια του θεου. κατα προθεσιν των      αιωνων ην εποιησεν εν τω χριστω ιησου τω κυριω
1:7    δια του αιματος αυτου, την αφεσιν των  παραπτωματων, κατα το πλουτος της χαριτος
2:15   εν τη σαρκι αυτου, τον νομον των       εντολων εν δογμασιν καταργησας. ινα τους δυο
4:12   διδασκαλους. προς τον καταρτισμον των  αγιων εις εργον διακονιας, εις οικοδομην του
3:1    του χριστου (ιησου) υπερ υμων των      εθνων- ει γε ηκουσατε την οικονομιαν της
6:24   ιησου χριστου. η χαρις μετα παντων των αγαπωντων τον κυριον ημων ιησουν χριστον εν
6:18   και δεησει περι παντων των            αγιων. και υπερ εμου, ινα μοι δοθη λογος εν
4:10   εστιν και ο αναβας υπερανω παντων των  ουρανων, ινα πληρωση τα παντα. και αυτος
3:9    μυστηριου του αποκεκρυμμενου απο των   αιωνων εν τω θεω τω τα παντα κτισαντι. ινα
3:5    γενεαις ουκ εγνωρισθη τοις υιοις των   ανθρωπων ως νυν απεκαλυφθη τοις αγιοις
3:21   εις πασας τας γενεας του αιωνος των    αιωνων. αμην.   παρακαλω ουν υμας εγω ο
1:10   αυτα. εις οικονομιαν του πληρωματος των καιρων. ανακεφαλαιωσασθαι τα παντα εν τω
2:20   εποικοδομηθεντες επι τω θεμελιω των    αποστολων και προφητων. οντος ακρογωνιαιου

                                    1   παραπτωματων
1:7    αυτου, την αφεσιν των παραπτωματων     κατα το πλουτος της χαριτος αυτου. ης

                                    1   προφητων
2:20   τω θεμελιω των αποστολων και προφητων  οντος ακρογωνιαιου αυτου χριστου ιησου. εν ω

                                    8   παντων
4:6    παντων, ο επι παντων και δια παντων    και εν πασιν. ενι δε εκαστω ημων εδοθη η
6:24   ιησου χριστου. η χαρις μετα παντων     των αγαπωντων τον κυριον ημων ιησουν χριστον
4:6    εις θεος και πατηρ παντων, ο επι παντων και δια παντων και εν πασιν. ενι δε εκαστω
6:18   προσκαρτερησει και δεησει περι παντων  των αγιων. και υπερ εμου, ινα μοι δοθη λογος
5:20   ευχαριστουντες παντοτε υπερ παντων     εν ονοματι του κυριου ημων ιησου χριστου τω
4:6    εν βαπτισμα. εις θεος και πατηρ παντων ο επι παντων και δια παντων και εν πασιν.
4:10   αυτος εστιν και ο αναβας υπερανω παντων των ουρανων, ινα πληρωση τα παντα. και αυτος
3:8    αυτου. εμοι τω ελαχιστοτερω παντων     αγιων εδοθη η χαρις αυτη, τοις εθνεσιν

                                    1   αγαπωντων
6:24   η χαρις μετα παντων των αγαπωντων      τον κυριον ημων ιησουν χριστον εν αφθαρσια.

                                    1   κλεπτων
4:28   διδοτε τοπον τω διαβολω. ο κλεπτων     μηκετι κλεπτετω, μαλλον δε κοπιατω εργαζομενος

                                    1   ευχαριστων
1:16   τους αγιους, ου παυομαι ευχαριστων     υπερ υμων μνειαν ποιουμενος επι των προσευχων

                                    5   αυτων
6:9    την απειλην, ειδοτες οτι και αυτων     και υμων ο κυριος εστιν εν ουρανοις. και
5:7    μη ουν γινεσθε συμμετοχοι αυτων        ητε γαρ ποτε σκοτος νυν δε φως εν κυριω. ως
5:12   τα γαρ κρυφη γινομενα υπ αυτων         αισχρον εστιν και λεγειν. τα δε παντα
4:18   δια την πωρωσιν της καρδιας αυτων      οιτινες απηλγηκοτες εαυτους παρεδωκαν τη
4:17   περιπατει εν ματαιοτητι του νοος αυτων εσκοτωμενοι τη διανοια οντες,

                                    2   εαυτων
5:28   αγαπαν τας εαυτων γυναικας ως τα εαυτων σωματα. ο αγαπων την εαυτου γυναικα εαυτον
5:28   και οι ανδρες αγαπαν τας εαυτων        γυναικας ως τα εαυτων σωματα. ο αγαπων την

                                    1   τοιουτων
5:27   σπιλον η ρυτιδα η τι των τοιουτων      αλλ ινα η αγια και αμωμος. ουτως οφειλουσιν

                                    1   προσευχων
1:16   μνειαν ποιουμενος επι των προσευχων    μου. ινα ο θεος του κυριου ημων ιησου

                                    4   εξ
3:15   τα γονατα μου προς τον πατερα, εξ      ου πασα πατρια εν ουρανοις και επι γης
4:16   παντα, ος εστιν η κεφαλη, χριστος. εξ  ου παν το σωμα συναρμολογουμενον και
2:9    ουκ εξ υμων, θεου το δωρον. ουκ εξ     εργων, ινα μη τις καυχησηται. αυτου γαρ εσμεν
2:8    δια πιστεως. και τουτο ουκ εξ          υμων. θεου το δωρον. ουκ εξ εργων, ινα μη τις

                                    30  ο
2:4    τεκνα φυσει οργης ως και οι λοιποι.    ο δε θεος πλουσιος ων εν ελεει. δια την πολλην
4:28   υμων, μηδε διδοτε τοπον τω διαβολω.    ο κλεπτων μηκετι κλεπτετω, μαλλον δε κοπιατω
5:9    κυριω. ως τεκνα φωτος περιπατειτε -    ο γαρ καρπος του φωτος εν παση αγαθωσυνη και
4:9    εις τα κατωτερα (μερη) της γης.        ο καταβας αυτος εστιν και ο αναβας υπερανω
3:5    μου εν τω μυστηριω του χριστου.        ο ετεραις γενεαις ουκ εγνωρισθη τοις υιοις των
1:17   επι των προσευχων μου. ινα            ο θεος του κυριου ημων ιησου χριστου. ο πατηρ
4:10   της γης. ο καταβας αυτος εστιν και     ο αναβας υπερανω παντων των ουρανων, ινα πληρωση
```

5:23	ανηρ εστιν κεφαλη της γυναικος ως και	ο	χριστος κεφαλη της εκκλησιας. αυτος σωτηρ του
4:32	χαριζομενοι εαυτοις καθως και	ο	θεος εν χριστω εχαρισατο υμιν. γινεσθε ουν
5:2	και περιπατειτε εν αγαπη, καθως και	ο	χριστος ηγαπησεν ημας και παρεδωκεν εαυτον
5:29	εκτρεφει και θαλπει αυτην, καθως και	ο	χριστος την εκκλησιαν. οτι μελη εσμεν του
5:25	αγαπατε τας γυναικας, καθως και	ο	χριστος ηγαπησεν την εκκλησιαν και εαυτον
5:14	εκ των νεκρων. και επιφαυσει σοι	ο	χριστος. βλεπετε ουν ακριβως πως περιπατειτε,
2:10	επι εργοις αγαθοις οις προητοιμασεν	ο	θεος ινα εν αυτοις περιπατησωμεν. διο
6:9	ειδοτες οτι και αυτων και υμων	ο	κυριος εστιν εν ουρανοις. και προσωπολημψια
1:18	εστιν η ελπις της κλησεως αυτου, τις	ο	πλουτος της δοξης της κληρονομιας αυτου εν
6:21	πρασσω, παντα γνωρισει υμιν τυχικος	ο	αγαπητος αδελφος και πιστος διακονος εν κυριω.
3:1	πνευματι. τουτου χαριν εγω παυλος	ο	δεσμιος του χριστου (ιησου) υπερ υμων των
3:4	καθως προεγραψα εν ολιγω, προς	ο	δυνασθε αναγινωσκοντες νοησαι την συνεσιν μου
1:3	και κυριου ιησου χριστου. ευλογητος	ο	θεος και πατηρ του κυριου ημων ιησου χριστου.
4:1	αιωνων. αμην. παρακαλω ουν υμας εγω	ο	δεσμιος εν κυριω αξιως περιπατησαι της κλησεως
5:28	εαυτων γυναικας ως τα εαυτων σωματα.	ο	αγαπων την εαυτου γυναικα εαυτον αγαπα.
4:26	μελη. οργιζεσθε και μη αμαρτανετε.	ο	ηλιος μη επιδυετω επι (τω) παροργισμω υμων.
5:14	φως εστιν. διο λεγει, εγειρε,	ο	καθευδων. και αναστα εκ των νεκρων. και
2:14	αυτος γαρ εστιν η ειρηνη ημων,	ο	ποιησας τα αμφοτερα εν και το μεσοτοιχον του
4:6	βαπτισμα. εις θεος και πατηρ παντων,	ο	επι παντων και δια παντων και εν πασιν. ενι
5:5	πας πορνος η ακαθαρτος η πλεονεκτης,	ο	εστιν ειδωλολατρης. ουκ εχει κληρονομιαν εν τη
6:17	και την μαχαιραν του πνευματος,	ο	εστιν ρημα θεου. δια πασης προσευχης και
1:3	πατηρ του κυριου ημων ιησου χριστου.	ο	ευλογησας ημας εν παση ευλογια πνευματικη εν
1:17	ο θεος του κυριου ημων ιησου χριστου.	ο	πατηρ της δοξης. δωη υμιν πνευμα σοφιας και

		5	διο
2:11	θεος ινα εν αυτοις περιπατησωμεν.	διο	μνημονευετε οτι ποτε υμεις τα εθνη εν σαρκι.
4:25	και οσιοτητι της αληθειας.	διο	αποθεμενοι το ψευδος λαλειτε αληθειαν εκαστος
4:8	το μετρον της δωρεας του χριστου.	διο	λεγει, αναβας εις υψος ηχμαλωτευσεν
3:13	πεποιθησει δια της πιστεως αυτου.	διο	αιτουμαι μη εγκακειν εν ταις θλιψεσιν μου υπερ
5:14	παν γαρ το φανερουμενον φως εστιν.	διο	λεγει, εγειρε, ο καθευδων. και αναστα εκ των

		1	συναρμολογουμεν

		3	απο
1:2	ιησου. χαρις υμιν και ειρηνη	απο	θεου πατρος ημων και κυριου ιησου χριστου.
6:23	αδελφοις και αγαπη μετα πιστεως	απο	θεου πατρος και κυριου ιησου χριστου. η χαρις
3:9	του μυστηριου του αποκεκρυμμενου	απο	των αιωνων εν τω θεω τω τα παντα κτισαντι,

		3	υπο
2:11	εν σαρκι, οι λεγομενοι ακροβυστια	υπο	της λεγομενης περιτομης εν σαρκι χειροποιητου,
5:13	και λεγειν. τα δε παντα ελεγχομενα	υπο	του φωτος φανερουται. παν γαρ το φανερουμενον
1:22	εν τω μελλοντι. και παντα υπεταξεν	υπο	τους ποδας αυτου. και αυτον εδωκεν κεφαλην

		1	προ
1:4	καθως εξελεξατο ημας εν αυτω	προ	καταβολης κοσμου, ειναι ημας αγιους και

		29	το
5:32	και εσονται οι δυο εις σαρκα μιαν.	το	μυστηριον τουτο μεγα εστιν, εγω δε λεγω εις
4:9	εδωκεν δοματα τοις ανθρωποις.	το	δε ανεβη τι εστιν ει μη οτι και κατεβη εις τα
4:30	ακουουσιν. και μη λυπειτε το πνευμα	το	αγιον του θεου, εν ω εσφραγισθητε εις ημεραν
3:16	γης ονομαζεται. ινα δω υμιν κατα	το	πλουτος της δοξης αυτου δυναμει κραταιωθηναι
4:7	δε εκαστω ημων εδοθη η χαρις κατα	το	μετρον της δωρεας του χριστου. διο λεγει.
1:7	την αφεσιν των παραπτωματων, κατα	το	πλουτος της χαριτος αυτου, ης επερισσευσεν
4:30	τοις ακουουσιν. και μη λυπειτε	το	πνευμα το αγιον του θεου, εν ω εσφραγισθητε
3:8	αυτη. τοις εθνεσιν ευαγγελισασθαι	το	ανεξιχνιαστον πλουτος του χριστου. και
2:14	ημων. ο ποιησας τα αμφοτερα εν και	το	μεσοτοιχον του φραγμου λυσας. την εχθραν, εν
6:19	στοματος μου. εν παρρησια γνωρισαι	το	μυστηριον του ευαγγελιου υπερ ου πρεσβευω εν
3:3	(οτι) κατα αποκαλυψιν εγνωρισθη μοι	το	μυστηριον. καθως προεγραψα εν ολιγω, προς ο
4:25	της αληθειας. διο αποθεμενοι	το	ψευδος λαλειτε αληθειαν εκαστος μετα του
5:17	μη γινεσθε αφρονες, αλλα συνιετε τι	το	θελημα του κυριου. και μη μεθυσκεσθε οινω, εν
1:19	αυτου εν τοις αγιοις, και τι	το	υπερβαλλον μεγεθος της δυναμεως αυτου εις ημας
3:18	συν πασιν τοις αγιοις τι	το	πλατος και μηκος και υψος και βαθος. γνωναι
3:19	του χριστου, ινα πληρωθητε εις παν	το	πληρωμα του θεου. τω δε δυναμενω υπερ παντα
4:16	εστιν η κεφαλη, χριστος, εξ ου παν	το	σωμα συναρμολογουμενον και συμβιβαζομενον δια
1:9	σοφια και φρονησει. γνωρισας ημιν	το	μυστηριον του θεληματος αυτου, κατα την
4:28	εργαζομενος ταις ιδιαις χερσιν	το	αγαθον. ινα εχη μεταδιδοναι τω χρειαν εχοντι.
1:23	υπερ παντα τη εκκλησια, ητις εστιν	το	σωμα αυτου. το πληρωμα του τα παντα εν πασιν
5:14	υπο του φωτος φανερουται. παν γαρ	το	φανερουμενον φως εστιν. διο λεγει, εγειρε. ο
6:6	αλλ ως δουλοι χριστου ποιουντες	το	θελημα του θεου εκ ψυχης, μετ ευνοιας
1:12	την βουλην του θεληματος αυτου, εις	το	ειναι ημας εις επαινον δοξης αυτου τους
1:18	οφθαλμους της καρδιας (υμων), εις	το	ειδεναι υμας τις εστιν η ελπις της κλησεως
2:7	εν τοις αιωσιν τοις επερχομενοις	το	υπερβαλλον πλουτος της χαριτος αυτου εν
6:11	την πανοπλιαν του θεου προς	το	δυνασθαι υμας στηναι προς τας μεθοδειας του

2:8	πιστεως. και	τουτο ουκ εξ υμων. θεου το	δωρον. ουκ εξ εργων. ινα μη τις καυχησηται.
1:13		ακουσαντες τον λογον της αληθειας, το	ευαγγελιον της σωτηριας υμων, εν ω και
1:23		εκκλησια. ητις εστιν το σωμα αυτου. το	πληρωμα του τα παντα εν πασιν πληρουμενου.

1 εξελεξατο

1:4	επουρανιοις εν χριστω, καθως εξελεξατο	ημας εν αυτω προ καταβολης κοσμου, ειναι ημας

1 ευηγγελισατο

2:17	εχθραν εν αυτω. και ελθων ευηγγελισατο	ειρηνην υμιν τοις μακραν και ειρηνην τοις

1 εχαρισατο

4:32	καθως και ο θεος εν χριστω εχαρισατο	υμιν. γινεσθε ουν μιμηται του θεου, ως τεκνα

1 προεθετο

1:9	κατα την ευδοκιαν αυτου ην προεθετο	εν αυτω εις οικονομιαν του πληρωματος των

2 αυτο

6:18	παντι καιρω εν πνευματι, και εις αυτο	αγρυπνουντες εν παση προσκαρτερησει και δεησει
6:22	εν κυριω, ον επεμψα προς υμας εις αυτο	τουτο ινα γνωτε τα περι ημων και παρακαλεση

10 τουτο

5:5	ανηκεν, αλλα μαλλον ευχαριστια.	τουτο γαρ ιστε γινωσκοντες οτι πας πορνος η
4:17	εις οικοδομην εαυτου εν αγαπη.	τουτο ουν λεγω και μαρτυρομαι εν κυριω, μηκετι υμας
5:17	οτι αι ημεραι πονηραι εισιν. δια	τουτο μη γινεσθε αφρονες, αλλα συνιετε τι το θελημα
6:13	εν τοις επουρανιοις. δια	τουτο αναλαβετε την πανοπλιαν του θεου, ινα δυνηθητε
1:15	εις επαινον της δοξης αυτου. δια	τουτο καγω, ακουσας την καθ υμας πιστιν εν τω κυριω
2:8	εστε σεσωσμενοι δια πιστεως. και	τουτο ουκ εξ υμων, θεου το δωρον. ουκ εξ εργων, ινα
5:32	δυο εις σαρκα μιαν. το μυστηριον	τουτο μεγα εστιν. εγω δε λεγω εις χριστον και εις
6:22	ον επεμψα προς υμας εις αυτο	τουτο ινα γνωτε τα περι ημων και παρακαλεση τας
6:8	εκαστος, εαν τι ποιηση αγαθον,	τουτο κομισεται παρα κυριου, ειτε δουλος ειτε
6:1	τοις γονευσιν υμων εν κυριω,	τουτο γαρ εστιν δικαιον. τιμα τον πατερα σου και

2 δυο

5:31	την γυναικα αυτου. και εσονται οι δυο	εις σαρκα μιαν. το μυστηριον τουτο μεγα
2:15	εν δογμασιν καταργησας, ινα τους δυο	κτιση εν αυτω εις ενα καινον ανθρωπον ποιων

1 υπ

5:12	και ελεγχετε. τα γαρ κρυφη γινομενα υπ	αυτων αισχρον εστιν και λεγειν. τα δε παντα

11 γαρ

5:12	μαλλον δε και ελεγχετε. τα	γαρ κρυφη γινομενα υπ αυτων αισχρον εστιν και
5:6	απατατω κενοις λογοις, δια ταυτα	γαρ ερχεται η οργη του θεου επι τους υιους της
5:8	ουν γινεσθε συμμετοχοι αυτων. ητε	γαρ ποτε σκοτος νυν δε φως εν κυριω. ως τεκνα
2:8	εφ ημας εν χριστω ιησου. τη	γαρ χαριτι εστε σεσωσμενοι δια πιστεως. και τουτο
5:14	υπο του φωτος φανερουται. παν	γαρ το φανερουμενον φως εστιν. διο λεγει. εγειρε,
5:9	ως τεκνα φωτος περιπατειτε - ο	γαρ καρπος του φωτος εν παση αγαθωσυνη και
5:5	αλλα μαλλον ευχαριστια. τουτο	γαρ ιστε γινωσκοντες οτι πας πορνος η ακαθαρτος η
6:1	τοις γονευσιν υμων εν κυριω, τουτο	γαρ εστιν δικαιον. τιμα τον πατερα σου και την
5:29	γυναικα εαυτον αγαπα. ουδεις	γαρ ποτε την εαυτου σαρκα εμισησεν. αλλα εκτρεφει
2:14	εν τω αιματι του χριστου. αυτος	γαρ εστιν η ειρηνη ημων, ο ποιησας τα αμφοτερα εν
2:10	ινα μη τις καυχησηται. αυτου	γαρ εσμεν ποιημα, κτισθεντες εν χριστω ιησου επι

1 παρ

6:9	και προσωπολημψια ουκ εστιν παρ	αυτω. του λοιπου ενδυναμουσθε εν κυριω και εν

10 υπερ

6:20	το μυστηριον του ευαγγελιου	υπερ ου πρεσβευω εν αλυσει. ινα εν αυτω
5:20	τω κυριω, ευχαριστουντες παντοτε	υπερ παντων εν ονοματι του κυριου ημων ιησου
6:19	δεησει περι παντων των αγιων, και	υπερ εμου, ινα μοι δοθη λογος εν ανοιξει του
5:25	την εκκλησιαν και εαυτον παρεδωκεν	υπερ αυτης, ινα αυτην αγιαση καθαρισας τω λουτρω
1:22	αυτου, και αυτον εδωκεν κεφαλην	υπερ παντα τη εκκλησια. ητις εστιν το σωμα αυτου.
5:2	ηγαπησεν ημας και παρεδωκεν εαυτον	υπερ ημων προσφοραν και θυσιαν τω θεω εις οσμην
1:16	αγιους. ου παυομαι ευχαριστων	υπερ υμων μνειαν ποιουμενος επι των προσευχων μου,
3:13	μη εγκακειν εν ταις θλιψεσιν μου	υπερ υμων. ητις εστιν δοξα υμων. τουτου χαριν
3:20	πληρωμα του θεου. τω δε δυναμενω	υπερ παντα ποιησαι υπερεκπερισσου ων αιτουμεθα η
3:1	ο δεσμιος του χριστου (ιησου)	υπερ υμων των εθνων- ει γε ηκουσατε την οικονομιαν

1 ανηρ

5:23	ιδιοις ανδρασιν ως τω κυριω, οτι	ανηρ εστιν κεφαλη της γυναικος ως και ο χριστος

3 πατηρ

1:3	χριστου. ευλογητος ο θεος και	πατηρ του κυριου ημων ιησου χριστου. ο ευλογησας
4:6	εν βαπτισμα. εις θεος και	πατηρ παντων. ο επι παντων και δια παντων και εν

1:17   του κυριου ημων ιησου χριστου, ο πατηρ της δοξης. δωη υμιν πνευμα σοφιας και

1 σωτηρ

5:23   κεφαλη της εκκλησιας, αυτος σωτηρ του σωματος. αλλα ως η εκκλησια υποτασσεται

2 αναβας

4:10   ο καταβας αυτος εστιν και ο αναβας υπερανω παντων των ουρανων. ινα πληρωση τα
4:8   δωρεας του χριστου. διο λεγει, αναβας εις υψος ηχμαλωτευσεν αιχμαλωσιαν, εδωκεν

1 καταβας

4:10   τα κατωτερα (μερη) της γης; ο καταβας αυτος εστιν και ο αναβας υπερανω παντων των

2 ποδας

6:15   και υποδησαμενοι τους ποδας εν ετοιμασια του ευαγγελιου της ειρηνης, εν
1:22   και παντα υπεταξεν υπο τους ποδας αυτου. και αυτον εδωκεν κεφαλην υπερ παντα τη

1 γενεας

3:21   εν χριστω ιησου εις πασας τας γενεας του αιωνος των αιωνων. αμην. παρακαλω ουν

1 δωρεας

4:7   εδοθη η χαρις κατα το μετρον της δωρεας του χριστου. διο λεγει, αναβας εις υψος

1 επιχορηγιας

4:16   δια πασης αφης της επιχορηγιας κατ ενεργειαν εν μετρω ενος εκαστου μερους την

4 καρδιας

6:22   τα περι ημων και παρακαλεση τας καρδιας υμων. ειρηνη τοις αδελφοις και αγαπη μετα
6:5   και τρομου εν απλοτητι της καρδιας υμων ως τω χριστω, μη κατ οφθαλμοδουλιαν ως
4:18   εν αυτοις, δια την πωρωσιν της καρδιας αυτων, οιτινες απηλγηκοτες εαυτους παρεδωκαν
1:18   τους οφθαλμους της καρδιας (υμων) εις το ειδεναι υμας τις εστιν η ελπις

1 ευωδιας

5:2   και θυσιαν τω θεω εις οσμην ευωδιας πορνεια δε και ακαθαρσια πασα η πλεονεξια

1 μεθοδειας

6:11   δυνασθαι υμας στηναι προς τας μεθοδειας του διαβολου. οτι ουκ εστιν ημιν η παλη προς

2 αληθειας

4:24   εν δικαιοσυνη και οσιοτητι της αληθειας διο αποθεμενοι το ψευδος λαλειτε αληθειαν
1:13   υμεις ακουσαντες τον λογον της αληθειας το ευαγγελιον της σωτηριας υμων, εν ω και

2 απειθειας

2:2   ενεργουντος εν τοις υιοις της απειθειας εν οις και ημεις παντες ανεστραφημεν ποτε εν
5:6   του θεου επι τους υιους της απειθειας μη ουν γινεσθε συμμετοχοι αυτων. ητε γαρ

1 χρειας

4:29   ει τις αγαθος προς οικοδομην της χρειας ινα δω χαριν τοις ακουουσιν. και μη λυπειτε

1 πολιτειας

2:12   χριστου, απηλλοτριωμενοι της πολιτειας του ισραηλ και ξενοι των διαθηκων της

1 ηλικιας

4:13   εις ανδρα τελειον, εις μετρον ηλικιας του πληρωματος του χριστου. ινα μηκετι ωμεν

1 διδασκαλιας

4:14   παντι ανεμω της διδασκαλιας εν τη κυβεια των ανθρωπων εν πανουργια προς

3 επαγγελιας

3:6   συσσωμα και συμμετοχα της επαγγελιας εν χριστω ιησου δια του ευαγγελιου. ου
1:13   εσφραγισθητε τω πνευματι της επαγγελιας τω αγιω, ος εστιν αρραβων της κληρονομιας
2:12   και ξενοι των διαθηκων της επαγγελιας ελπιδα μη εχοντες και αθεοι εν τω κοσμω.

2 κληρονομιας

1:14   αγιω, ος εστιν αρραβων της κληρονομιας ημων εις απολυτρωσιν της περιποιησεως, εις
1:18   τις ο πλουτος της δοξης της κληρονομιας αυτου εν τοις αγιοις, και τι το υπερβαλλον

1 επιθυμιας

4:22   τον φθειρομενον κατα τας επιθυμιας της απατης, ανανεουσθαι δε τω πνευματι του

1 μακροθυμιας

4:2   και πραυτητος, μετα μακροθυμιας ανεχομενοι αλληλων εν αγαπη, σπουδαζοντες

1 διακονιας

4:12   των αγιων εις εργον διακονιας εις οικοδομην του σωματος του χριστου. μεχρι

1 ευνοιας

6:7   θελημα του θεου εκ ψυχης. μετ ευνοιας δουλευοντες, ως τω κυριω και ουκ ανθρωποις,

1 πονηριας

6:12   τουτου. προς τα πνευματικα της πονηριας εν τοις επουρανιοις. δια τουτο αναλαβετε την

1 σωτηριας

1:13   αληθειας. το ευαγγελιον της σωτηριας υμων, εν ω και πιστευσαντες εσφραγισθητε τω

2 εκκλησιας

3:10   εν τοις επουρανιοις δια της εκκλησιας η πολυποικιλος σοφια του θεου. κατα προθεσιν
5:23   ως και ο χριστος κεφαλη της εκκλησιας αυτος σωτηρ του σωματος. αλλα ως η εκκλησια

1 ακαθαρσιας

4:19   τη ασελγεια εις εργασιαν ακαθαρσιας πασης εν πλεονεξια. υμεις δε ουχ ουτως

3 εξουσιας

1:21   υπερανω πασης αρχης και εξουσιας και δυναμεως και κυριοτητος και παντος
6:12   αλλα προς τας αρχας, προς τας εξουσιας προς τους κοσμοκρατορας του σκοτους τουτου.
2:2   τουτου. κατα τον αρχοντα της εξουσιας του αερος. του πνευματος του νυν ενεργουντος

1 σοφιας

1:17   πατηρ της δοξης, δωη υμιν πνευμα σοφιας και αποκαλυψεως εν επιγνωσει αυτου.

2 γυναικας

5:28   οι ανδρες αγαπαν τας εαυτων γυναικας ως τα εαυτων σωματα. ο αγαπων την εαυτου
5:25   παντι. οι ανδρες, αγαπατε τας γυναικας καθως και ο χριστος ηγαπησεν την εκκλησιαν

12 ημας

1:12   του θεληματος αυτου. εις το ειναι ημας εις επαινον δοξης αυτου τους προηλπικοτας εν
1:4   αυτω προ καταβολης κοσμου. ειναι ημας αγιους και αμωμους κατενωπιον αυτου εν αγαπη,
2:4   πολλην αγαπην αυτου ην ηγαπησεν ημας και οντας ημας νεκρους τοις παραπτωμασιν
5:2   καθως και ο χριστος ηγαπησεν ημας και παρεδωκεν εαυτον υπερ ημων προσφοραν και
1:6   της χαριτος αυτου ης εχαριτωσεν ημας εν τω ηγαπημενω, εν ω εχομεν την απολυτρωσιν
1:4   εν χριστω. καθως εξελεξατο ημας εν αυτω προ καταβολης κοσμου. ειναι ημας
1:3   ημων ιησου χριστου, ο ευλογησας ημας εν παση ευλογια πνευματικη εν τοις επουρανιοις
1:5   αυτου εν αγαπη, προορισας ημας εις υιοθεσιαν δια ιησου χριστου εις αυτον.
2:5   αυτου ην ηγαπησεν ημας. και οντας ημας νεκρους τοις παραπτωμασιν συνεζωοποιησεν τω
1:8   αυτου. ης επερισσευσεν εις ημας εν παση σοφια και φρονησει γνωρισας ημιν το
1:19   μεγεθος της δυναμεως αυτου εις ημας τους πιστευοντας κατα την ενεργειαν του
2:7   της χαριτος αυτου εν χρηστοτητι εφ ημας εν χριστω ιησου. τη γαρ χαριτι εστε

10 υμας

1:15   δια τουτο καγω, ακουσας την καθ υμας πιστιν εν τω κυριω ιησου και την αγαπην την
6:11   του θεου προς το δυνασθαι υμας στηναι προς τας μεθοδειας του διαβολου. οτι
4:22   αληθεια εν τω ιησου, αποθεσθαι υμας κατα την προτεραν αναστροφην τον παλαιον
2:1   παντα εν πασιν πληρουμενου. και υμας οντας νεκρους τοις παραπτωμασιν και ταις
1:18   της καρδιας (υμων) εις το ειδεναι υμας τις εστιν η ελπις της κλησεως αυτου, τις ο
4:17   και μαρτυρομαι εν κυριω, μηκετι υμας περιπατειν καθως και τα εθνη περιπατει εν
4:1   των αιωνων. αμην. παρακαλω ουν υμας εγω ο δεσμιος εν κυριω αξιως περιπατησαι της
3:2   του θεου της δοθεισης μοι εις υμας (οτι) κατα αποκαλυψιν εγνωρισθη μοι το
5:6   του χριστου και θεου. μηδεις υμας απατατω κενοις λογοις, δια ταυτα γαρ ερχεται η
6:22   διακονος εν κυριω. ον επεμψα προς υμας εις αυτο τουτο ινα γνωτε τα περι ημων και

1 ποιμενας

4:11   τους δε ευαγγελιστας, τους δε ποιμενας και διδασκαλους, προς τον καταρτισμον των

1 αποκτεινας

2:16   τω θεω δια του σταυρου. αποκτεινας την εχθραν εν αυτω. και ελθων ευηγγελισατο

2 πας

4:29   εχη μεταδιδοναι τω χρειαν εχοντι. πας λογος σαπρος εκ του στοματος υμων μη
5:5   τουτο γαρ ιστε γινωσκοντες οτι πας πορνος η ακαθαρτος η πλεονεκτης. ο εστιν

1 εγειρας

1:20   ην ενηργησεν εν τω χριστω εγειρας αυτον εκ νεκρων. και καθισας εν δεξια αυτου εν

```
                                              1  κοσμοκρατορας
6:12      τας εξουσιας, προς τους κοσμοκρατορας του σκοτους τουτου, προς τα πνευματικα της

                                              1  πασας
3:21      εκκλησια και εν χριστω ιησου εις πασας τας γενεας του αιωνος των αιωνων. αμην.

                                              1  ευλογησας
1:3       κυριου ημων ιησου χριστου, ο ευλογησας ημας εν παση ευλογια πνευματικη εν τοις

                                              1  καταργησας
2:15      των εντολων εν δογμασιν καταργησας ινα τους δυο κτιση εν αυτω εις ενα καινον

                                              1  ποιησας
2:14      γαρ εστιν η ειρηνη ημων, ο ποιησας τα αμφοτερα εν και το μεσοτοιχον του φραγμου

                                              1  καθισας
1:20      εγειρας αυτον εκ νεκρων, και καθισας εν δεξια αυτου εν τοις επουρανιοις  υπερανω

                                              1  καθαρισας
5:26      υπερ αυτης, ινα αυτην αγιαση καθαρισας τω λουτρω του υδατος εν ρηματι,  ινα παραστηση

                                              1  προορισας
1:5       κατενωπιον αυτου εν αγαπη, προορισας ημας εις υιοθεσιαν δια ιησου χριστου εις

                                              1  γνωρισας
1:9       εν παση σοφια και φρονησει γνωρισας ημιν το μυστηριον του θεληματος αυτου, κατα

                                              1  λυσας
2:14      εν και το μεσοτοιχον του φραγμου λυσας την εχθραν, εν τη σαρκι αυτου,  τον νομον των

                                              1  ακουσας
1:15      δοξης αυτου. δια τουτο καγω, ακουσας την καθ υμας πιστιν εν τω κυριω ιησου και την

                                              8  τας
4:22      ανθρωπον τον φθειρομενον κατα τας επιθυμιας της απατης. ανανεουσθαι δε τω
5:25      εν παντι. οι ανδρες, αγαπατε τας γυναικας, καθως και ο χριστος ηγαπησεν την
6:22      γνωτε τα περι ημων και παρακαλεση τας καρδιας υμων. ειρηνη τοις αδελφοις και αγαπη
5:28      οφειλουσιν και οι ανδρες αγαπαν τας εαυτων γυναικας ως τα εαυτων σωματα. ο αγαπων
3:21      και εν χριστω ιησου εις πασας τας γενεας του αιωνος των αιωνων. αμην.  παρακαλω
6:12      παλη προς αιμα και σαρκα, αλλα προς τας αρχας, προς τας εξουσιας, προς τους
6:11      προς το δυνασθαι υμας στηναι προς τας μεθοδειας του διαβολου. οτι ουκ εστιν ημιν η
6:12      σαρκα, αλλα προς τας αρχας, προς τας εξουσιας, προς τους κοσμοκρατορας του σκοτους

                                              1  προφητας
4:11      τους μεν αποστολους, τους δε προφητας τους δε ευαγγελιστας, τους δε ποιμενας και

                                              1  παντας
1:15      ιησου και την αγαπην την εις παντας τους αγιους,  ου παυομαι ευχαριστων υπερ υμων

                                              2  οντας
2:5       αυτου ην ηγαπησεν ημας, και οντας ημας νεκρους τοις παραπτωμασιν συνεζωοποιησεν
2:1       εν πασιν πληρουμενου. και υμας οντας νεκρους τοις παραπτωμασιν και ταις αμαρτιαις

                                              1  πιστευοντας
1:19      αυτου εις ημας τους πιστευοντας κατα την ενεργειαν του κρατους της ισχυος

                                              1  προηλπικοτας
1:12      επαινον δοξης αυτου τους προηλπικοτας εν τω χριστω.  εν ω και υμεις ακουσαντες τον

                                              1  ευαγγελιστας
4:11      τους δε προφητας, τους δε ευαγγελιστας τους δε ποιμενας και διδασκαλους,  προς τον

                                              1  αρχας
6:12      αιμα και σαρκα, αλλα προς τας αρχας προς τας εξουσιας, προς τους κοσμοκρατορας

                                              2  γυναικες
5:22      αλληλοις εν φοβω χριστου. αι γυναικες τοις ιδιοις ανδρασιν ως τω κυριω,  οτι ανηρ
5:24      τω χριστω, ουτως και αι γυναικες τοις ανδρασιν εν παντι.  οι ανδρες, αγαπατε

                                              1  οιτινες
4:19      την πωρωσιν της καρδιας αυτων,  οιτινες απηλγηκοτες εαυτους παρεδωκαν τη ασελγεια εις
```

1 αφρονες

5:17   εισιν. δια τουτο μη γινεσθε αφρονες αλλα συνιετε τι το θελημα του κυριου. και μη

2 ανδρες

5:25   τοις ανδρασιν εν παντι. οι ανδρες αγαπατε τας γυναικας, καθως και ο χριστος
5:28   αμωμος. ουτως οφειλουσιν και οι ανδρες αγαπαν τας εαυτων γυναικας ως τα εαυτων

1 πατερες

6:4   επι της γης. και οι πατερες μη παροργιζετε τα τεκνα υμων. αλλα εκτρεφετε

2 παντες

4:13   χριστου. μεχρι καταντησωμεν οι παντες εις την ενοτητα της πιστεως και της επιγνωσεως
2:3   της απειθειας. εν οις και ημεις παντες ανεστραφημεν ποτε εν ταις επιθυμιαις της

1 πιστευσαντες

1:13   σωτηριας υμων. εν ω και πιστευσαντες εσφραγισθητε τω πνευματι της επαγγελιας τω

1 ακουσαντες

1:13   τω χριστω. εν ω και υμεις ακουσαντες τον λογον της αληθειας, το ευαγγελιον της

1 εποικοδομηθεντε

2:20   και οικειοι του θεου. εποικοδομηθεντες επι τω θεμελιω των αποστολων και προφητων,

1 προορισθεντες

1:11   εν ω και εκληρωθημεν προορισθεντες κατα προθεσιν του τα παντα ενεργουντος κατα

1 κτισθεντες

2:10   αυτου γαρ εσμεν ποιημα. κτισθεντες εν χριστω ιησου επι εργοις αγαθοις οις

1 ανιεντες

6:9   τα αυτα ποιειτε προς αυτους, ανιεντες την απειλην. ειδοτες οτι και αυτων και υμων ο

2 οντες

4:18   αυτων, εσκοτωμενοι τη διανοια οντες απηλλοτριωμενοι της ζωης του θεου, δια την
2:13   δε εν χριστω ιησου υμεις οι ποτε οντες μακραν εγενηθητε εγγυς εν τω αιματι του

1 αναλαβοντες

6:16   της ειρηνης. εν πασιν αναλαβοντες τον θυρεον της πιστεως, εν ω δυνησεσθε παντα

1 αδοντες

5:19   υμνοις και ωδαις πνευματικαις, αδοντες και ψαλλοντες τη καρδια υμων τω κυριω,

1 σπουδαζοντες

4:3   αλληλων εν αγαπη, σπουδαζοντες τηρειν την ενοτητα του πνευματος εν τω

1 δοκιμαζοντες

5:10   δικαιοσυνη και αληθεια - δοκιμαζοντες τι εστιν ευαρεστον τω κυριω. και μη

1 γινωσκοντες

5:5   ευχαριστια. τουτο γαρ ιστε γινωσκοντες οτι πας πορνος η ακαθαρτος η πλεονεκτης, ο

1 αναγινωσκοντες

3:4   ολιγω. προς ο δυνασθε αναγινωσκοντες νοησαι την συνεσιν μου εν τω μυστηριω του

1 ψαλλοντες

5:19   πνευματικαις, αδοντες και ψαλλοντες τη καρδια υμων τω κυριω, ευχαριστουντες

1 αληθευοντες

4:15   την μεθοδιαν της πλανης, αληθευοντες δε εν αγαπη αυξησωμεν εις αυτον τα παντα. ος

1 δουλευοντες

6:7   θεου εκ ψυχης. μετ ευνοιας δουλευοντες ως τω κυριω και ουκ ανθρωποις. ειδοτες οτι

1 εχοντες

2:12   της επαγγελιας. ελπιδα μη εχοντες και αθεοι εν τω κοσμω. νυνι δε εν χριστω

2 ποιουντες

6:6   αλλ ως δουλοι χριστου ποιουντες το θελημα του θεου εκ ψυχης. μετ ευνοιας
2:3   επιθυμιαις της σαρκος ημων, ποιουντες τα θεληματα της σαρκος και των διανοιων, και

		1	λαλουντες	
5:19	αλλα πληρουσθε εν πνευματι,		λαλουντες	εαυτοις (εν) ψαλμοις και υμνοις και ωδαις

		1	αγρυπνουντες	
6:18	εν πνευματι, και εις αυτο αγρυπνουντες		αγρυπνουντες	εν παση προσκαρτερησει και δεησει περι παντων

		1	ευχαριστουντες	
5:20	καρδια υμων τω κυριω,		ευχαριστουντες	παντοτε υπερ παντων εν ονοματι του κυριου ημων

		2	ειδοτες	
6:8	ως τω κυριω και ουκ ανθρωποις,		ειδοτες	οτι εκαστος, εαν τι ποιηση αγαθον, τουτο
6:9	αυτους, ανιεντες την απειλην,		ειδοτες	οτι και αυτων και υμων ο κυριος εστιν εν

		1	απηλγηκοτες	
4:19	της καρδιας αυτων, οιτινες απηλγηκοτες		απηλγηκοτες	εαυτους παρεδωκαν τη ασελγεια εις εργασιαν

		3	ης	
1:8	κατα το πλουτος της χαριτος αυτου,		ης	επερισσευσεν εις ημας εν παση σοφια και
4:1	κυριω αξιως περιπατησαι της κλησεως		ης	εκληθητε, μετα πασης ταπεινοφροσυνης και
1:6	εις επαινον δοξης της χαριτος αυτου		ης	εχαριτωσεν ημας εν τω ηγαπημενω, εν ω εχομεν

		4	γης	
3:15	ου πασα πατρια εν ουρανοις και επι γης		γης	ονομαζεται, ινα δω υμιν κατα το πλουτος της
1:10	τα επι τοις ουρανοις και τα επι της γης		γης	εν αυτω, εν ω και εκληρωθημεν προορισθεντες
6:3	και εση μακροχρονιος επι της γης		γης	και οι πατερες, μη παροργιζετε τα τεκνα
4:9	κατεβη εις τα κατωτερα (μερη) της γης		γης	ο καταβας αυτος εστιν και ο αναβας υπερανω

		1	οργης	
2:3	διανοιων, και ημεθα τεκνα φυσει οργης		οργης	ως και οι λοιποι. ο δε θεος πλουσιος ων εν

		1	καταβολης	
1:4	εξελεξατο ημας εν αυτω προ καταβολης		καταβολης	κοσμου, ειναι ημας αγιους και αμωμους

		1	περιτομης	
2:11	ακροβυστια υπο της λεγομενης περιτομης		περιτομης	εν σαρκι χειροποιητου, οτι ητε τω καιρω

		1	πλανης	
4:14	πανουργια προς την μεθοδιαν της πλανης		πλανης	αληθευοντες δε εν αγαπη αυξησωμεν εις αυτον

		1	λεγομενης	
2:11	λεγομενοι ακροβυστια υπο της λεγομενης		λεγομενης	περιτομης εν σαρκι χειροποιητου, οτι ητε τω

		2	ειρηνης	
6:15	εν ετοιμασια του ευαγγελιου της ειρηνης		ειρηνης	εν πασιν αναλαβοντες τον θυρεον της πιστεως,
4:3	πνευματος εν τω συνδεσμω της ειρηνης		ειρηνης	εν σωμα και εν πνευμα, καθως και εκληθητε εν

		1	δικαιοσυνης	
6:14	ενδυσαμενοι τον θωρακα της δικαιοσυνης		δικαιοσυνης	και υποδησαμενοι τους ποδας εν ετοιμασια του

		1	ταπεινοφροσυνης	
4:2	εκληθητε, μετα πασης ταπεινοφροσυνης		ταπεινοφροσυνης	και πραυτητος, μετα μακροθυμιας, ανεχομενοι

		6	δοξης	
1:6	του θεληματος αυτου, εις επαινον δοξης		δοξης	της χαριτος αυτου ης εχαριτωσεν ημας εν τω
1:12	εις το ειναι ημας εις επαινον δοξης		δοξης	αυτου τους προηλπικοτας εν τω χριστω. εν ω
1:14	της περιποιησεως, εις επαινον της δοξης		δοξης	αυτου. δια τουτο καγω, ακουσας την καθ υμας
1:17	ημων ιησου χριστου, ο πατηρ της δοξης		δοξης	δων υμιν πνευμα σοφιας και αποκαλυψεως
1:18	κλησεως αυτου, τις ο πλουτος της δοξης		δοξης	της κληρονομιας αυτου εν τοις αγιοις, και τι
3:16	ινα δω υμιν κατα το πλουτος της δοξης		δοξης	αυτου δυναμει κραταιωθηναι δια του πνευματος

		1	ειδωλολατρης	
5:5	η πλεονεκτης, ο εστιν ειδωλολατρης		ειδωλολατρης	ουκ εχει κληρονομιαν εν τη βασιλεια του

		5	πασης	
6:18	ο εστιν ρημα θεου, δια πασης		πασης	προσευχης και δεησεως, προσευχομενοι εν παντι
4:16	και συμβιβαζομενον δια πασης		πασης	αφης της επιχορηγιας κατ ενεργειαν εν μετρω
4:2	της κλησεως ης εκληθητε, μετα πασης		πασης	ταπεινοφροσυνης και πραυτητος, μετα
4:19	ασελγεια εις εργασιαν ακαθαρσιας πασης		πασης	εν πλεονεξια. υμεις δε ουχ ουτως εμαθετε τον
1:21	εν τοις επουρανιοις υπερανω πασης		πασης	αρχης και εξουσιας και δυναμεως και κυριοτητος

2 δοθεισης

3:7	της χαριτος του θεου της	δοθεισης	μοι κατα την ενεργειαν της δυναμεως αυτου.
3:2	της χαριτος του θεου της	δοθεισης	μοι εις υμας. (οτι) κατα αποκαλυψιν εγνωρισθη

60 της

3:12	και προσαγωγην εν πεποιθησει δια	της	πιστεως αυτου. διο αιτουμαι μη εγκακειν εν
3:17	κατοικησαι τον χριστον δια	της	πιστεως εν ταις καρδιαις υμων. εν αγαπη
3:10	εξουσιαις εν τοις επουρανιοις δια	της	εκκλησιας η πολυποικιλος σοφια του θεου. κατα
6:14	αληθεια. και ενδυσαμενοι τον θωρακα	της	δικαιοσυνης. και υποδησαμενοι τους ποδας εν
6:12	σκοτους τουτου. προς τα πνευματικα	της	πονηριας εν τοις επουρανιοις. δια τουτο
2:3	σαρκος ημων, ποιουντες τα θεληματα	της	σαρκος και των διανοιων. και ημεθα τεκνα φυσει
4:13	οι παντες εις την ενοτητα	της	πιστεως και της επιγνωσεως του υιου του θεου.
2:2	του κοσμου τουτου, κατα τον αρχοντα	της	εξουσιας του αερος. του πνευματος του νυν
3:6	και συσσωμα και συμμετοχα	της	επαγγελιας εν χριστω ιησου δια του ευαγγελιου.
5:23	ως τω κυριω. οτι ανηρ εστιν κεφαλη	της	γυναικος ως και ο χριστος κεφαλη της
5:23	γυναικος ως και ο χριστος κεφαλη	της	εκκλησιας. αυτος σωτηρ του σωματος. αλλα ως η
4:13	εις την ενοτητα της πιστεως και	της	επιγνωσεως του υιου του θεου. εις ανδρα
4:1	δεσμιος εν κυριω αξιως περιπατησαι	της	κλησεως ης εκληθητε. μετα πασης
4:4	καθως και εκληθητε εν μια ελπιδι	της	κλησεως υμων. εις κυριος. μια πιστις. εν
6:10	εν κυριω και εν τω κρατει	της	ισχυος αυτου. ενδυσασθε την πανοπλιαν του
4:18	τη διανοια οντες, απηλλοτριωμενοι	της	ζωης του θεου. δια την αγνοιαν την ουσαν εν
2:12	χωρις χριστου, απηλλοτριωμενοι	της	πολιτειας του ισραηλ και ξενοι των διαθηκων
1:10	τα επι τοις ουρανοις και τα επι	της	γης. εν αυτω, εν ω και εκληρωθημεν
6:3	γενηται και εση μακροχρονιος επι	της	γης. και οι πατερες, μη παροργιζετε τα τεκνα
1:13	εσφραγισθητε τω πνευματι	της	επαγγελιας τω αγιω. ος εστιν αρραβων της
4:24	εν δικαιοσυνη και οσιοτητι	της	αληθειας. διο αποθεμενοι το ψευδος λαλειτε
6:5	μετα φοβου και τρομου εν απλοτητι	της	καρδιας υμων ως τω χριστω. μη κατ
3:7	εγενηθην διακονος κατα την δωρεαν	της	χαριτος του θεου της δοθεισης μοι κατα την
4:14	εν πανουργια προς την μεθοδιαν	της	πλανης. αληθευοντες δε εν αγαπη αυξησωμεν εις
3:7	της δοθεισης μοι κατα την ενεργειαν	της	δυναμεως αυτου. εμοι τω ελαχιστοτερω παντων
3:2	ει γε ηκουσατε την οικονομιαν	της	χαριτος του θεου της δοθεισης μοι εις υμας.
3:19	βαθος. γνωναι τε την υπερβαλλουσαν	της	γνωσεως αγαπην του χριστου. ινα πληρωθητε εις
4:29	αλλα ει τις αγαθος προς οικοδομην	της	χρειας. ινα δω χαριν τοις ακουουσιν. και μη
1:14	κληρονομιας ημων εις απολυτρωσιν	της	περιποιησεως. εις επαινον της δοξης αυτου.
4:18	ουσαν εν αυτοις. δια την πωρωσιν	της	καρδιας αυτων. οιτινες απηλγηκοτες εαυτους
1:13	εν ω και υμεις ακουσαντες τον λογον	της	αληθειας. το ευαγγελιον της σωτηριας υμων. εν
6:16	εν πασιν αναλαβοντες τον θυρεον	της	πιστεως. εν ω δυνησεσθε παντα τα βελη του
1:13	λογον της αληθειας. το ευαγγελιον	της	σωτηριας υμων. εν ω και πιστευσαντες
1:14	της περιποιησεως. εις επαινον	της	δοξης αυτου. δια τουτο καγω. ακουσας την καθ
4:7	ημων εδοθη η χαρις κατα το μετρον	της	δωρεας του χριστου. διο λεγει. αναβας εις
1:14	το αγιω. ος εστιν αρραβων	της	κληρονομιας ημων εις απολυτρωσιν της
2:12	του ισραηλ και ξενοι των διαθηκων	της	επαγγελιας. ελπιδα μη εχοντες και αθεοι εν τω
2:11	σαρκι. οι λεγομενοι ακροβυστια υπο	της	λεγομενης περιτομης εν σαρκι χειροποιητου.
1:17	κυριου ημων ιησου χριστου. ο πατηρ	της	δοξης. δων υμιν πνευμα σοφιας και αποκαλυψεως
4:22	τον φθειρομενον κατα τας επιθυμιας	της	απατης. ανανεουσθαι δε τω πνευματι του νοος
1:6	θεληματος αυτου. εις επαινον δοξης	της	χαριτος αυτου ης εχαριτωσεν ημας εν τω
1:18	αυτου. τις ο πλουτος της δοξης	της	κληρονομιας αυτου εν τοις αγιοις. και τι το
4:16	και συμβιβαζομενον δια πασης αφης	της	επιχορηγιας κατ ενεργειαν εν μετρω ενος
2:3	ποτε εν ταις επιθυμιαις	της	σαρκος ημων, ποιουντες τα θεληματα της σαρκος
2:2	του νυν ενεργουντος εν τοις υιοις	της	απειθειας. εν οις και ημεις παντες
1:18	το ειδεναι υμας τις εστιν η ελπις	της	κλησεως αυτου. τις ο πλουτος της δοξης της
1:19	και τι το υπερβαλλον μεγεθος	της	δυναμεως αυτου εις ημας τους πιστευοντας κατα
2:7	επερχομενοις το υπερβαλλον πλουτος	της	χαριτος αυτου εν χρηστοτητι εφ ημας εν χριστω
1:18	της κλησεως αυτου. τις ο πλουτος	της	δοξης της κληρονομιας αυτου εν τοις αγιοις.
3:16	ινα δω υμιν κατα το πλουτος	της	δοξης αυτου δυναμει κραταιωθηναι δια του
1:7	των παραπτωματων. κατα το πλουτος	της	χαριτος αυτου. ης επερισσευσεν εις ημας εν
5:6	η οργη του θεου επι τους υιους	της	απειθειας. μη ουν γινεσθε συμμετοχοι αυτων.
1:18	πεφωτισμενους τους οφθαλμους	της	καρδιας (υμων) εις το ειδεναι υμας τις εστιν η
1:19	κατα την ενεργειαν του κρατους	της	ισχυος αυτου ην ενηργησεν εν τω χριστω
3:7	την δωρεαν της χαριτος του θεου	της	δοθεισης μοι κατα την ενεργειαν της δυναμεως
3:2	την οικονομιαν της χαριτος του θεου	της	δοθεισης μοι εις υμας. (οτι) κατα αποκαλυψιν
6:15	ποδας εν ετοιμασια του ευαγγελιου	της	ειρηνης. εν πασιν αναλαβοντες τον θυρεον της
4:14	και περιφερομενοι παντι ανεμω	της	διδασκαλιας εν τη κυβεια των ανθρωπων εν
4:3	του πνευματος εν τω συνδεσμω	της	ειρηνης. εν σωμα και εν πνευμα. καθως και
4:9	και κατεβη εις τα κατωτερα (μερη)	της	γης: ο καταβας αυτος εστιν και ο αναβας

1 απατης

4:22	κατα τας επιθυμιας της απατης	ανανεουσθαι δε τω πνευματι του νοος υμων,

1 πλεονεκτης

5:5	οτι πας πορνος η ακαθαρτος η πλεονεκτης	ο εστιν ειδωλολατρης, ουκ εχει κληρονομιαν εν

```
                                             1 αισχροτης
5:4        καθως πρεπει αγιοις.  και αισχροτης και μαρολογια η ευτραπελια. α ουκ ανηκεν, αλλα

                                             1 αυτης
5:25        και εαυτον παρεδωκεν υπερ αυτης ινα αυτην αγιαση καθαρισας τω λουτρω του

                                             1 αφης
4:16        και συμβιβαζομενον δια πασης αφης της επιχορηγιας κατ ενεργειαν εν μετρω ενος

                                             1 αρχης
1:21      τοις επουρανιοις υπερανω πασης αρχης και εξουσιας και δυναμεως και κυριοτητος και

                                             1 προσευχης
6:18     ο εστιν ρημα θεου.  δια πασης προσευχης και δεησεως, προσευχομενοι εν παντι καιρω εν

                                             1 ψυχης
6:6       ποιουντες το θελημα του θεου εκ ψυχης μετ ευνοιας δουλευοντες, ως τω κυριω και ουκ

                                             1 ζωης
4:18     διανοια οντες, απηλλοτριωμενοι της ζωης του θεου. δια την αγνοιαν την ουσαν εν αυτοις,

                                             1 αις
2:2          και ταις αμαρτιαις υμων,  εν αις ποτε περιεπατησατε κατα τον αιωνα του κοσμου

                                             1 ωδαις
5:19       (εν) ψαλμοις και υμνοις και ωδαις πνευματικαις, αδοντες και ψαλλοντες τη καρδια

                                             1 γενεαις
3:5          του χριστου.  ο ετεραις γενεαις ουκ εγνωρισθη τοις υιοις των ανθρωπων ως νυν

                                             1 ιδιαις
4:28      δε κοπιατω εργαζομενος ταις ιδιαις χερσιν το αγαθον, ινα εχη μεταδιδοναι τω

                                             1 καρδιαις
3:17         δια της πιστεως εν ταις καρδιαις υμων, εν αγαπη ερριζωμενοι και τεθεμελιωμενοι.

                                             1 επιθυμιαις
2:3      ανεστραφημεν ποτε εν ταις επιθυμιαις της σαρκος ημων, ποιουντες τα θεληματα της

                                             1 εξουσιαις
3:10       νυν ταις αρχαις και ταις εξουσιαις εν τοις επουρανιοις δια της εκκλησιας η

                                             1 αμαρτιαις
2:1       τοις παραπτωμασιν και ταις αμαρτιαις υμων.  εν αις ποτε περιεπατησατε κατα τον

                                             1 πνευματικαις
5:19      και υμνοις και ωδαις πνευματικαις αδοντες και ψαλλοντες τη καρδια υμων τω

                                             1 ετεραις
3:5     εν τω μυστηριω του χριστου.  ο ετεραις γενεαις ουκ εγνωρισθη τοις υιοις των ανθρωπων

                                             7 ταις
2:1          νεκρους τοις παραπτωμασιν και ταις αμαρτιαις υμων.  εν αις ποτε περιεπατησατε
3:10      ινα γνωρισθη νυν ταις αρχαις και ταις εξουσιαις εν τοις επουρανιοις δια της
2:3      ημεις παντες ανεστραφημεν ποτε εν ταις επιθυμιαις της σαρκος ημων, ποιουντες τα
3:13        διο αιτουμαι μη εγκακειν εν ταις θλιψεσιν μου υπερ υμων, ητις εστιν δοξα υμων.
3:17      τον χριστον δια της πιστεως εν ταις καρδιαις υμων. εν αγαπη ερριζωμενοι και
3:10     παντα κτισαντι, ινα γνωρισθη νυν ταις αρχαις και ταις εξουσιαις εν τοις επουρανιοις
4:28       μαλλον δε κοπιατω εργαζομενος ταις ιδιαις χερσιν το αγαθον, ινα εχη μεταδιδοναι

                                             1 προφηταις
3:5      αγιοις αποστολοις αυτου και προφηταις εν πνευματι, ειναι τα εθνη συνκληρονομα και

                                             1 αρχαις
3:10     κτισαντι, ινα γνωρισθη νυν ταις αρχαις και ταις εξουσιαις εν τοις επουρανιοις δια της

                                             39 εις
1:10     ευδοκιαν αυτου ην προεθετο εν αυτω εις οικονομιαν του πληρωματος των καιρων.
4:6       κυριος, μια πιστις, εν βαπτισμα. εις θεος και πατηρ παντων, ο επι παντων και δια
4:5       εν μια ελπιδι της κλησεως υμων. εις κυριος, μια πιστις, εν βαπτισμα. εις θεος και
1:6       την ευδοκιαν του θεληματος αυτου. εις επαινον δοξης της χαριτος αυτου ης εχαριτωσεν
1:12      την βουλην του θεληματος αυτου. εις το ειναι ημας εις επαινον δοξης αυτου τους
```

4:19	εαυτους παρεδωκαν τη ασελγεια	εις	εργασιαν ακαθαρσιας πασης εν πλεονεξια. υμεις
4:32	αφ υμων συν παση κακια. γινεσθε	εις	αλληλους χρηστοι, ευσπλαγχνοι, χαριζομενοι
2:22	εν ω και υμεις συνοικοδομεισθε	εις	κατοικητηριον του θεου εν πνευματι. τουτου
4:30	αγιον του θεου, εν ω εσφραγισθητε	εις	ημεραν απολυτρωσεως. πασα πικρια και θυμος
3:19	αγαπην του χριστου, ινα πληρωθητε	εις	παν το πληρωμα του θεου. τω δε δυναμενω υπερ
4:9	ανεβη τι εστιν ει μη οτι και κατεβη	εις	τα κατωτερα (μερη) της γης; ο καταβας αυτος
5:32	εστιν, εγω δε λεγω εις χριστον και	εις	την εκκλησιαν. πλην και υμεις οι καθ ενα
6:18	εν παντι καιρω εν πνευματι. και	εις	αυτο αγρυπνουντες εν παση προσκαρτερησει και
4:16	την αυξησιν του σωματος ποιειται	εις	οικοδομην εαυτου εν αγαπη. τουτο ουν λεγω και
2:21	οικοδομη συναρμολογουμενη αυξει	εις	ναον αγιον εν κυριω, εν ω και υμεις
3:2	χαριτος του θεου της δοθεισης μοι	εις	υμας, (οτι) κατα αποκαλυψιν εγνωρισθη μοι το
4:15	αληθευοντες δε εν αγαπη αυξησωμεν	εις	αυτον τα παντα, ος εστιν η κεφαλη, χριστος.
1:8	της χαριτος αυτου, ης επερισσευσεν	εις	ημας εν παση σοφια και φρονησει γνωρισας ημιν
1:15	τω κυριω ιησου και την αγαπην την	εις	παντας τους αγιους, ου παυομαι ευχαριστων
4:12	προς τον καταρτισμον των αγιων	εις	εργον διακονιας, εις οικοδομην του σωματος του
1:14	εστιν αρραβων της κληρονομιας ημων	εις	απολυτρωσιν της περιποιησεως, εις επαινον της
5:31	γυναικα αυτου, και εσονται οι δυο	εις	σαρκα μιαν. το μυστηριον τουτο μεγα εστιν.
4:8	του χριστου. διο λεγει, αναβας	εις	υψος ηχμαλωτευσεν αιχμαλωσιαν, εδωκεν δοματα
1:12	θεληματος αυτου, εις το ειναι ημας	εις	επαινον δοξης αυτου τους προηλπικοτας εν τω
1:5	αυτου εν αγαπη, προορισας ημας	εις	υιοθεσιαν δια ιησου χριστου εις αυτον, κατα
6:22	εν κυριω, ον επεμψα προς υμας	εις	αυτο τουτο ινα γνωτε τα περι ημων και
4:13	μεχρι καταντησωμεν οι παντες	εις	την ενοτητα της πιστεως και της επιγνωσεως του
3:21	εν τη εκκλησια και εν χριστω ιησου	εις	πασας τας γενεας του αιωνος των αιωνων. αμην.
1:5	εις υιοθεσιαν δια ιησου χριστου	εις	αυτον, κατα την ευδοκιαν του θεληματος αυτου.
3:16	δια του πνευματος αυτου	εις	τον εσω ανθρωπον. κατοικησαι τον χριστον δια
1:19	μεγεθος της δυναμεως αυτου	εις	ημας τους πιστευοντας κατα την ενεργειαν του
5:32	τουτο μεγα εστιν, εγω δε λεγω	εις	χριστον και εις την εκκλησιαν. πλην και υμεις
5:2	ημων προσφοραν και θυσιαν τω θεω	εις	οσμην ευωδιας. πορνεια δε και ακαθαρσια πασα
2:15	ινα τους δυο κτιση εν αυτω	εις	ενα καινον ανθρωπον ποιων ειρηνην. και
1:18	τους οφθαλμους της καρδιας (υμων)	εις	το ειδεναι υμας τις εστιν η ελπις της κλησεως
4:13	υιου του θεου, εις ανδρα τελειον,	εις	μετρον ηλικιας του πληρωματος του χριστου.
4:12	των αγιων εις εργον διακονιας.	εις	οικοδομην του σωματος του χριστου. μεχρι
1:14	εις απολυτρωσιν της περιποιησεως.	εις	επαινον της δοξης αυτου. δια τουτο καγω,
4:13	της επιγνωσεως του υιου του θεου.	εις	ανδρα τελειον, εις μετρον ηλικιας του

		1	μηδεις
5:6	βασιλεια του χριστου και θεου.	μηδεις	υμας απατατω κενοις λογοις, δια ταυτα γαρ

		1	ουδεις
5:29	εαυτου γυναικα εαυτον αγαπα,	ουδεις	γαρ ποτε την εαυτου σαρκα εμισησεν. αλλα

		1	ημεις
2:3	υιοις της απειθειας. εν οις και ημεις		παντες ανεστραφημεν ποτε εν ταις επιθυμιαις

		7	υμεις
4:20	ακαθαρσιας πασης εν πλεονεξια. υμεις		δε ουχ ουτως εμαθετε τον χριστον, ει γε αυτον
2:11	διο μνημονευετε οτι ποτε υμεις		τα εθνη εν σαρκι, οι λεγομενοι ακροβυστια υπο
6:21	ως δει με λαλησαι. ινα δε και υμεις		ειδητε τα κατ εμε, τι πρασσω, παντα γνωρισει
5:33	και εις την εκκλησιαν. πλην και υμεις		οι καθ ενα εκαστος την εαυτου γυναικα ουτως
1:13	εν τω χριστω. εν ω και υμεις		ακουσαντες τον λογον της αληθειας, το
2:22	ναον αγιον εν κυριω, εν ω και υμεις		συνοικοδομεισθε εις κατοικητηριον του θεου εν
2:13	κοσμω. νυνι δε εν χριστω ιησου υμεις		οι ποτε οντες μακραν εγενηθητε εγγυς εν τω

		2	οις
2:3	εν τοις υιοις της απειθειας. εν οις		και ημεις παντες ανεστραφημεν ποτε εν ταις
2:10	εν χριστω ιησου επι εργοις αγαθοις οις		προητοιμασεν ο θεος ινα εν αυτοις

		1	λογοις
5:6	μηδεις υμας απατατω κενοις λογοις		δια ταυτα γαρ ερχεται η οργη του θεου επι

		2	εργοις
2:10	κτισθεντες εν χριστω ιησου επι εργοις		αγαθοις οις προητοιμασεν ο θεος ινα εν αυτοις
5:11	και μη συγκοινωνειτε τοις εργοις		τοις ακαρποις του σκοτους, μαλλον δε και

		1	αγαθοις
2:10	εν χριστω ιησου επι εργοις αγαθοις		οις προητοιμασεν ο θεος ινα εν αυτοις

		5	αγιοις
5:3	ονομαζεσθω εν υμιν. καθως πρεπει αγιοις		και αισχροτης και μωρολογια η ευτραπελια, α
3:5	ανθρωπων ως νυν απεκαλυφθη τοις αγιοις		αποστολοις αυτου και προφηταις εν πνευματι
1:18	της κληρονομιας αυτου εν τοις αγιοις		και τι το υπερβαλλον μεγεθος της δυναμεως
3:18	καταλαβεσθαι συν πασιν τοις αγιοις		τι το πλατος και μηκος και υψος και βαθος,
1:1	ιησου δια θεληματος θεου τοις αγιοις		τοις ουσιν (εν εφεσω) και πιστοις εν χριστω

		1 ιδιοις
5:22	φοβω χριστου. αι γυναικες τοις ιδιοις	ανδρασιν ως τω κυριω. οτι ανηρ εστιν κεφαλη

		5 επουρανιοις
1:3	ευλογια πνευματικη εν τοις επουρανιοις	εν χριστω. καθως εξελεξατο ημας εν αυτω προ
2:6	και συνεκαθισεν εν τοις επουρανιοις	εν χριστω ιησου. ινα ενδειξηται εν τοις
6:12	της πονηριας εν τοις επουρανιοις	δια τουτο αναλαβετε την πανοπλιαν του θεου.
3:10	και ταις εξουσιαις εν τοις επουρανιοις	δια της εκκλησιας η πολυποικιλος σοφια του
1:20	εν δεξια αυτου εν τοις επουρανιοις	υπερανω πασης αρχης και εξουσιας και δυναμεως

		1 κυριοις
6:5	υπακουετε τοις κατα σαρκα κυριοις	μετα φοβου και τρομου εν απλοτητι της καρδιας

		2 υιοις
3:5	γενεαις ουκ εγνωρισθη τοις υιοις	των ανθρωπων ως νυν απεκαλυφθη τοις αγιοις
2:2	του νυν ενεργουντος εν τοις υιοις	της απειθειας. εν οις και ημεις παντες

		1 αλληλοις
5:21	θεω και πατρι. υποτασσομενοι αλληλοις	εν φοβω χριστου. αι γυναικες τοις ιδιοις

		1 αποστολοις
3:5	νυν απεκαλυφθη τοις αγιοις αποστολοις	αυτου και προφηταις εν πνευματι. ειναι τα

		1 ψαλμοις
5:19	λαλουντες εαυτοις (εν) ψαλμοις	και υμνοις και ωδαις πνευματικαις. αδοντες και

		3 ουρανοις
3:15	πατερα. εξ ου πασα πατρια εν ουρανοις	και επι γης ονομαζεται. ινα δω υμιν κατα το
6:9	και υμων ο κυριος εστιν εν ουρανοις	και προσωπολημψια ουκ εστιν παρ αυτω. του
1:10	εν τω χριστω. τα επι τοις ουρανοις	και τα επι της γης. εν αυτω. εν ω και

		1 κενοις
5:6	και θεου. μηδεις υμας απατατω κενοις	λογοις. δια ταυτα γαρ ερχεται η οργη του θεου

		1 επερχομενοις
2:7	εν τοις αιωσιν τοις επερχομενοις	το υπερβαλλον πλουτος της χαριτος αυτου εν

		1 υμνοις
5:19	εαυτοις (εν) ψαλμοις και υμνοις	και ωδαις πνευματικαις. αδοντες και ψαλλοντες

		1 ακαρποις
5:11	συγκοινωνειτε τοις εργοις τοις ακαρποις	του σκοτους. μαλλον δε και ελεγχετε. τα γαρ

		2 ανθρωποις
6:7	ως τω κυριω και ουκ ανθρωποις	ειδοτες οτι εκαστος. εαν τι ποιηση αγαθον.
4:8	εδωκεν δοματα τοις ανθρωποις	το δε ανεβη τι εστιν ει μη οτι και κατεβη

		29 τοις
4:8	αιχμαλωσιαν. εδωκεν δοματα τοις	ανθρωποις. το δε ανεβη τι εστιν ει μη οτι και
6:1	τον ανδρα. τα τεκνα. υπακουετε τοις	γονευσιν υμων εν κυριω. τουτο γαρ εστιν
6:5	κυριου. οι δουλοι. υπακουετε τοις	κατα σαρκα κυριοις μετα φοβου και τρομου εν
5:11	τω κυριω. και μη συγκοινωνειτε τοις	εργοις τοις ακαρποις του σκοτους. μαλλον δε
3:5	ο ετεραις γενεαις ουκ εγνωρισθη τοις	υιοις των ανθρωπων ως νυν απεκαλυφθη τοις
3:5	των ανθρωπων ως νυν απεκαλυφθη τοις	αγιοις αποστολοις αυτου και προφηταις εν
6:23	τας καρδιας υμων. ειρηνη τοις	αδελφοις και αγαπη μετα πιστεως απο θεου
1:10	τα παντα εν τω χριστω. τα επι τοις	ουρανοις και τα επι της γης. εν αυτω. εν ω
1:3	ημας εν παση ευλογια πνευματικη εν τοις	επουρανιοις εν χριστω. καθως εξελεξατο ημας
2:7	χριστω ιησου. ινα ενδειξηται εν τοις	αιωσιν τοις επερχομενοις το υπερβαλλον πλουτος
2:6	και συνηγειρεν και συνεκαθισεν εν τοις	επουρανιοις εν χριστω ιησου. ινα ενδειξηται
6:12	προς τα πνευματικα της πονηριας εν τοις	επουρανιοις. δια τουτο αναλαβετε την
3:10	ταις αρχαις και ταις εξουσιαις εν τοις	επουρανιοις δια της εκκλησιας η πολυποικιλος
2:2	πνευματος του νυν ενεργουντος εν τοις	υιοις της απειθειας. εν οις και ημεις παντες
1:20	και καθισας εν δεξια αυτου εν τοις	επουρανιοις υπερανω πασης αρχης και εξουσιας
1:18	της δοξης της κληρονομιας αυτου εν τοις	αγιοις. και τι το υπερβαλλον μεγεθος της
2:17	υμιν τοις μακραν και ειρηνην τοις	εγγυς. οτι δι αυτου εχομεν την προσαγωγην οι
2:17	ελθων ευηγγελισατο ειρηνην υμιν τοις	μακραν και ειρηνην τοις εγγυς. οτι δι αυτου
4:29	οικοδομην της χρειας. ινα δω χαριν τοις	ακουουσιν. και μη λυπειτε το πνευμα το αγιον
3:18	εξισχυσητε καταλαβεσθαι συν πασιν τοις	αγιοις τι το πλατος και μηκος και υψος και
2:7	ινα ενδειξηται εν τοις αιωσιν τοις	επερχομενοις το υπερβαλλον πλουτος της χαριτος
5:22	εν φοβω χριστου. αι γυναικες τοις	ιδιοις ανδρασιν ως τω κυριω. οτι ανηρ εστιν
5:24	τω χριστω. ουτως και αι γυναικες τοις	ανδρασιν εν παντι. οι ανδρες. αγαπατε τας
5:11	και μη συγκοινωνειτε τοις εργοις τοις	ακαρποις του σκοτους. μαλλον δε και ελεγχετε.

```
1:1              δια θεληματος θεου τοις αγιοις τοις    ουσιν (εν εφεσω) και πιστοις εν χριστω ιησου.
2:5              ημας.  και οντας ημας νεκρους τοις    παραπτωμασιν συνεζωοποιησεν τω χριστω - χαριτι
2:1                     και υμας οντας νεκρους τοις    παραπτωμασιν και ταις αμαρτιαις υμων.  εν αις
1:1        χριστου ιησου δια θεληματος θεου τοις    αγιοις τοις ουσιν (εν εφεσω) και πιστοις εν
3:8            παντων αγιων εδοθη η χαρις αυτη. τοις    εθνεσιν ευαγγελισασθαι το ανεξιχνιαστον
```

```
                                          1  πιστοις
1:1              τοις ουσιν (εν εφεσω) και πιστοις    εν χριστω ιησου.  χαρις υμιν και ειρηνη απο
```

```
                                          2  αυτοις
2:10       οις προητοιμασεν ο θεος ινα εν αυτοις    περιπατησωμεν.  διο μνημονευετε οτι τοτε υμεις
4:18          δια την αγνοιαν την ουσαν εν αυτοις    δια την πωρωσιν της καρδιας αυτων.  οιτινες
```

```
                                          2  εαυτοις
4:32       ευσπλαγχνοι, χαριζομενοι εαυτοις    καθως και ο θεος εν χριστω εχαρισατο υμιν.
5:19          εν πνευματι.  λαλουντες εαυτοις    (εν) ψαλμοις και υμνοις και ωδαις
```

```
                                          1  αδελφοις
6:23       τας καρδιας υμων.  ειρηνη τοις αδελφοις    και αγαπη μετα πιστεως απο θεου πατρος και
```

```
                                          1  ελπις
1:18       εις το ειδεναι υμας τις εστιν η ελπις    της κλησεως αυτου. τις ο πλουτος της δοξης της
```

```
                                          4  χαρις
1:2           και πιστοις εν χριστω ιησου.  χαρις    υμιν και ειρηνη απο θεου πατρος ημων και
6:24          και κυριου ιησου χριστου.  η χαρις    μετα παντων των αγαπωντων τον κυριον ημων
3:8        ελαχιστοτερω παντων αγιων εδοθη η χαρις    αυτη. τοις εθνεσιν ευαγγελισασθαι το
4:7           ενι δε εκαστω ημων εδοθη η χαρις    κατα το μετρον της δωρεας του χριστου.  διο
```

```
                                          1  χωρις
2:12       οτι ητε τω καιρω εκεινω χωρις    χριστου, απηλλοτριωμενοι της πολιτειας του
```

```
                                          5  τις
2:9        το δωρον.  ουκ εξ εργων, ινα μη τις    καυχησηται.  αυτου γαρ εσμεν ποιημα.
4:29          υμων μη εκπορευεσθω, αλλα ει τις    αγαθος προς οικοδομην της χρειας. ινα δω χαριν
1:18       καρδιας (υμων) εις το ειδεναι υμας τις    εστιν η ελπις της κλησεως αυτου. τις ο πλουτος
3:9        του χριστου.  και φωτισαι (παντας) τις    η οικονομια του μυστηριου του αποκεκρυμμενου
1:18       εστιν η ελπις της κλησεως αυτου. τις    ο πλουτος της δοξης της κληρονομιας αυτου εν
```

```
                                          3  ητις
1:23       κεφαλην υπερ παντα τη εκκλησια.  ητις    εστιν το σωμα αυτου. το πληρωμα του τα παντα
6:2           τον πατερα σου και την μητερα, ητις    εστιν εντολη πρωτη εν επαγγελια. ινα ευ σοι
3:13       εν ταις θλιψεσιν μου υπερ υμων. ητις    εστιν δοξα υμων. τουτου χαριν καμπτω τα
```

```
                                          1  πιστις
4:5        κλησεως υμων.  εις κυριος, μια πιστις    εν βαπτισμα.  εις θεος και πατηρ παντων, ο
```

```
                                          2  ος
1:14       τω πνευματι της επαγγελιας τω αγιω, ος    εστιν αρραβων της κληρονομιας ημων εις
4:15       αγαπη αυξησωμεν εις αυτον τα παντα. ος    εστιν η κεφαλη, χριστος.  εξ ου παν το σωμα
```

```
                                          2  λογος
6:19       και υπερ εμου, ινα μοι δοθη λογος    εν ανοιξει του στοματος μου. εν παρρησια
4:29       τω χρειαν εχοντι.  πας λογος    σαπρος εκ του στοματος υμων μη εκπορευεσθω.
```

```
                                          1  ψευδος
4:25       της αληθειας.  διο αποθεμενοι το ψευδος    λαλειτε αληθειαν εκαστος μετα του πλησιον
```

```
                                          6  θεος
2:4           οργης ως και οι λοιποι.  ο δε θεος    πλουσιος ων εν ελεει, δια την πολλην αγαπην
1:17          επι των προσευχων μου.  ινα ο θεος    του κυριου ημων ιησου χριστου. ο πατηρ της
4:32       χαριζομενοι εαυτοις καθως και ο θεος    εν χριστω εχαρισατο υμιν.  γινεσθε ουν
2:10       εργοις αγαθοις οις προητοιμασεν ο θεος    ινα εν αυτοις περιπατησωμεν.  διο μνημονευετε
1:3        κυριου ιησου χριστου.  ευλογητος ο θεος    και πατηρ του κυριου ημων ιησου χριστου. ο
4:6           μια πιστις, εν βαπτισμα.  εις θεος    και πατηρ παντων, ο επι παντων και δια παντων
```

```
                                          1  βαθος
3:18       το πλατος και μηκος και υψος και βαθος    γνωναι τε την υπερβαλλουσαν της γνωσεως
```

```
                                          1  αγαθος
4:29       υμων μη εκπορευεσθω, αλλα ει τις αγαθος    προς οικοδομην της χρειας, ινα δω χαριν τοις
```

		1 μεγεθος
1:19	αγιοις. και τι το υπερβαλλον μεγεθος	της δυναμεως αυτου εις ημας τους πιστευοντας

		1 ηλιος
4:26	οργιζεσθε και μη αμαρτανετε. ο ηλιος	μη επιδυετω επι (τω) παροργισμω υμων. μηδε

		2 δεσμιος
3:1	τουτου χαριν εγω παυλος ο δεσμιος	του χριστου (ιησου) υπερ υμων των εθνων- ει γε
4:1	αμην. παρακαλω ουν υμας εγω ο δεσμιος	εν κυριω αξιως περιπατησαι της κλησεως ης

		1 μακροχρονιος
6:3	ινα ευ σοι γενηται και εση μακροχρονιος	επι της γης. και οι πατερες. μη παροργιζετε

		2 κυριος
6:9	ειδοτες οτι και αυτων και υμων ο κυριος	εστιν εν ουρανοις. και προσωπολημψια ουκ εστιν
4:5	ελπιδι της κλησεως υμων. εις κυριος	μια πιστις. εν βαπτισμα. εις θεος και πατηρ

		1 πλουσιος
2:4	ως και οι λοιποι. ο δε θεος πλουσιος	ων εν ελεει. δια την πολλην αγαπην αυτου ην

		1 μηκος
3:18	τοις αγιοις τι το πλατος και μηκος	και υψος και βαθος. γνωναι τε την

		1 γυναικος
5:23	οτι ανηρ εστιν κεφαλη της γυναικος	ως και ο χριστος κεφαλη της εκκλησιας. αυτος

		1 τυχικος
6:21	τι πρασσω. ταντα γνωρισει υμιν τυχικος	ο αγαπητος αδελφος και πιστος διακονος εν

		2 σαρκος
2:3	ημων. ποιουντες τα θεληματα της σαρκος	και των διανοιων. και ημεθα τεκνα φυσει οργης
2:3	ποτε εν ταις επιθυμιαις της σαρκος	ημων. ποιουντες τα θεληματα της σαρκος και των

		1 πολυποικιλος
3:10	δια της εκκλησιας η πολυποικιλος	σοφια του θεου. κατα προθεσιν των αιωνων ην

		1 αποστολος
1:1	παυλος αποστολος	χριστου ιησου δια θεληματος θεου τοις αγιοις

		2 παυλος
1:1	παυλος αποστολος	χριστου ιησου δια θεληματος θεου
3:1	εν πνευματι. τουτου χαριν εγω παυλος	ο δεσμιος του χριστου (ιησου) υπερ υμων των

		1 δουλος
6:8	κομισεται παρα κυριου. ειτε δουλος	ειτε ελευθερος. και οι κυριοι. τα αυτα

		1 θυμος
4:31	απολυτρωσεως. πασα πικρια και θυμος	και οργη και κραυγη και βλασφημια αρθητω αφ

		1 αμωμος
5:27	των τοιουτων. αλλ ινα η αγια και αμωμος	ουτως οφειλουσιν και οι ανδρες αγαπαν τας

		1 ενος
4:16	επιχορηγιας κατ ενεργειαν εν μετρω ενος	εκαστου μερους την αυξησιν του σωματος

		1 εργαζομενος
4:28	κλεπτετω. μαλλον δε κοπιατω εργαζομενος	ταις ιδιαις χερσιν το αγαθον. ινα εχη

		1 ποιουμενος
1:16	ευχαριστων υπερ υμων μνειαν ποιουμενος	επι των προσευχων μου. ινα ο θεος του κυριου

		2 διακονος
3:7	του ευαγγελιου. ου εγενηθην διακονος	κατα την δωρεαν της χαριτος του θεου της
6:21	ο αγαπητος αδελφος και πιστος διακονος	εν κυριω. ον επεμψα προς υμας εις αυτο τουτο

		1 πορνος
5:5	γαρ ιστε γινωσκοντες οτι πας πορνος	η ακαθαρτος η πλεονεκτης. ο εστιν

		1 αιωνος
3:21	ιησου εις πασας τας γενεας του αιωνος	των αιωνων. αμην. παρακαλω ουν υμας εγω ο

2 νοος

4:23   ανανεουσθαι δε τω πνευματι του νοος υμων.   και ενδυσασθαι τον καινον ανθρωπον τον
4:17   εθνη περιπατει εν ματαιοτητι του νοος αυτων.   εσκοτωμενοι τη διανοια οντες.

1 καρπος

5:9   τεκνα φωτος περιπατειτε - ο γαρ καρπος του φωτος εν παση αγαθωσυνη και δικαιοσυνη και

1 ανθρωπος

5:31   αυτου. αντι τουτου καταλειψει ανθρωπος τον πατερα και την μητερα και προσκολληθησεται

1 αερος

2:2   κατα τον αρχοντα της εξουσιας του αερος του πνευματος του νυν ενεργουντος εν τοις

1 ελευθερος

6:8   παρα κυριου. ειτε δουλος ειτε ελευθερος και οι κυριοι. τα αυτα ποιειτε προς αυτους.

16 προς

4:12   τους δε ποιμενας και διδασκαλους. προς τον καταρτισμον των αγιων εις εργον διακονιας.
3:4   καθως προεγραψα εν ολιγω. προς ο δυνασθε αναγινωσκοντες νοησαι την συνεσιν
4:14   κυβεια των ανθρωπων εν πανουργια προς την μεθοδιαν της πλανης. αληθευοντες δε εν
6:12   η παλη προς αιμα και σαρκα. αλλα προς τας αρχας. προς τας εξουσιας. προς τους
6:22   διακονος εν κυριω. ον επεμψα προς υμας εις αυτο τουτο ινα γνωτε τα περι ημων και
6:9   και οι κυριοι. τα αυτα ποιειτε προς αυτους. ανιεντες την απειλην. ειδοτες οτι και
6:12   οτι ουκ εστιν ημιν η παλη προς αιμα και σαρκα. αλλα προς τας αρχας. προς τας
6:11   θεου προς το δυνασθαι υμας στηναι προς τας μεθοδειας του διαβολου. οτι ουκ εστιν
5:31   την μητερα και προσκολληθησεται προς την γυναικα αυτου. και εσονται οι δυο εις
2:18   οι αμφοτεροι εν ενι πνευματι προς τον πατερα. αρα ουν ουκετι εστε ξενοι και
4:29   μη εκπορευεσθω. αλλα ει τις αγαθος προς οικοδομην της χρειας. ινα δω χαριν τοις
6:11   ενδυσασθε την πανοπλιαν του θεου προς το δυνασθαι υμας στηναι προς τας μεθοδειας του
3:14   τουτου χαριν καμπτω τα γονατα μου προς τον πατερα. εξ ου πασα πατρια εν ουρανοις και
6:12   προς τας αρχας. προς τας εξουσιας. προς τους κοσμοκρατορας του σκοτους τουτου. προς τα
6:12   και σαρκα. αλλα προς τας αρχας. προς τας εξουσιας. προς τους κοσμοκρατορας του
6:12   κοσμοκρατορας του σκοτους τουτου. προς τα πνευματικα της πονηριας εν τοις

1 σαπρος

4:29   τω χρειαν εχοντι. πας λογος σαπρος εκ του στοματος υμων μη εκπορευεσθω. αλλα ει

2 πατρος

1:2   χαρις υμιν και ειρηνη απο θεου πατρος ημων και κυριου ιησου χριστου. ευλογητος ο
6:23   και αγαπη μετα πιστεως απο θεου πατρος και κυριου ιησου χριστου. η χαρις μετα παντων

1 υδατος

5:26   αγιαση καθαρισας τω λουτρω του υδατος εν ρηματι. ινα παραστηση αυτος εαυτω ενδοξον

1 πλατος

3:18   συν πασιν τοις αγιοις τι το πλατος και μηκος και υψος και βαθος. γνωναι τε την

4 θεληματος

1:1   αποστολος χριστου ιησου δια θεληματος θεου τοις αγιοις τοις ουσιν (εν εφεσω) και
1:5   αυτον. κατα την ευδοκιαν του θεληματος αυτου. εις επαινον δοξης της χαριτος αυτου ης
1:11   κατα την βουλην του θεληματος αυτου. εις το ειναι ημας εις επαινον δοξης
1:9   ημιν το μυστηριον του θεληματος αυτου. κατα την ευδοκιαν αυτου ην προεθετο εν

1 αιματος

1:7   εχομεν την απολυτρωσιν δια του αιματος αυτου. την αφεσιν των παραπτωματων. κατα το

1 ονοματος

1:21   και κυριοτητος και παντος ονοματος ονομαζομενου ου μονον εν τω αιωνι τουτω αλλα

2 στοματος

6:19   μοι δοθη λογος εν ανοιξει του στοματος μου. εν παρρησια γνωρισαι το μυστηριον του
4:29   πας λογος σαπρος εκ του στοματος υμων μη εκπορευεσθω. αλλα ει τις αγαθος προς

4 πνευματος

3:16   δυναμει κραταιωθηναι δια του πνευματος αυτου εις τον εσω ανθρωπον. κατοικησαι τον
4:3   τηρειν την ενοτητα του πνευματος εν τω συνδεσμω της ειρηνης. εν σωμα και εν
6:17   δεξασθε. και την μαχαιραν του πνευματος ο εστιν ρημα θεου. δια πασης προσευχης και
2:2   της εξουσιας του αερος. του πνευματος του νυν ενεργουντος εν τοις υιοις της

2 πληρωματος

1:10   εν αυτω εις οικονομιαν του πληρωματος των καιρων. ανακεφαλαιωσασθαι τα παντα εν τω
4:13   εις μετρον ηλικιας του πληρωματος του χριστου. ινα μηκετι ωμεν νηπιοι.

4 σωματος

5:30	εκκλησιαν. οτι μελη εσμεν του σωματος αυτου. αντι τουτου καταλειψει ανθρωπος τον
4:12	διακονιας, εις οικοδομην του σωματος του χριστου. μεχρι καταντησωμεν οι παντες εις
4:16	εκαστου μερους την αυξησιν του σωματος ποιειται εις οικοδομην εαυτου εν αγαπη. τουτο
5:23	της εκκλησιας. αυτος σωτηρ του σωματος αλλα ως η εκκλησια υποτασσεται τω χριστω.

1 ευλογητος

1:3	και κυριου ιησου χριστου. ευλογητος ο θεος και πατηρ του κυριου ημων ιησου

1 αγαπητος

6:21	παντα γνωρισει υμιν τυχικος ο αγαπητος αδελφος και πιστος διακονος εν κυριω, ον

1 κυριοτητος

1:21	εξουσιας και δυναμεως και κυριοτητος και παντος ονοματος ονομαζομενου ου μονον εν

1 πραυτητος

4:2	πασης ταπεινοφροσυνης και πραυτητος μετα μακροθυμιας. ανεχομενοι αλληλων εν

5 χαριτος

3:7	διακονος κατα την δωρεαν της χαριτος του θεου της δοθεισης μοι κατα την ενεργειαν
3:2	γε ηκουσατε την οικονομιαν της χαριτος του θεου της δοθεισης μοι εις υμας, (οτι)
1:6	αυτου, εις επαινον δοξης της χαριτος αυτου ης εχαριτωσεν ημας εν τω ηγαπημενω, εν
2:7	το υπερβαλλον πλουτος της χαριτος αυτου εν χρηστοτητι εφ ημας εν χριστω ιησου.
1:7	κατα το πλουτος της χαριτος αυτου, ης επερισσευσεν εις ημας εν παση σοφια

1 παντος

1:21	και δυναμεως και κυριοτητος και παντος ονοματος ονομαζομενου ου μονον εν τω αιωνι

1 οντος

2:20	των αποστολων και προφητων, οντος ακρογωνιαιου αυτου χριστου ιησου. εν ω πασα

2 ενεργουντος

1:11	κατα προθεσιν του τα παντα ενεργουντος κατα την βουλην του θεληματος αυτου. εις το
2:2	του πνευματος του νυν ενεργουντος εν τοις υιοις της απειθειας. εν οις και ημεις

1 σκοτος

5:8	συμμετοχοι αυτων. ητε γαρ ποτε σκοτος νυν δε φως εν κυριω. ως τεκνα φωτος

1 ακαθαρτος

5:5	γινωσκοντες οτι πας πορνος η ακαθαρτος η πλεονεκτης, ο εστιν ειδωλολατρης. ουκ εχει

3 εκαστος

5:33	πλην και υμεις οι καθ ενα εκαστος την εαυτου γυναικα ουτως αγαπατω ως εαυτον, η
6:8	και ουκ ανθρωποις. ειδοτες οτι εκαστος εαν τι ποιηση αγαθον, τουτο κομισεται παρα
4:25	το ψευδος λαλειτε αληθειαν εκαστος μετα του πλησιον αυτου, οτι εσμεν αλληλων

1 πιστος

6:21	τυχικος ο αγαπητος αδελφος και πιστος διακονος εν κυριω, ον επεμψα προς υμας εις

6 χριστος

5:23	κεφαλη της γυναικος ως και ο χριστος κεφαλη της εκκλησιας. αυτος σωτηρ του σωματος.
5:2	εν αγαπη, καθως και ο χριστος ηγαπησεν ημας και παρεδωκεν εαυτον υπερ ημων
5:29	και θαλπει αυτην, καθως και ο χριστος την εκκλησιαν. οτι μελη εσμεν του σωματος
5:25	τας γυναικας, καθως και ο χριστος ηγαπησεν την εκκλησιαν και εαυτον παρεδωκεν
5:14	των νεκρων, και επιφαυσει σοι ο χριστος βλεπετε ουν ακριβως πως περιπατειτε, μη ως
4:15	τα παντα, ος εστιν η κεφαλη, χριστος εξ ου παν το σωμα συναρμολογουμενον και

5 αυτος

2:14	εγγυς εν τω αιματι του χριστου. αυτος γαρ εστιν η ειρηνη ημων. ο ποιησας τα αμφοτερα
5:27	υδατος εν ρηματι, ινα παραστηση αυτος εαυτω ενδοξον την εκκλησιαν. μη εχουσαν σπιλον
4:11	ινα πληρωση τα παντα. και αυτος εδωκεν τους μεν αποστολους, τους δε προφητας,
4:10	(μερη) της γης; ο καταβας αυτος εστιν και ο αναβας υπερανω παντων των ουρανων.
5:23	ο χριστος κεφαλη της εκκλησιας, αυτος σωτηρ του σωματος. αλλα ως η εκκλησια

5 πλουτος

2:7	τοις επερχομενοις το υπερβαλλον πλουτος της χαριτος αυτου εν χρηστοτητι εφ ημας εν
3:8	ευαγγελισασθαι το ανεξιχνιαστον πλουτος του χριστου. και φωτισαι (παντας) τις η
1:18	ελπις της κλησεως αυτου, τις ο πλουτος της δοξης της κληρονομιας αυτου εν τοις
3:16	ινα δω υμιν κατα το πλουτος της δοξης αυτου δυναμει κραταιωθηναι δια του
1:7	των παραπτωματων, κατα το πλουτος της χαριτος αυτου. ης επερισσευσεν εις ημας

3 φωτος

5:8 νυν δε φως εν κυριω. ως τεκνα φωτος περιπατειτε - ο γαρ καρπος του φωτος εν παση
5:13 τα δε παντα ελεγχομενα υπο του φωτος φανερουται. παν γαρ το φανερουμενον φως
5:9 περιπατειτε - ο γαρ καρπος του φωτος εν παση αγαθωσυνη και δικαιοσυνη και αληθεια -

2 ισχυος

6:10 εν κυριω και εν τω κρατει της ισχυος αυτου. ενδυσασθε την πανοπλιαν του θεου προς
1:19 την ενεργειαν του κρατους της ισχυος αυτου ην ενηργησεν εν τω χριστω εγειρας αυτον

1 αδελφος

6:21 υμιν τυχικος ο αγαπητος αδελφος και πιστος διακονος εν κυριω. ον επεμψα προς

2 υψος

3:18 αγιοις τι το πλατος και μηκος και υψος και βαθος. γνωναι τε την υπερβαλλουσαν της
4:8 χριστου. διο λεγει. αναβας εις υψος ηχμαλωτευσεν αιχμαλωσιαν. εδωκεν δοματα τοις

2 εγγυς

2:13 οι ποτε οντες μακραν εγενηθητε εγγυς εν τω αιματι του χριστου. αυτος γαρ εστιν η
2:17 υμιν τοις μακραν και ειρηνην τοις εγγυς οτι δι αυτου εχομεν την προσαγωγην οι

2 αγιους

1:4 προ καταβολης κοσμου. ειναι ημας αγιους και αμωμους κατενωπιον αυτου εν αγαπη.
1:15 την αγαπην την εις παντας τους αγιους ου παυομαι ευχαριστων υπερ υμων μνειαν

1 υιους

5:6 ερχεται η οργη του θεου επι τους υιους της απειθειας. μη ουν γινεσθε συμμετοχοι

1 διδασκαλους

4:11 τους δε ποιμενας και διδασκαλους προς τον καταρτισμον των αγιων εις εργον

1 αλληλους

4:32 συν παση κακια. γινεσθε εις αλληλους χρηστοι. ευσπλαγχνοι. χαριζομενοι εαυτοις

1 αποστολους

4:11 και αυτος εδωκεν τους μεν αποστολους τους δε προφητας. τους δε ευαγγελιστας. τους

1 οφθαλμους

1:18 αυτου. πεφωτισμενους τους οφθαλμους της καρδιας (υμων) εις το ειδεναι υμας τις

1 αμωμους

1:4 κοσμου. ειναι ημας αγιους και αμωμους κατενωπιον αυτου εν αγαπη. προορισας ημας εις

1 πεφωτισμενους

1:18 εν επιγνωσει αυτου. πεφωτισμενους τους οφθαλμους της καρδιας (υμων) εις το

1 μερους

4:16 ενεργειαν εν μετρω ενος εκαστου μερους την αυξησιν του σωματος ποιειται εις οικοδομην

1 αμφοτερους

2:16 και αποκαταλλαξη τους αμφοτερους εν ενι σωματι τω θεω δια του σταυρου.

2 νεκρους

2:5 ηγαπησεν ημας. και οντας ημας νεκρους τοις παραπτωμασιν συνεζωοποιησεν τω χριστω -
2:1 πληρουμενου. και υμας οντας νεκρους τοις παραπτωμασιν και ταις αμαρτιαις υμων. εν

14 τους

2:15 εν δογμασιν καταργησας. ινα τους δυο κτιση εν αυτω εις ενα καινον ανθρωπον
2:16 ποιων ειρηνην. και αποκαταλλαξη τους αμφοτερους εν ενι σωματι τω θεω δια του
6:15 της δικαιοσυνης. και υποδησαμενοι τους ποδας εν ετοιμασια του ευαγγελιου της ειρηνης.
5:6 γαρ ερχεται η οργη του θεου επι τους υιους της απειθειας. μη ουν γινεσθε
4:11 τα παντα. και αυτος εδωκεν τους μεν αποστολους. τους δε προφητας. τους δε
1:22 μελλοντι. και παντα υπεταξεν υπο τους ποδας αυτου. και αυτον εδωκεν κεφαλην υπερ
1:19 της δυναμεως αυτου εις ημας τους πιστευοντας κατα την ενεργειαν του κρατους της
1:15 και την αγαπην την εις παντας τους αγιους. ου παυομαι ευχαριστων υπερ υμων
6:12 τας αρχας. προς τας εξουσιας. προς τους κοσμοκρατορας του σκοτους τουτου. προς τα
1:18 εν επιγνωσει αυτου. πεφωτισμενους τους οφθαλμους της καρδιας (υμων) εις το ειδεναι
1:12 ειναι ημας εις επαινον δοξης αυτου τους προηλπικοτας εν τω χριστω. εν ω και υμεις
4:11 μεν αποστολους. τους δε προφητας. τους δε ευαγγελιστας. τους δε ποιμενας και
4:11 δε προφητας. τους δε ευαγγελιστας. τους δε ποιμενας και διδασκαλους. προς τον
4:11 αυτος εδωκεν τους μεν αποστολους. τους δε προφητας. τους δε ευαγγελιστας. τους δε

1 κρατους

1:19   κατα την ενεργειαν του κρατους της ισχυος αυτου   ην ενηργησεν εν τω χριστω

2 σκοτους

6:12   προς τους κοσμοκρατορας του σκοτους τουτου. προς τα πνευματικα της πονηριας εν
5:11   τοις εργοις τοις ακαρποις του σκοτους μαλλον δε και ελεγχετε.   τα γαρ κρυφη

1 αυτους

6:9   οι κυριοι, τα αυτα ποιειτε προς αυτους ανιεντες την απειλην, ειδοτες οτι και αυτων

1 εαυτους

4:19   αυτων.   οιτινες απηλγηκοτες εαυτους παρεδωκαν τη ασελγεια εις εργασιαν ακαθαρσιας

16 ως

5:24   αυτος σωτηρ του σωματος. αλλα ως η εκκλησια υποτασσεται τω χριστω. ουτως και αι
5:15   ουν ακριβως πως περιπατειτε. μη ως ασοφοι αλλ ως σοφοι. εξαγοραζομενοι τον
6:20   εν αλυσει, ινα εν αυτω παρρησιασωμαι ως δει με λαλησαι. ινα δε και υμεις ειδητε τα
6:6   οφθαλμοδουλιαν ως ανθρωπαρεσκοι αλλ ως δουλοι χριστου ποιουντες το θελημα του θεου εκ
5:15   πως περιπατειτε, μη ως ασοφοι αλλ ως σοφοι.   εξαγοραζομενοι τον καιρον. οτι αι
6:6   ως τω χριστω, μη κατ οφθαλμοδουλιαν ως ανθρωπαρεσκοι αλλ ως δουλοι χριστου ποιουντες
5:22   αι γυναικες τοις ιδιοις ανδρασιν ως τω κυριω, οτι ανηρ εστιν κεφαλη της γυναικος
6:5   τρομου εν απλοτητι της καρδιας υμων ως τω χριστω, μη κατ οφθαλμοδουλιαν ως
3:5   εγνωρισθη τοις υιοις των ανθρωπων ως νυν απεκαλυφθη τοις αγιοις αποστολοις αυτου
5:28   οι ανδρες αγαπαν τας εαυτων γυναικας ως τα εαυτων σωματα. ο αγαπων την εαυτου γυναικα
2:3   και ημεθα τεκνα φυσει οργης ως και οι λοιποι. ο δε θεος πλουσιος ων εν
5:23   οτι ανηρ εστιν κεφαλη της γυναικος ως και ο χριστος κεφαλη της εκκλησιας, αυτος
5:33   την εαυτου γυναικα ουτως αγαπατω ως εαυτον, η δε γυνη ινα φοβηται τον ανδρα.   τα
5:8   γαρ ποτε σκοτος νυν δε φως εν κυριω. ως τεκνα φωτος περιπατειτε - ο γαρ καρπος του
6:7   εκ ψυχης,   μετ ευνοιας δουλευοντες, ως τω κυριω και ουκ ανθρωποις, ειδοτες οτι
5:1   γινεσθε ουν μιμηται του θεου. ως τεκνα αγαπητα,   και περιπατειτε εν αγαπη,

1 ακριβως

5:15   σοι ο χριστος. βλεπετε ουν ακριβως πως περιπατειτε. μη ως ασοφοι αλλ ως σοφοι.

3 δυναμεως

1:21   πασης αρχης και εξουσιας και δυναμεως και κυριοτητος και παντος ονοματος
3:7   μοι κατα την ενεργειαν της δυναμεως αυτου. εμοι τω ελαχιστοτερω παντων αγιων
1:19   τι το υπερβαλλον μεγεθος της δυναμεως αυτου εις ημας τους πιστευοντας κατα την

1 δεησεως

6:18   θεου. δια πασης προσευχης και δεησεως προσευχομενοι εν παντι καιρω εν πνευματι, και

1 περιποιησεως

1:14   ημων εις απολυτρωσιν της περιποιησεως εις επαινον της δοξης αυτου.   δια τουτο καγω.

3 κλησεως

4:1   εν κυριω αξιως περιπατησαι της κλησεως ης εκληθητε.   μετα πασης ταπεινοφροσυνης και
4:4   και εκληθητε εν μια ελπιδι της κλησεως υμων.   εις κυριος, μια πιστις, εν βαπτισμα.
1:18   υμας τις εστιν η ελπις της κλησεως αυτου. τις ο πλουτος της δοξης της κληρονομιας

1 γνωσεως

3:19   γνωναι τε την υπερβαλλουσαν της γνωσεως αγαπην του χριστου. ινα πληρωθητε εις παν το

1 επιγνωσεως

4:13   ενοτητα της πιστεως και της επιγνωσεως του υιου του θεου. εις ανδρα τελειον, εις

1 απολυτρωσεως

4:30   ω εσφραγισθητε εις ημεραν απολυτρωσεως πασα πικρια και θυμος και οργη και κραυγη

6 πιστεως

2:8   γαρ χαριτι εστε σεσωσμενοι δια πιστεως και τουτο ουκ εξ υμων. θεου το δωρον. ουκ εξ
6:23   τοις αδελφοις και αγαπη μετα πιστεως απο θεου πατρος και κυριου ιησου χριστου. η
3:12   εν πεποιθησει δια της πιστεως αυτου. διο αιτουμαι μη εγκακειν εν ταις
3:17   κατοικησαι τον χριστον δια της πιστεως εν ταις καρδιαις υμων. εν αγαπη ερριζωμενοι
4:13   οι παντες εις την ενοτητα της πιστεως και της επιγνωσεως του υιου του θεου. εις
6:16   αναλαβοντες τον θυρεον της πιστεως εν ω δυνησεσθε παντα τα βελη του πονηρου (τα)

1 αποκαλυψεως

1:17   δωη υμιν πνευμα σοφιας και αποκαλυψεως εν επιγνωσει αυτου. πεφωτισμενους τους

			10 καθως	
1:4	εν τοις επουρανιοις εν χριστω.	καθως	εξελεξατο ημας εν αυτω προ καταβολης κοσμου.
4:21	ηκουσατε και εν αυτω εδιδαχθητε	καθως	εστιν αληθεια εν τω ιησου. αποθεσθαι υμας
4:17	εν κυριω, μηκετι υμας περιπατειν	καθως	και τα εθνη περιπατει εν ματαιοτητι του νοος
4:32	ευσπλαγχνοι, χαριζομενοι εαυτοις	καθως	και ο θεος εν χριστω εχαρισατο υμιν. γινεσθε
4:4	ειρηνης. εν σωμα και εν πνευμα,	καθως	και εκληθητε εν μια ελπιδι της κλησεως υμων.
5:2	και περιπατειτε εν αγαπη,	καθως	και ο χριστος ηγαπησεν ημας και παρεδωκεν
5:29	αλλα εκτρεφει και θαλπει αυτην,	καθως	και ο χριστος την εκκλησιαν. οτι μελη εσμεν
5:3	μηδε ονομαζεσθω εν υμιν,	καθως	πρεπει αγιοις. και αισχροτης και μωρολογια η
3:3	εγνωρισθη μοι το μυστηριον,	καθως	προεγραψα εν ολιγω. προς ο δυνασθε
5:25	οι ανδρες, αγαπατε τας γυναικας,	καθως	και ο χριστος ηγαπησεν την εκκλησιαν και

			1 αξιως	
4:1	ουν υμας εγω ο δεσμιος εν κυριω	αξιως	περιπατησαι της κλησεως ης εκληθητε. μετα

			1 πως	
5:15	σοι ο χριστος. βλεπετε ουν ακριβως	πως	περιπατειτε, μη ως ασοφοι αλλ ως σοφοι.

			4 ουτως	
5:28	αλλ ινα η αγια και αμωμος. ουτως	οφειλουσιν και οι ανδρες αγαπαν τας εαυτων
5:33	ενα εκαστος την εαυτου γυναικα ουτως	αγαπατω ως εαυτον. η δε γυνη ινα φοβηται τον
4:20	πασης εν πλεονεξια. υμεις δε ουχ ουτως	εμαθετε τον χριστον. ει γε αυτον ηκουσατε και
5:24	η εκκλησια υποτασσεται τω χριστω, ουτως	και αι γυναικες τοις ανδρασιν εν παντι. οι

			2 φως	
5:8	αυτων. ητε γαρ ποτε σκοτος νυν δε	φως	εν κυριω. ως τεκνα φωτος περιπατειτε - ο γαρ
5:14	παν γαρ το φανερουμενον	φως	εστιν. διο λεγει. εγειρε, ο καθευδων, και

			3 κατ	
6:21	ινα δε και υμεις ειδητε τα	κατ	εμε, τι πρασσω, παντα γνωρισει υμιν τυχικος ο
6:6	της καρδιας υμων ως τω χριστω, μη	κατ	οφθαλμοδουλιαν ως ανθρωπαρεσκοι αλλ ως δουλοι
4:16	δια πασης αφης της επιχορηγιας	κατ	ενεργειαν εν μετρω ενος εκαστου μερους την

			1 μετ	
6:7	το θελημα του θεου εκ ψυχης,	μετ	ευνοιας δουλευοντες, ως τω κυριω και ουκ

			1 ευ	
6:3	εντολη πρωτη εν επαγγελια, ινα	ευ	σοι γενηται και εση μακροχρονιος επι της γης.

			6 ου	
1:16	αγαπην την εις παντας τους αγιους.	ου	παυομαι ευχαριστων υπερ υμων μνειαν ποιουμενος
3:7	εν χριστω ιησου δια του ευαγγελιου.	ου	εγενηθην διακονος κατα την δωρεαν της χαριτος
3:15	τα γονατα μου προς τον πατερα,	εξ ου	πασα πατρια εν ουρανοις και επι γης
4:16	ος εστιν η κεφαλη, χριστος, εξ ου	παν το σωμα συναρμολογουμενον και
6:20	το μυστηριον του ευαγγελιου υπερ ου	πρεσβευω εν αλυσει, ινα εν αυτω παρρησιασωμαι
1:21	και παντος ονοματος ονομαζομενου ου	μονον εν τω αιωνι τουτω αλλα και εν τω

			1 φοβου	
6:5	τοις κατα σαρκα κυριοις μετα	φοβου	και τρομου εν απλοτητι της καρδιας υμων ως τω

			20 θεου	
6:17	του πνευματος, ο εστιν ρημα	θεου	δια πασης προσευχης και δεησεως.
5:5	εν τη βασιλεια του χριστου και	θεου	μηδεις υμας απατατω κενοις λογοις. δια ταυτα
1:2	ιησου. χαρις υμιν και ειρηνη απο	θεου	πατρος ημων και κυριου ιησου χριστου.
6:23	και αγαπη μετα πιστεως απο	θεου	πατρος και κυριου ιησου χριστου. η χαρις μετα
1:1	χριστου ιησου δια θεληματος	θεου	τοις αγιοις τοις ουσιν (εν εφεσω) και πιστοις
3:10	εκκλησιας η πολυποικιλος σοφια του	θεου	κατα προθεσιν των αιωνων ην εποιησεν εν τω
6:6	χριστου ποιουντες το θελημα του	θεου	εκ ψυχης. μετ ευνοιας δουλευοντες, ως τω
3:19	πληρωθητε εις παν το πληρωμα του	θεου	τω δε δυναμενω υπερ παντα ποιησαι
5:6	δια ταυτα γαρ ερχεται η οργη του	θεου	επι τους υιους της απειθειας. μη ουν γινεσθε
5:1	υμιν. γινεσθε ουν μιμηται του	θεου	ως τεκνα αγαπητα. και περιπατειτε εν αγαπη,
2:19	των αγιων και οικειοι του	θεου	εποικοδομηθεντες επι τω θεμελιω των
6:11	ενδυσασθε την πανοπλιαν του	θεου	προς το δυνασθαι υμας στηναι προς τας
6:13	τουτο αναλαβετε την πανοπλιαν του	θεου	ινα δυνηθητε αντιστηναι εν τη ημερα τη πονηρα
4:30	μη λυπειτε το πνευμα το αγιον του	θεου	εν ω εσφραγισθητε εις ημεραν απολυτρωσεως.
2:22	εις κατοικητηριον του	θεου	εν πνευματι. τουτου χαριν εγω παυλος ο
4:18	απηλλοτριωμενοι της ζωης του	θεου	δια την αγνοιαν την ουσαν εν αυτοις. δια την
3:7	κατα την δωρεαν της χαριτος του	θεου	της δοθεισης μοι κατα την ενεργειαν της
3:2	την οικονομιαν της χαριτος του	θεου	της δοθεισης μοι εις υμας. (οτι) κατα
4:13	και της επιγνωσεως του υιου του	θεου	εις ανδρα τελειον, εις μετρον ηλικιας του
2:8	πιστεως. και τουτο ουκ εξ υμων.	θεου	το δωρον. ουκ εξ εργων, ινα μη τις

1 ακρογωνιαιου

2:20   και προφητων. οντος ακρογωνιαιου αυτου χριστου ιησου. εν ω πασα οικοδομη

3 ευαγγελιου

3:6   εν χριστω ιησου δια του ευαγγελιου ου εγενηθην διακονος κατα την δωρεαν της
6:15   τους ποδας εν ετοιμασια του ευαγγελιου της ειρηνης. εν πασιν αναλαβοντες τον θυρεον
6:19   γνωρισαι το μυστηριον του ευαγγελιου υπερ ου πρεσβευω εν αλυσει. ινα εν αυτω

1 μυστηριου

3:9   (παντας) τις η οικονομια του μυστηριου του αποκεκρυμμενου απο των αιωνων εν τω θεω τω

1 σωτηριου

6:17   και την περικεφαλαιαν του σωτηριου δεξασθε. και την μαχαιραν του πνευματος. ο

8 κυριου

6:4   αυτα εν παιδεια και νουθεσια κυριου οι δουλοι. υπακουετε τοις κατα σαρκα κυριοις
6:8   αγαθον. τουτο κομισεται παρα κυριου ειτε δουλος ειτε ελευθερος. και οι κυριοι.
1:2   ειρηνη απο θεου πατρος ημων και κυριου ιησου χριστου. ευλογητος ο θεος και πατηρ του
6:23   μετα πιστεως απο θεου πατρος και κυριου ιησου χριστου. η χαρις μετα παντων των
5:17   αλλα συνιετε τι το θελημα του κυριου και μη μεθυσκεσθε οινω. εν ω εστιν ασωτια.
5:20   υπερ παντων εν ονοματι του κυριου ημων ιησου χριστου τω θεω και πατρι.
1:3   ευλογητος ο θεος και πατηρ του κυριου ημων ιησου χριστου. ο ευλογησας ημας εν παση
1:17   προσευχων μου. ινα ο θεος του κυριου ημων ιησου χριστου. ο πατηρ της δοξης. δωη

1 υιου

4:13   της πιστεως και της επιγνωσεως του υιου του θεου. εις ανδρα τελειον, εις μετρον

1 διαβολου

6:11   στηναι προς τας μεθοδειας του διαβολου οτι ουκ εστιν ημιν η παλη προς αιμα και

5 μου

3:14   τουτου χαριν καμπτω τα γονατα μου προς τον πατερα. εξ ου πασα πατρια εν
3:4   αναγινωσκοντες νοησαι την συνεσιν μου εν τω μυστηριω του χριστου. ο ετεραις γενεαις
3:13   μη εγκακειν εν ταις θλιψεσιν μου υπερ υμων, ητις εστιν δοξα υμων. τουτου χαριν
1:16   μνειαν ποιουμενος επι των προσευχων μου ινα ο θεος του κυριου ημων ιησου χριστου. ο
6:19   δοθη λογος εν ανοιξει του στοματος μου εν παρρησια γνωρισαι το μυστηριον του

1 φραγμου

2:14   εν και το μεσοτοιχον του φραγμου λυσας. την εχθραν. εν τη σαρκι αυτου. τον

1 εμου

6:19   περι παντων των αγιων. και υπερ εμου ινα μοι δοθη λογος εν ανοιξει του στοματος

1 τρομου

6:5   σαρκα κυριοις μετα φοβου και τρομου εν απλοτητι της καρδιας υμων ως τω χριστω. μη

2 κοσμου

1:4   ημας εν αυτω προ καταβολης κοσμου ειναι ημας αγιους και αμωμους κατενωπιον
2:2   περιεπατησατε κατα τον αιωνα του κοσμου τουτου, κατα τον αρχοντα της εξουσιας του

1 αποκεκρυμμενου

3:9   του μυστηριου του αποκεκρυμμενου απο των αιωνων εν τω θεω τω τα παντα κτισαντι.

1 ονομαζομενου

1:21   και παντος ονοματος ονομαζομενου ου μονον εν τω αιωνι τουτω αλλα και εν τω

1 πληρουμενου

1:23   του τα παντα εν πασιν πληρουμενου και υμας οντας νεκρους τοις παραπτωμασιν

1 λοιπου

6:10   ουκ εστιν παρ αυτω. του λοιπου ενδυναμουσθε εν κυριω και εν τω κρατει της

1 πονηρου

6:16   ω δυνησεσθε παντα τα βελη του πονηρου (τα) πεπυρωμενα σβεσαι. και την περικεφαλαιαν

1 σταυρου

2:16   εν ενι σωματι τω θεω δια του σταυρου αποκτεινας την εχθραν εν αυτω. και ελθων

1 σου

6:2   γαρ εστιν δικαιον. τιμα τον πατερα σου και την μητερα. ητις εστιν εντολη πρωτη εν

18 ιησου

1:5 | προορισας ημας εις υιοθεσιαν δια | ιησου | χριστου εις αυτον. κατα την ευδοκιαν του
5:20 | παντων εν ονοματι του κυριου ημων | ιησου | χριστου τω θεω και πατρι. υποτασσομενοι
1:3 | ο θεος και πατηρ του κυριου ημων | ιησου | χριστου, ο ευλογησας ημας εν παση ευλογια
1:17 | μου, ινα ο θεος του κυριου ημων | ιησου | χριστου. ο πατηρ της δοξης, δωη υμιν πνευμα
1:2 | απο θεου πατρος ημων και κυριου | ιησου | χριστου. ευλογητος ο θεος και πατηρ του
6:23 | απο θεου πατρος και κυριου | ιησου | χριστου. η χαρις μετα παντων των αγαπωντων
1:1 | παυλος αποστολος χριστου | ιησου | δια θεληματος θεου τοις αγιοις τοις ουσιν (εν
2:20 | οντος ακρογωνιαιου αυτου χριστου | ιησου | εν ω πασα οικοδομη συναρμολογουμενη αυξει
1:15 | την καθ υμας πιστιν εν τω κυριω | ιησου | και την αγαπην την εις παντας τους αγιους. ου
4:21 | καθως εστιν αληθεια εν τω | ιησου | αποθεσθαι υμας κατα την προτεραν αναστροφην
2:13 | εν τω κοσμω. νυνι δε εν χριστω | ιησου | υμεις οι ποτε οντες μακραν εγενηθητε εγγυς εν
3:21 | δοξα εν τη εκκλησια και εν χριστω | ιησου | εις πασας τας γενεας του αιωνος των αιωνων.
3:6 | της επαγγελιας εν χριστω | ιησου | δια του ευαγγελιου. ου εγενηθην διακονος κατα
2:7 | εν χρηστοτητι εφ ημας εν χριστω | ιησου | τη γαρ χαριτι εστε σεσωσμενοι δια πιστεως.
2:10 | ποιημα, κτισθεντες εν χριστω | ιησου | επι εργοις αγαθοις οις προητοιμασεν ο θεος ινα
2:6 | εν τοις επουρανιοις εν χριστω | ιησου | ινα ενδειξηται εν τοις αιωσιν τοις
1:1 | (εν εφεσω) και πιστοις εν χριστω | ιησου | χαρις υμιν και ειρηνη απο θεου πατρος ημων
3:11 | αιωνων ην εποιησεν εν τω χριστω | ιησου | τω κυριω ημων. εν ω εχομεν την παρρησιαν και

1 υπερεκπερισσου

3:20 | υπερ παντα ποιησαι υπερεκπερισσου | ων αιτουμεθα η νοουμεν κατα την δυναμιν την

71 του

6:10 | προσωπολημψια ουκ εστιν παρ αυτω. | του | λοιπου ενδυναμουσθε εν κυριω και εν τω κρατει
3:16 | αυτου δυναμει κραταιωθηναι δια | του | πνευματος αυτου εις τον εσω ανθρωπον.
1:7 | εν ω εχομεν την απολυτρωσιν δια | του | αιματος αυτου. την αφεσιν των παραπτωματων.
3:6 | της επαγγελιας εν χριστω ιησου δια | του | ευαγγελιου. ου εγενηθην διακονος κατα την
2:16 | αμφοτερους εν ενι σωματι τω θεω δια | του | σταυρου. αποκτεινας την εχθραν εν αυτω. και
5:5 | ουκ εχει κληρονομιαν εν τη βασιλεια | του | χριστου και θεου. μηδεις υμας απατατω κενοις
3:9 | φωτισαι (παντας) τις η οικονομια | του | μυστηριου του αποκεκρυμμενου απο των αιωνων εν
6:15 | τους ποδας εν ετοιμασια | του | ευαγγελιου της ειρηνης. εν πασιν αναλαβοντες
3:10 | της εκκλησιας η πολυποικιλος σοφια | του | θεου. κατα προθεσιν των αιωνων ην εποιησεν εν
5:17 | αφρονες, αλλα συνιετε τι το θελημα | του | κυριου. και μη μεθυσκεσθε οινω. εν ω εστιν
6:6 | δουλοι χριστου. ποιουντες το θελημα | του | θεου εκ ψυχης. μετ ευνοιας δουλευοντες, ως τω
3:19 | ινα πληρωθητε εις παν το πληρωμα | του | θεου. τω δε δυναμενω υπερ παντα ποιησαι
1:23 | εστιν το σωμα αυτου, το πληρωμα | του | τα παντα εν πασιν πληρουμενου. και υμας
2:2 | ποτε περιεπατησατε κατα τον αιωνα | του | κοσμου τουτου. κατα τον αρχοντα της εξουσιας
4:25 | λαλειτε αληθειαν εκαστος μετα | του | πλησιον αυτου. οτι εσμεν αλληλων μελη.
4:3 | σπουδαζοντες τηρειν την ενοτητα | του | πνευματος εν τω συνδεσμω της ειρηνης. εν σωμα
5:6 | δια ταυτα γαρ ερχεται η οργη | του | θεου επι τους υιους της απειθειας. μη ουν
6:16 | εν ω δυνησεσθε παντα τα βελη | του | πονηρου (τα) πεπυρωμενα σβεσαι. και την
5:1 | υμιν. γινεσθε ουν μιμηται | του | θεου, ως τεκνα αγαπητα. και περιπατειτε εν
6:19 | εμου, ινα μοι δοθη λογος εν ανοιξει | του | στοματος μου. εν παρρησια γνωρισαι το
2:19 | συμπολιται των αγιων και οικειοι | του | θεου, εποικοδομηθεντες επι τω θεμελιω των
2:13 | μακραν εγενηθητε εγγυς εν τω αιματι | του | χριστου. αυτος γαρ εστιν η ειρηνη ημων. ο
5:20 | παντοτε υπερ παντων εν ονοματι | του | κυριου ημων ιησου χριστου τω θεω και πατρι.
4:23 | απατης. ανανεουσθαι δε τω πνευματι | του | νοος υμων. και ενδυσασθαι τον καινον ανθρωπον
4:17 | και τα εθνη περιπατει εν ματαιοτητι | του | νοος αυτων. εσκοτωμενοι τη διανοια οντες,
4:29 | χρειαν εχοντι. πας λογος σαπρος εκ | του | στοματος υμων μη εκπορευεσθω. αλλα ει τις
6:17 | σβεσαι. και την περικεφαλαιαν | του | σωτηριου δεξασθε. και την μαχαιραν του
1:19 | τους πιστευοντας κατα την ενεργειαν | του | κρατους της ισχυος αυτου. ην ενηργησεν εν τω
1:5 | εις αυτον. κατα την ευδοκιαν | του | θεληματος αυτου. εις επαινον δοξης της
6:11 | αυτου. ενδυσασθε την πανοπλιαν | του | θεου προς το δυνασθαι υμας στηναι προς τας
6:13 | δια τουτο αναλαβετε την πανοπλιαν | του | θεου. ινα δυνηθητε αντιστηναι εν τη ημερα τη
1:10 | ην προεθετο εν αυτω εις οικονομιαν | του | πληρωματος των καιρων, ανακεφαλαιωσασθαι τα
6:17 | σωτηριου δεξασθε. και την μαχαιραν | του | πνευματος. ο εστιν ρημα θεου. δια πασης
5:30 | την εκκλησιαν. οτι μελη εσμεν | του | σωματος αυτου. αντι τουτου καταλειψει
1:11 | παντα ενεργουντος κατα την βουλην | του | θεληματος αυτου. εις το ειναι ημας εις
4:12 | εις εργον διακονιας, εις οικοδομην | του | σωματος του χριστου. μεχρι καταντησωμεν οι
3:19 | υπερβαλλουσαν της γνωσεως αγαπην | του | χριστου. ινα πληρωθητε εις παν το πληρωμα του
1:11 | προορισθεντες κατα προθεσιν | του | τα παντα ενεργουντος κατα την βουλην του
4:16 | ενος εκαστου μερους την αυξησιν | του | σωματος ποιειται εις οικοδομην εαυτου εν
4:30 | και μη λυπειτε το πνευμα το αγιον | του | θεου, εν ω εσφραγισθητε εις ημεραν
2:22 | συνοικοδομεισθε εις κατοικητηριον | του | θεου εν πνευματι. τουτου χαριν εγω παυλος ο
6:19 | εν παρρησια γνωρισαι το μυστηριον | του | ευαγγελιου υπερ ου πρεσβευω εν αλυσει, ινα εν
1:9 | γνωρισας ημιν το μυστηριον | του | θεληματος αυτου. κατα την ευδοκιαν αυτου ην
2:14 | τα αμφοτερα εν και το μεσοτοιχον | του | φραγμου λυσας, την εχθραν, εν τη σαρκι αυτου.
5:13 | λεγειν. τα δε παντα ελεγχομενα υπο | του | φωτος φανερουται. παν γαρ το φανερουμενον φως
1:3 | ευλογητος ο θεος και πατηρ | του | κυριου ημων ιησου χριστου. ο ευλογησας ημας εν
5:23 | κεφαλη της εκκλησιας, αυτος σωτηρ | του | σωματος. αλλα ως η εκκλησια υποτασσεται τω
3:21 | χριστω ιησου εις πασας τας γενεας | του | αιωνος των αιωνων. αμην. παρακαλω ουν υμας

```
4:7    η χαρις κατα το μετρον της δωρεας      του   χριστου.  διο λεγει. αναβας εις υψος
6:11   υμας στηναι προς τας μεθοδειας         του   διαβολου.  οτι ουκ εστιν ημιν η παλη προς αιμα
2:12   απηλλοτριωμενοι της πολιτειας          του   ισραηλ και ξενοι των διαθηκων της επαγγελιας.
4:13   ανδρα τελειον. εις μετρον ηλικιας      του   πληρωματος του χριστου. ινα μηκετι ωμεν
2:2    κατα τον αρχοντα της εξουσιας          του   αερος. του πνευματος του νυν ενεργουντος εν
6:12   εξουσιας. προς τους κοσμοκρατορας      του   σκοτους τουτου. προς τα πνευματικα της
4:18   οντες. απηλλοτριωμενοι της ζωης         του   θεου. δια την αγνοιαν την ουσαν εν αυτοις, δια
5:11   τοις εργοις τοις ακαρποις              του   σκοτους. μαλλον δε και ελεγχετε.  τα γαρ κρυφη
1:17   επι των προσευχων μου. ινα ο θεος      του   κυριου ημων ιησου χριστου. ο πατηρ της δοξης,
3:1    τουτου χαριν εγω παυλος ο δεσμιος      του   χριστου (ιησου) υπερ υμων των εθνων- ει γε
5:9    φωτος περιπατειτε - ο γαρ καρπος       του   φωτος εν παση αγαθωσυνη και δικαιοσυνη και
2:2    εξουσιας του αερος. του πνευματος      του   νυν ενεργουντος εν τοις υιοις της απειθειας.
4:13   εις μετρον ηλικιας του πληρωματος      του   χριστου. ινα μηκετι ωμεν νηπιοι.
4:12   εις οικοδομην του σωματος              του   χριστου. μεχρι καταντησωμεν οι παντες εις την
3:7    κατα την δωρεαν της χαριτος            του   θεου της δοθεισης μοι κατα την ενεργειαν της
3:2    ηκουσατε την οικονομιαν της χαριτος    του   θεου της δοθεισης μοι εις υμας. (οτι) κατα
3:8    το ανεξιχνιαστον πλουτος               του   χριστου. και φωτισαι (παντας) τις η οικονομια
4:13   της πιστεως και της επιγνωσεως         του   υιου του θεου. εις ανδρα τελειον. εις μετρον
3:9    τις η οικονομια του μυστηριου          του   αποκεκρυμμενου απο των αιωνων εν τω θεω τω τα
4:13   πιστεως και της επιγνωσεως του υιου    του   θεου, εις ανδρα τελειον. εις μετρον ηλικιας
3:4    την συνεσιν μου εν τω μυστηριω         του   χριστου. ο ετεραις γενεαις ουκ εγνωρισθη τοις
5:26   αυτην αγιαση καθαρισας τω λουτρω       του   υδατος εν ρηματι. ινα παραστηση αυτος εαυτω
2:2    τον αρχοντα της εξουσιας του αερος.    του   πνευματος του νυν ενεργουντος εν τοις υιοις
```

```
                                          1  χειροποιητου
2:11   περιτομης εν σαρκι χειροποιητου οτι ητε τω καιρω εκεινω χωρις χριστου.
```

```
                                          1  εκαστου
4:16   κατ ενεργειαν εν μετρω ενος  εκαστου  μερους την αυξησιν του σωματος ποιειται εις
```

```
                                          20  χριστου
6:6    ως ανθρωπαρεσκοι αλλ ως δουλοι         χριστου  ποιουντες το θελημα του θεου εκ ψυχης,  μετ
2:12   οτι ητε τω καιρω εκεινω χωρις          χριστου  απηλλοτριωμενοι της πολιτειας του ισραηλ και
1:1    παυλος αποστολος                       χριστου  ιησου δια θεληματος θεου τοις αγιοις τοις
1:5    ημας εις υιοθεσιαν δια ιησου           χριστου  εις αυτον. κατα την ευδοκιαν του θεληματος
5:20   ονοματι του κυριου ημων ιησου          χριστου  τω θεω και πατρι. υποτασσομενοι αλληλοις εν
1:3    και πατηρ του κυριου ημων ιησου        χριστου  ο ευλογησας ημας εν παση ευλογια πνευματικη
1:17   ο θεος του κυριου ημων ιησου           χριστου  ο πατηρ της δοξης, δωη υμιν πνευμα σοφιας και
1:2    πατρος ημων και κυριου ιησου           χριστου  ευλογητος ο θεος και πατηρ του κυριου ημων
6:23   θεου πατρος και κυριου ιησου           χριστου  η χαρις μετα παντων των αγαπωντων τον κυριον
5:5    κληρονομιαν εν τη βασιλεια του         χριστου  και θεου.  μηδεις υμας απατατω κενοις λογοις.
2:13   εγγυς εν τω αιματι του                 χριστου  αυτος γαρ εστιν η ειρηνη ημων. ο ποιησας τα
3:19   της γνωσεως αγαπην του                 χριστου  ινα πληρωθητε εις παν το πληρωμα του θεου.
4:7    κατα το μετρον της δωρεας του          χριστου  διο λεγει. αναβας εις υψος ηχμαλωτευσεν
3:1    χαριν εγω παυλος ο δεσμιος του         χριστου  (ιησου) υπερ υμων των εθνων- ει γε ηκουσατε
4:13   ηλικιας του πληρωματος του             χριστου  ινα μηκετι ωμεν νηπιοι. κλυδωνιζομενοι και
4:12   εις οικοδομην του σωματος του          χριστου  μεχρι καταντησωμεν οι παντες εις την ενοτητα
3:8    το ανεξιχνιαστον πλουτος του           χριστου  και φωτισαι (παντας) τις η οικονομια
3:4    συνεσιν μου εν τω μυστηριω του         χριστου  ο ετεραις γενεαις ουκ εγνωρισθη τοις υιοις
2:20   οντος ακρογωνιαιου αυτου               χριστου  ιησου. εν ω πασα οικοδομη συναρμολογουμενη
5:21   υποτασσομενοι αλληλοις εν φοβω         χριστου  αι γυναικες τοις ιδιοις ανδρασιν ως τω
```

```
                                          33  αυτου
2:10   εξ εργων, ινα μη τις καυχησηται.       αυτου  γαρ εσμεν ποιημα, κτισθεντες εν χριστω ιησου
1:20   εκ νεκρων, και καθισας εν δεξια        αυτου  εν τοις επουρανιοις υπερανω πασης αρχης και
5:31   προσκολληθησεται προς την γυναικα      αυτου  και εσονται οι δυο εις σαρκα μιαν.  το
1:23   τη εκκλησια, ητις εστιν το σωμα        αυτου  το πληρωμα του τα παντα εν πασιν πληρουμενου.
2:18   και ειρηνην τοις εγγυς. οτι δι         αυτου  εχομεν την προσαγωγην οι αμφοτεροι εν ενι
1:17   και αποκαλυψεως εν επιγνωσει           αυτου  πεφωτισμενους τους οφθαλμους της καρδιας
2:14   λυσας, την εχθραν, εν τη σαρκι         αυτου  τον νομον των εντολων εν δογμασιν
1:9    αυτου, κατα την ευδοκιαν               αυτου  ην προεθετο εν αυτω εις οικονομιαν του
2:4    εν ελεει, δια την πολλην αγαπην        αυτου  ην ηγαπησεν ημας.  και οντας ημας νεκρους τοις
1:4    αγιους και αμωμους κατενωπιον          αυτου  εν αγαπη, προορισας ημας εις υιοθεσιαν δια
4:25   αληθειαν εκαστος μετα του πλησιον      αυτου  οτι εσμεν αλληλων μελη.  οργιζεσθε και μη
1:22   και παντα υπεταξεν υπο τους ποδας      αυτου  και αυτον εδωκεν κεφαλην υπερ παντα τη
1:18   πλουτος της δοξης της κληρονομιας      αυτου  εν τοις αγιοις.  και τι το υπερβαλλον μεγεθος
1:12   το ειναι ημας εις επαινον δοξης        αυτου  τους προηλπικοτας εν τω χριστω.  εν ω και
1:14   εις επαινον της δοξης                  αυτου  δια τουτο καγω. ακουσας την καθ υμας πιστιν
3:16   δω υμιν κατα το πλουτος της δοξης      αυτου  δυναμει κραταιωθηναι δια του πνευματος αυτου
3:5    απεκαλυφθη τοις αγιοις αποστολοις      αυτου  και προφηταις εν πνευματι. ειναι τα εθνη
1:5    κατα την ευδοκιαν του θεληματος        αυτου  εις επαινον δοξης της χαριτος αυτου ης
1:11   κατα την βουλην του θεληματος          αυτου  εις το ειναι ημας εις επαινον δοξης αυτου
1:9    ημιν το μυστηριον του θεληματος        αυτου  κατα την ευδοκιαν αυτου ην προεθετο εν αυτω
```

1:7	την απολυτρωσιν δια του αιματος αυτου	την αφεσιν των παραπτωματων, κατα το πλουτος
3:16	κραταιωθηναι δια του πνευματος αυτου	εις τον εσω ανθρωπον. κατοικησαι τον χριστον
5:30	οτι μελη εσμεν του σωματος αυτου	αντι τουτου καταλειψει ανθρωπος τον πατερα
1:6	εις επαινον δοξης της χαριτος αυτου	ης εχαριτωσεν ημας εν τω ηγαπημενω. εν ω
2:7	το υπερβαλλον πλουτος της χαριτος αυτου	εν χρηστοτητι εφ ημας εν χριστω ιησου. τη γαρ
1:7	κατα το πλουτος της χαριτος αυτου	ης επερισσευσεν εις ημας εν παση σοφια και
6:10	κυριω και εν τω κρατει της ισχυος αυτου	ενδυσασθε την πανοπλιαν του θεου προς το
1:19	ενεργειαν του κρατους της ισχυος αυτου	ην ενηργησεν εν τω χριστω εγειρας αυτον εκ
3:7	κατα την ενεργειαν της δυναμεως αυτου	εμοι τω ελαχιστοτερω παντων αγιων εδοθη η
1:9	υπερβαλλον μεγεθος της δυναμεως αυτου	εις ημας τους πιστευοντας κατα την ενεργειαν
1:18	τις εστιν η ελπις της κλησεως αυτου	τις ο πλουτος της δοξης της κληρονομιας αυτου
3:12	εν πεποιθησει δια της πιστεως αυτου	διο αιτουμαι μη εγκακειν εν ταις θλιψεσιν
2:20	και προφητων, οντος ακρογωνιαιου αυτου	χριστου ιησου, εν ω πασα οικοδομη

4 εαυτου

4:16	σωματος ποιειται εις οικοδομην εαυτου	εν αγαπη. τουτο ουν λεγω και μαρτυρομαι εν
5:29	αγαπα, ουδεις γαρ ποτε την εαυτου	σαρκα εμισησεν. αλλα εκτρεφει και θαλπει
5:28	τα εαυτων σωματα. ο αγαπων την εαυτου	γυναικα εαυτον αγαπα, ουδεις γαρ ποτε την
5:33	και υμεις οι καθ ενα εκαστος την εαυτου	γυναικα ουτως αγαπατω ως εαυτον. η δε γυνη ινα

5 τουτου

3:1	του θεου εν πνευματι. τουτου	χαριν εγω παυλος ο δεσμιος του χριστου (ιησου)
3:14	υμων, ητις εστιν δοξα υμων. τουτου	χαριν καμπτω τα γονατα μου προς τον πατερα.
5:31	εσμεν του σωματος αυτου. αντι τουτου	καταλειψει ανθρωπος τον πατερα και την μητερα
6:12	τους κοσμοκρατορας του σκοτους τουτου	προς τα πνευματικα της πονηριας εν τοις
2:2	κατα τον αιωνα του κοσμου τουτου	κατα τον αρχοντα της εξουσιας του αερος. του

1 αφ

4:31	οργη και κραυγη και βλασφημια αρθητω αφ	υμων συν παση κακια. γινεσθε εις αλληλους

1 εφ

2:7	της χαριτος αυτου εν χρηστοτητι εφ	ημας εν χριστω ιησου. τη γαρ χαριτι εστε

1 ουχ

4:20	πασης εν πλεονεξια. υμεις δε ουχ	ουτως εμαθετε τον χριστον. ει γε αυτον

10 ω

1:13	τους προηλπικοτας εν τω χριστω. εν ω	και υμεις ακουσαντες τον λογον της αληθειας,
3:12	εν τω χριστω ιησου τω κυριω ημων. εν ω	εχομεν την παρρησιαν και προσαγωγην εν
2:21	ακρογωνιαιου αυτου χριστου ιησου. εν ω	πασα οικοδομη συναρμολογουμενη αυξει εις ναον
2:22	αυξει εις ναον αγιον εν κυριω. εν ω	και υμεις συνοικοδομεισθε εις κατοικητηριον
1:7	εχαριτωσεν ημας εν τω ηγαπημενω. εν ω	εχομεν την απολυτρωσιν δια του αιματος αυτου
1:11	και τα επι της γης. εν αυτω. εν ω	και εκληρωθημεν προορισθεντες κατα προθεσιν
1:13	το ευαγγελιον της σωτηριας υμων. εν ω	και πιστευσαντες εσφραγισθητε τω πνευματι της
6:16	τον θυρεον της πιστεως. εν ω	δυνησεσθε παντα τα βελη του πονηρου (τα)
4:30	το πνευμα το αγιον του θεου. εν ω	εσφραγισθητε εις ημεραν απολυτρωσεως. πασα
5:18	κυριου. και μη μεθυσκεσθε οινω, εν ω	εστιν ασωτια, αλλα πληρουσθε εν πνευματι.

1 φοβω

5:21	πατρι. υποτασσομενοι αλληλοις εν φοβω	χριστου. αι γυναικες τοις ιδιοις ανδρασιν ως

1 καγω

1:15	της δοξης αυτου. δια τουτο καγω	ακουσας την καθ υμας πιστιν εν τω κυριω ιησου

3 εγω

3:1	θεου εν πνευματι. τουτου χαριν εγω	παυλος ο δεσμιος του χριστου (ιησου) υπερ υμων
4:1	αιωνων. αμην. παρακαλω ουν υμας εγω	ο δεσμιος εν κυριω αξιως περιπατησαι της
5:32	το μυστηριον τουτο μεγα εστιν. εγω	δε λεγω εις χριστον και εις την εκκλησιαν.

2 λεγω

5:32	μυστηριον τουτο μεγα εστιν. εγω δε λεγω	εις χριστον και εις την εκκλησιαν. πλην και
4:17	εαυτου εν αγαπη. τουτο ουν λεγω	και μαρτυρομαι εν κυριω, μηκετι υμας

1 ολιγω

3:3	το μυστηριον, καθως προεγραψα εν ολιγω	προς ο δυνασθε αναγινωσκοντες νοησαι την

2 δω

3:16	και επι γης ονομαζεται, ινα δω	υμιν κατα το πλουτος της δοξης αυτου δυναμει
4:29	προς οικοδομην της χρειας, ινα δω	χαριν τοις ακουουσιν. και μη λυπειτε το

4 θεω

2:16	τους αμφοτερους εν ενι σωματι τω θεω	δια του σταυρου, αποκτεινας την εχθραν εν
5:2	υπερ ημων προσφοραν και θυσιαν τω θεω	εις οσμην ευωδιας. πορνεια δε και ακαθαρσια

3:9	αποκεκρυμμενου απο των αιωνων εν τω θεω	τω τα παντα κτισαντι. ινα γνωρισθη νυν ταις
5:20	του κυριου ημων ιησου χριστου τω θεω και πατρι. υποτασσομενοι αλληλοις εν φοβω	

1 ονομαζεσθω

5:3	πασα η πλεονεξια μηδε ονομαζεσθω εν υμιν, καθως πρεπει αγιοις. και αισχροτης

1 εκπορευεσθω

4:29	εκ του στοματος υμων μη εκπορευεσθω αλλα ει τις αγαθος προς οικοδομην της χρειας,

1 αγιω

1:13	τω πνευματι της επαγγελιας τω αγιω ος εστιν αρραβων της κληρονομιας ημων εις

1 θεμελιω

2:20	θεου. εποικοδομηθεντες επι τω θεμελιω των αποστολων και προφητων, οντος ακρογωνιαιου

1 μυστηριω

3:4	νοησαι την συνεσιν μου εν τω μυστηριω του χριστου. ο ετεραις γενεαις ουκ εγνωρισθη

13 κυριω

6:10	αυτω. του λοιπου ενδυναμουσθε εν κυριω	και εν τω κρατει της ισχυος αυτου. ενδυσασθε
4:17	τουτο ουν λεγω και μαρτυρομαι εν κυριω	μηκετι υμας περιπατειν καθως και τα εθνη
2:21	αυξει εις ναον αγιον εν κυριω	εν ω και υμεις συνοικοδομεισθε εις
6:1	υπακουετε τοις γονευσιν υμων εν κυριω	τουτο γαρ εστιν δικαιον. τιμα τον πατερα σου
4:1	ουν υμας εγω ο δεσμιος εν κυριω	αξιως περιπατησαι της κλησεως ης εκληθητε.
6:21	αδελφος και πιστος διακονος εν κυριω	ον επεμψα προς υμας εις αυτο τουτο ινα γνωτε
5:8	ητε γαρ ποτε σκοτος νυν δε φως εν κυριω	ως τεκνα φωτος περιπατειτε – ο γαρ καρπος
1:15	ακουσας την καθ υμας πιστιν εν κυριω	ιησου και την αγαπην την εις παντας τους
5:10	τι εστιν ευαρεστον τω κυριω	και μη συγκοινωνειτε τοις εργοις τοις
5:19	και ψαλλοντες τη καρδια υμων τω κυριω	ευχαριστουντες παντοτε υπερ παντων εν
5:22	τοις ιδιοις ανδρασιν ως τω κυριω	οτι ανηρ εστιν κεφαλη της γυναικος ως και ο
6:7	μετ ευνοιας δουλευοντες, ως τω κυριω	και ουκ ανθρωποις, ειδοτες οτι εκαστος, εαν
3:11	ην εποιησεν εν τω χριστω ιησου τω κυριω	ημων. εν ω εχομεν την παρρησιαν και

1 παρακαλω

4:1	του αιωνος των αιωνων. αμην. παρακαλω ουν υμας εγω ο δεσμιος εν κυριω αξιως

1 διαβολω

4:27	υμων, μηδε διδοτε τοπον τω διαβολω ο κλεπτων μηκετι κλεπτετω, μαλλον δε κοπιατω

1 ανεμω

4:14	και περιφερομενοι παντι ανεμω της διδασκαλιας εν τη κυβεια των ανθρωπων εν

1 συνδεσμω

4:3	ενοτητα του πνευματος εν τω συνδεσμω της ειρηνης. εν σωμα και εν πνευμα, καθως και

1 παροργισμω

4:26	ο ηλιος μη επιδυετω επι (τω) παροργισμω υμων, μηδε διδοτε τοπον τω διαβολω. ο

1 κοσμω

2:12	ελπιδα μη εχοντες και αθεοι εν τω κοσμω νυνι δε εν χριστω ιησου υμεις οι ποτε οντες

2 υπερανω

1:21	αυτου εν τοις επουρανιοις υπερανω	πασης αρχης και εξουσιας και δυναμεως και
4:10	αυτος εστιν και ο αναβας υπερανω	παντων των ουρανων, ινα πληρωση τα παντα. και

1 δυναμενω

3:20	το πληρωμα του θεου. τω δε δυναμενω υπερ παντα ποιησαι υπερεκπερισσου ων αιτουμεθα

1 ηγαπημενω

1:6	ης εχαριτωσεν ημας εν τω ηγαπημενω εν ω εχομεν την απολυτρωσιν δια του αιματος

1 εκεινω

2:12	χειροποιητου. οτι ητε τω καιρω εκεινω χωρις χριστου, απηλλοτριωμενοι της πολιτειας

1 οινω

5:18	του κυριου. και μη μεθυσκεσθε οινω εν ω εστιν ασωτια, αλλα πληρουσθε εν

1 ελαχιστοτερω

3:8	δυναμεως αυτου. εμοι τω ελαχιστοτερω παντων αγιων εδοθη η χαρις αυτη, τοις εθνεσιν

2 καιρω

6:18	δεησεως, προσευχομενοι εν παντι καιρω εν πνευματι, και εις αυτο αγρυπνουντες εν παση
2:12	σαρκι χειροποιητου. οτι ητε τω καιρω εκεινω χωρις χριστου, απηλλοτριωμενοι της

θεω	124	καιρω

```
                                      1  μετρω
4:16  της επιχορηγιας κατ ενεργειαν εν μετρω ενος εκαστου μερους την αυξησιν του σωματος

                                      1  λουτρω
5:26  ινα αυτην αγιαση καθαρισας τω λουτρω του υδατος εν ρηματι,  ινα παραστηση αυτος

                                      1  εσω
3:16  δια του πνευματος αυτου εις τον εσω ανθρωπον.  κατοικησαι τον χριστον δια της

                                      1  πρασσω
6:21  και υμεις ειδητε τα κατ εμε, τι πρασσω παντα γνωρισει υμιν τυχικος ο αγαπητος

                                     37  τω
3:20       εις παν το πληρωμα του θεου.  τω δε δυναμενω υπερ παντα ποιησαι υπερεκπερισσου
4:23            της απατης,  ανανεουσθαι δε τω πνευματι του νοος υμων.  και ενδυσασθαι τον
2:12        εν σαρκι χειροποιητου,  οτι ητε τω καιρω εκεινω χωρις χριστου, απηλλοτριωμενοι
1:13  εν ω και πιστευσαντες εσφραγισθητε τω πνευματι της επαγγελιας τω αγιω,  ος εστιν
4:28         το αγαθον, ινα εχη μεταδιδοναι τω χρειαν εχοντι.  πας λογος σαπρος εκ του
5:24    αλλα ως η εκκλησια υποτασσεται τω χριστω,  ουτως και αι γυναικες τοις ανδρασιν εν
3:8         ενεργειαν της δυναμεως αυτου.  εμοι τω ελαχιστοτερω παντων αγιων εδοθη η χαρις αυτη,
2:20        του θεου,  εποικοδομηθεντες επι τω θεμελιω των αποστολων και προφητων.  οντος
2:16          τους αμφοτερους εν ενι σωματι τω θεω δια του σταυρου, αποκτεινας την εχθραν εν
5:2        υπερ ημων προσφοραν και θυσιαν τω θεω εις οσμην ευωδιας.  πορνεια δε και
4:21      εδιδαχθητε καθως εστιν αληθεια εν τω ιησου,  αποθεσθαι υμας κατα την προτεραν
1:10       ανακεφαλαιωσασθαι τα παντα εν τω χριστω, τα επι τοις ουρανοις και τα επι της
1:21   μονον εν τω αιωνι τουτω αλλα και εν τω μελλοντι.  και παντα υπεταξεν υπο τους ποδας
6:10     λοιπου ενδυναμουσθε εν κυριω και εν τω κρατει της ισχυος αυτου.  ενδυσασθε την
2:12       ελπιδα μη εχοντες και αθεοι εν τω κοσμω.  νυνι δε εν χριστω ιησου υμεις οι ποτε
1:20      της ισχυος αυτου ην ενηργησεν εν τω χριστω εγειρας αυτον εκ νεκρων, και καθισας εν
3:11      προθεσιν των αιωνων ην εποιησεν εν τω χριστω ιησου τω κυριω ημων,  εν ω εχομεν την
1:15       καγω, ακουσας την καθ υμας πιστιν εν τω κυριω ιησου και την αγαπην την εις παντας τους
1:21       ονοματος ονομαζομενου ου μονον εν τω αιωνι τουτω αλλα και εν τω μελλοντι.  και
3:9    του αποκεκρυμμενου απο των αιωνων εν τω θεω τω τα παντα κτισαντι,  ινα γνωρισθη νυν
1:6      χαριτος αυτου ης εχαριτωσεν ημας εν τω ηγαπημενω,  εν ω εχομεν την απολυτρωσιν δια
1:12       δοξης αυτου τους προηλπικοτας εν τω χριστω.  εν ω και υμεις ακουσαντες τον λογον
4:3       τηρειν την ενοτητα του πνευματος εν τω συνδεσμω της ειρηνης.  εν σωμα και εν πνευμα,
2:13    ποτε οντες μακραν εγενηθητε εγγυς εν τω αιματι του χριστου.  αυτος γαρ εστιν η ειρηνη
3:4         νοησαι την συνεσιν μου εν τω μυστηριω του χριστου.  ο ετεραις γενεαις ουκ
2:5       τοις παραπτωμασιν συνεζωοποιησεν τω χριστω - χαριτι εστε σεσωσμενοι - και
4:27     παροργισμω υμων.  μηδε διδοτε τοπον τω διαβολω.  ο κλεπτων μηκετι κλεπτετω, μαλλον δε
5:10       - δοκιμαζοντες τι εστιν ευαρεστον τω κυριω.  και μη συγκοινωνειτε τοις εργοις τοις
5:19     αδοντες και ψαλλοντες τη καρδια υμων τω κυριω.  ευχαριστουντες παντοτε υπερ παντων εν
1:13           τω πνευματι της επαγγελιας τω αγιω,  ος εστιν αρραβων της κληρονομιας ημων
5:26       αυτης,  ινα αυτην αγιαση καθαρισας τω λουτρω του υδατος εν ρηματι,  ινα παραστηση
5:22     αι γυναικες τοις ιδιοις ανδρασιν ως τω κυριω,  οτι ανηρ εστιν κεφαλη της γυναικος ως
6:5       εν απλοτητι της καρδιας υμων ως τω χριστω,  μη κατ οφθαλμοδουλιαν ως
6:7     ψυχης,  μετ ευνοιας δουλευοντες, ως τω κυριω και ουκ ανθρωποις.  ειδοτες οτι εκαστος,
3:11      ην εποιησεν εν τω χριστω ιησου τω κυριω ημων,  εν ω εχομεν την παρρησιαν και
5:20        του κυριου ημων ιησου χριστου τω θεω και πατρι,  υποτασσομενοι αλληλοις εν φοβω
3:9         απο των αιωνων εν τω θεω τω τα παντα κτισαντι,  ινα γνωρισθη νυν ταις

                                      1  κοπιατω
4:28    μηκετι κλεπτετω, μαλλον δε κοπιατω εργαζομενος ταις ιδιαις χερσιν το αγαθον, ινα

                                      1  αγαπατω
5:33     την εαυτου γυναικα ουτως αγαπατω ως εαυτον, η δε γυνη ινα φοβηται τον ανδρα.

                                      1  απατατω
5:6    χριστου και θεου.  μηδεις υμας απατατω κενοις λογοις, δια ταυτα γαρ ερχεται η οργη

                                      1  κλεπτετω
4:28  τω διαβολω.  ο κλεπτων μηκετι κλεπτετω μαλλον δε κοπιατω εργαζομενος ταις ιδιαις

                                      1  επιδυετω
4:26  και μη αμαρτανετε. ο ηλιος μη επιδυετω επι (τω) παροργισμω υμων,  μηδε διδοτε τοπον

                                      1  αρθητω
4:31  οργη και κραυγη και βλασφημια αρθητω αφ υμων συν παση κακια.  γινεσθε εις αλληλους

                                      1  καμπτω
3:14  εστιν δοξα υμων.  τουτου χαριν καμπτω τα γονατα μου προς τον πατερα,  εξ ου πασα
```

```
                                   1  εκαστω
4:7    δια παντων και εν πασιν.  ενι δε εκαστω ημων εδοθη η χαρις κατα το μετρον της δωρεας

                                   16 χριστω
2:13   αθεοι εν τω κοσμω.  νυνι δε εν χριστω ιησου υμεις οι τοτε οντες μακραν εγενηθητε
3:21        η δοξα εν τη εκκλησια και εν χριστω ιησου εις πασας τας γενεας του αιωνος των
3:6    και συμμετοχα της επαγγελιας εν χριστω ιησου δια του ευαγγελιου.  ου εγενηθην
2:7    αυτου εν χρηστοτητι εφ ημας εν χριστω ιησου.  τη γαρ χαριτι εστε σεσωσμενοι δια
2:10   γαρ εσμεν ποιημα. κτισθεντες εν χριστω ιησου ετι εργοις αγαθοις οις προητοιμασεν ο
1:3         εν τοις επουρανιοις εν χριστω καθως εξελεξατο ημας εν αυτω προ καταβολης
2:6         εν τοις επουρανιοις εν χριστω ιησου,  ινα ενδειξηται εν τοις αιωσιν τοις
1:1    ουσιν (εν εφεσω) και πιστοις εν χριστω ιησου.  χαρις υμιν και ειρηνη απο θεου πατρος
4:32        εαυτοις καθως και ο θεος εν χριστω εχαρισατο υμιν.  γινεσθε ουν μιμηται του
5:24   ως η εκκλησια υποτασσεται τω χριστω ουτως και αι γυναικες τοις ανδρασιν εν παντι.
1:10   ανακεφαλαιωσασθαι τα παντα εν τω χριστω τα επι τοις ουρανοις και τα επι της γης. εν
1:20   ισχυος αυτου  ην ενηργησεν εν τω χριστω εγειρας αυτον εκ νεκρων, και καθισας εν δεξια
3:11   των αιωνων ην εποιησεν εν τω χριστω ιησου τω κυριω ημων.  εν ω εχομεν την
1:12   αυτου τους προηλπικοτας εν τω χριστω εν ω και υμεις ακουσαντες τον λογον της
2:5    παραπτωμασιν συνεζωοποιησεν τω χριστω - χαριτι εστε σεσωσμενοι - και συνηγειρεν και
6:5    απλοτητι της καρδιας υμων ως τω χριστω μη κατ οφθαλμοδουλιαν ως ανθρωπαρεσκοι αλλ

                                   9  αυτω
3:21   δυναμιν την ενεργουμενην εν ημιν.  αυτω η δοξα εν τη εκκλησια και εν χριστω ιησου εις
6:20   υπερ ου πρεσβευω εν αλυσει, ινα εν αυτω παρρησιασωμαι ως δει με λαλησαι.  ινα δε και
2:15   καταργησας, ινα τους δυο κτιση εν αυτω εις ενα καινον ανθρωπον ποιων ειρηνην,  και
4:21   ει γε αυτον ηκουσατε και εν αυτω εδιδαχθητε καθως εστιν αληθεια εν τω ιησου.
2:16   σταυρου, αποκτεινας την εχθραν εν αυτω και ελθων ευηγγελισατο ειρηνην υμιν τοις
1:9    την ευδοκιαν αυτου ην προεθετο εν αυτω εις οικονομιαν του πληρωματος των καιρων.
1:4    χριστω,  καθως εξελεξατο ημας εν αυτω προ καταβολης κοσμου, ειναι ημας αγιους και
1:10   ουρανοις και τα επι της γης. εν αυτω εν ω και εκληρωθημεν προορισθεντες κατα
6:9    και προσωπολημψια ουκ εστιν παρ αυτω του λοιπου ενδυναμουσθε εν κυριω και εν τω

                                   1  εαυτω
5:27   εν ρηματι.  ινα παραστηση αυτος εαυτω ενδοξον την εκκλησιαν, μη εχουσαν σπιλον η

                                   1  τουτω
1:21   ονομαζομενου ου μονον εν τω αιωνι τουτω αλλα και εν τω μελλοντι.  και παντα υπεταξεν

                                   1  πρεσβευω
6:20         του ευαγγελιου  υπερ ου πρεσβευω εν αλυσει, ινα εν αυτω παρρησιασωμαι ως δει με
```